WIEN MUSEUM

VERLAG ANTON PUSTET

HERAUSGEGEBEN VON
JUDITH EIBLMAYR UND IRIS MEDER
IM AUFTRAG DES WIEN MUSEUMS

MODERAT MODERN

ERICH BOLTENSTERN
UND DIE BAUKULTUR
NACH 1945

VERLAG ANTON PUSTET

WIEN MUSEUM

AUSSTELLUNG

Moderat Modern.
Erich Boltenstern und die Baukultur nach 1945
326. Sonderausstellung des Wien Museums
(bis 2003 Historisches Museum der Stadt Wien)
Wien Museum Karlsplatz
20. Oktober 2005 – 29. Jänner 2006

KURATORINNEN
Judith Eiblmayr, Iris Meder

KURATOR/INNEN WIEN MUSEUM
Renata Kassal-Mikula, Wofgang Kos, Isabelle Exinger

AUSSTELLUNGSARCHITEKTUR
Judith Eiblmayr
Mitarbeit: Roland Graf für BWM Architekten

AUSSTELLUNGSGRAFIK
A|H Haller

AUSSTELLUNGSPRODUKTION
Bärbl Schrems
Mitarbeit: Alix Yvon, Sabine Sauerstingl

AUDIOVISUELLE MEDIEN
Otto Pammer Filmproduktion, Wien
Cat-x conceptual art technologies

OBJEKTFOTOGRAFIE
Fotostudio Otto, Wien
Pez Hejduk

REGISTRAR
Christiane Rainer, Katrin Sippel

AUSSTELLUNGSBAUTEN
Blumberger, Waidhofen/Thaya; Sulzer, Altlengbach

AUFBAU
Team Wien Museum

RESTAURIERUNG
Andrea Hanzal, Eva Hottenroth, Maguerite Ifsits,
Karin Maierhofer, Christine Maringer, Viktoria Wagesreiter,
Trudi Wieser, Elisabeth Woelfl-Graff

WERKSTÄTTEN
Josef Brunner, Andreas Faigel, Johann Frantsich, Günter
Fröhlich, Herbert Hawel, Christian Hofer, Christian Schierer

STUDIENSAAL
Josef Gruberbauer, Helmut Mayer, Christian Nissl

BILDUNG UND VERMITTLUNG
Edith Fridrich, Ulli Fuchs, Daniela Sommer,
Christine Strahner, Isabel Termini

MARKETING UND KOMMUNIKATION
Konrad Berger, Peter Doujak, Bettina Imre, Petra Lahofer,
Alexander Pazdernik, Angela-Jacqueline Rakuscha,
Peter Stuiber, Barbara Wieser

KATALOG

HERAUSGEBERINNEN
Judith Eiblmayr und Iris Meder im Auftrag des Wien
Museums

GRAFISCHE GESTALTUNG
A|H Haller, Wien

PRODUKTIONSLEITUNG
Mona Müry-Leitner (Verlag Anton Pustet, Salzburg)

GESETZT AUS DER
Univers light, bold, Peignot

LEKTORAT
Fanny Esterhazy

DRUCK
Salzburger Druckerei

PAPIER
Luxo Samt Offset 150g

© Wien Museum, Verlag Anton Pustet, Salzburg 2005

Verlag Anton Pustet
Salzburg – München
A-5020 Salzburg, Bergstraße 12
Särntliche Rechte vorbehalten.
www.verlag-anton-pustet.at

Bibliografische Information Der Deutschen Bibliothek
Die Deutsche Bibliothek verzeichnet diese Publikation in der
Deutschen Nationalbibliografie; detaillierte bibliografische
Daten sind im Internet über http://dnb.ddb.de abrufbar.

ISBN 3-7025-0512-1

© bei den unter der jeweiligen Katalognummer
angegebenen Leihgebern bzw. Fotografen. Falls das Wien
Museum trotz intensiver Recherchen nicht alle InhaberInnen
von Urheberrechten ausfindig machen konnte, ist es bei
Benachrichtigung gerne bereit, Rechtsansprüche im
üblichen Rahmen abzugelten.

COVERABBILDUNG
Ringturm mit Schulmädchen, Foto Henisch
COVERABBILDUNG BUCHHANDELSAUSGABE
Ringturm bei Nacht, 1950er Jahre, Fotograf unbekannt
UMSCHLAG RÜCKSEITE
Erich Boltenstern, Ringturm, 1955, Archiv Wiener
Städtische Versicherung (l.o.); Adolf Hoch/Wiener Stadt-
bauamt, Opernpassage, 1955, Archiv Günter Weber (l.u.);
Erich Boltenstern, Wiener Staatsoper, Logen, 1955,
Foto Lucca Chmel, Archiv Erich Boltenstern (r.o.);
Erich Boltenstern, Kahlenberg-Restaurant, 1936,
Foto Scherb, Archiv Erich Boltenstern (r.u.).

Ausstellungssponsor

Hauptsponsor des WIEN MUSEUMS

WAS BLEIBT VON DEN FÜNFZIGER JAHREN?
ZUR AUSSTELLUNG „MODERAT MODERN" IM WIEN MUSEUM

WOLFGANG KOS

ALLES ABREISSEN?

Bis zu zehn Prozent des derzeitigen Baubestands der Wiener Innenstadt gilt den Stadtplanern als verzichtbar, zumindest mittelfristig. Permanenten Häuseraustausch hat es in allen Epochen gegeben. Gäbe es ihn nicht, würde eine Stadt im wahrsten Sinn des Wortes versteinern. Gerade eine historisch geprägte, von retrospektiven Idealbildern beherrschte und von Schutzbestimmungen bewachte Stadt wie Wien braucht als Gegengewicht zum dominanten Altbestand ein Mindestmaß an Erneuerung. Also sollten immer wieder Gebäude verschwinden, um neueren Platz zu machen. Jede Zeit sollte sich – mit Respekt vor der historischen Substanz – im Palimpsest Stadt authentisch einschreiben, mit jeweils zeitadäquater Formensprache und größtmöglicher architektonischer Qualität.

Welche zehn Prozent der Bebauung könnten zur Disposition stehen? Barock und Biedermeier sind, soweit sie frühere Abrisswellen überstanden haben, selbstverständlich sakrosankt. Beim Historismus besteht nach Jahrzehnten der Verachtung ein weitgehender Konsens über die Schutzwürdigkeit, auch wenn – siehe die monströsen Dachausbauten – die gründerzeitlichen Bauten permanent verfremdet werden. Auch die frühe Moderne ist grundsätzlich anerkannt. Nur gegenüber der unspektakulären Nachkriegsmoderne ist Indifferenz noch gesellschaftsfähig. Man kämpft zwar nicht mehr mit irrationalem Furor gegen sie, man pflegt sie aber zu unterschätzen – auch, weil man nicht bereit ist, genau hinzuschauen. Die Bauten der Zeit nach 1945 sind gewissermaßen „unsichtbar" geworden. Das ist der Preis ihrer zurückhaltenden und allzu oft ambitionslosen Architektur.

Vieles ist still, heimlich und über die innere Architekturszene hinaus unbetrauert verschwunden, neben langweiligem Mittelmaß auch Bauleistungen von Qualität – Roland Rainers Franz-Domes-Lehrlingsheim (heute ein Klassiker), Carl Appels Steyr-Haus am Kärntner Ring (hier hat Investoren-Üppigkeit Coolness ersetzt), das Haas-Haus von Fellerer/Wörle/Appel, das Globus-Verlagsge-bäude von Schütte/Schütte-Lihotzkys im 20. Bezirk, das Café Arabia von Oswald Haerdtl. Dazu kommen bis zur Unkenntlichkeit veränderte Hotels, Geschäfte oder Lokale. Aber das ist dem kommerziellen Genre immanent und war immer so.

DIE QUALITÄT DES TYPISCHEN

Je selbstverständlicher die Nachkriegsbauten mit ihren klaren, nüchternen Fassaden im Stadtbild werden (wie ein Anzug, der im Lauf der Zeit immer besser sitzt), desto neutraler wird der Blick. Hier liegt ein Grund für die denkmalschützerische Zurückhaltung. Friedrich Achleitner spricht von „Zeitzeugen" und bringt damit einen anderen Diskurs als den einer ausschließlich ästhetischen Qualitätsbewertung ein. Aber man kann eben auch anders argumentieren: Ist nicht die Ablösung des Gestrigen durch Heutiges der eigentliche Normalfall? Und sind nicht viele Bauten der fünfziger bis siebziger Jahre schon aus bautechnischen und energieökonomischen Gründen dazu verurteilt, kein ewiges Leben zu führen? Eine Ausstellung, die der „moderaten Moderne" der Nachkriegsära nachspürt und die damalige Baukultur zur Diskussion stellt, berührt also durchaus heiße und aktuelle Fragen wie jene nach dem künftigen Umgang mit der Stadt und ihrem Erscheinungsbild. Dabei geht es um künstlerische, ethische und pragmatische Aspekte – und um die Macht der Mode, die jeden Kanon mitbestimmt.

Mit weiteren Stadtbildverlusten ist zu rechnen. Dass vor kurzem eine kämpferische Dokumentation mit dem Titel „Stadtbildverluste" erschienen ist, in der den Vorgängerbauten der nunmehr gefährdeten Nachkriegsmoderne nachgetrauert wird, zeigt, wie groß die Spannweite bei der Bewertung der Bauleistungen der zweiten Hälfte des 20. Jahrhunderts heute ist.

Diese Ausstellung und dieses Katalogbuch laden ein, auf Bekanntes und Verkanntes genauer zu schauen. Es könnte Wieder- und Neuentdeckungen geben, ja sogar Revisionen. Es wird zum Teil unbekanntes Material präsentiert, aber ohne

Eine Schule, ein Verlagsgebäude,
ein Autosalon, ein Kino

7

FOTOS MARGHERITA SPILUTTINI, AUS DER SERIE
„DIE FORM DER ZEIT", UM 1990

dazuzusagen: „Es waren lauter Meisterwerke." Das Typische, Mittlere und Durchschnittliche ist längst zu einer produktiven kulturgeschichtlichen Kategorie geworden. Eine solche Sicht, die nicht nur auf effektvolle Spezialfälle achtet, erhöht die Chancen der Nachkriegsarchitektur auf Respekt und faire Beurteilung. Erich Boltenstern, der im Zentrum der Ausstellung steht, ist ein Kronzeuge für ordentliches und sogar elegantes Bauen unter einschränkenden Bedingungen (Armut, Zeitdruck, Politkontrolle). Seine Arbeit gewinnt an Kontur, wenn man ihren zeitgeschichtlichen Kontext mitdenkt.

Deshalb kommt dem Bereich der Wiener Ringstraße in dieser Ausstellung eine besondere Rolle zu. Hier manifestiert sich, wie auf einem Präsentierteller, die Bedeutung österreichischer Institutionen und Identitätsträger. Die Zerstörungen von 1945 machten es notwendig, die historische Ringstraßenarchitektur zu ergänzen und im modernen Stil weiterzuführen. Diese Option ist jedoch nur in Ansätzen genutzt worden. Erich Boltenstern war der paradigmatische „moderne Ringstraßen-Architekt", konnte er doch in dieser sensiblen Zone eine große Zahl von mehr oder minder markanten Zeichen setzen.

KONSENS ALS PFLICHT

Die fünfziger Jahre waren in Österreich nicht halb so schwungvoll, wie uns die Fifties-Nostalgie glauben macht. Sie waren geprägt von Biederkeit, einem restriktiven Kulturklima, von Denkverboten im Schatten des Kalten Krieges, vom Überschweigen des Nationalsozialismus und von obsessivem Streben nach Stabilität. Die politische Lage schien, so der Schriftsteller Andreas Okopenko über jene Jahre, „für Jahrtausende festgefroren".

Angestrebt war – von der politischen Elite ebenso wie von der Mehrheit der Bevölkerung – Überschaubarkeit. Daraus wurde bald obrigkeitliche Kontrolle, als Folge eines ungewöhnlich hohen politischen Organisierungsgrads mit gegenseitiger Proporzverschränkung der beiden Großparteien und der Sozialpartner. Dieses System durchdrang alle Lebensbereiche. Ein häufig verwendetes Sinnbild war das vom gemeinsamen Hausbau. Bundespräsident Theodor Körner sagte 1955 in einer Festrede: „In zehn Jahren harter, opferbereiter, gemeinsamer Arbeit aller ist das Haus des neuen Österreich erbaut worden [...]. Trotz mancher Meinungsverschiedenheiten haben wir uns immer wieder auf den Bauplan geeinigt, weil das Bauen wichtiger war als das Streiten."

Bauen, bauen, bauen – das war die Devise: Möglichst schnelle Sicherung der Grundbedürfnisse statt Nachdenklichkeit, Ver-

Buch „Wien baut auf", 1947
ARCHIV ERICH BOLTENSTERN

lässlichkeit statt Risiko, Sparsamkeit statt Großzügigkeit, Beschränkung statt Luxus. Auf den Plakaten aller Parteien – SPÖ, ÖVP, KPÖ – waren nach 1945 Baugerüste zu sehen, das Anfeuerungswort „Aufbau" war unverzichtbar. In den Leistungsberichten des Wiederaufbaus standen stets die beeindruckenden Zahlen von reparierten und neu errichteten Gebäuden im Mittelpunkt – Quantität war wichtiger als Qualität.

Abweichende Ideen waren unter solchen Rahmenbedingungen ebenso wenig gefragt wie Reflexion des Geleisteten. Die Architektur betraf diese Kultur der Einschränkung ganz besonders, kam man doch ohne Bereitschaft zur Anpassung an die paternalistische Oligarchie zu keinen größeren Aufträgen. Die Freiräume waren eng, auf individuellen Starbonus konnte man nicht bauen. Der Herr Architekt war, so sieht man ihn in Bildbänden jener Zeit, ein Technokrat im Arbeitsmantel. „Hausarchitekten" von Kammern oder Staatsbanken hatten den Status von nachgeordneten Sachbearbeitern. Gute Kontakte zu Rot oder Schwarz waren nach 1945 ebenso unerlässlich wie robuste Konsensfähigkeit.

Erich Boltenstern stand im Zentrum des Baugeschehens. Er galt als der SPÖ nahe stehend und hatte exzellente Kontakte zu staatlichen und städtischen Machtträgern. Als einer der meistbeschäftigten Architekten – seine Bauherren waren Bund, Stadt Wien, Nationalbank, verstaatlichte Industrie und viele andere –, als Professor, Kammerpräsident und Mitglied vieler Wiederaufbau-Gremien hatte er eine architekturstrategische Schlüsselrolle inne und wurde zum angesehenen Repräsentanten einer provokationsfreien Semi-Moderne.

Private Bauherren, die außerhalb des politischen Einflussbereichs agierten, gab es kaum, intellektuell anspruchsvolle Dialoge zwischen Auftraggeber und Architekt waren Ausnahmen. Das macht Boltensterns Rolle typisch und atypisch zugleich. Außergewöhnlich war, dass „Sir Boltenstern" auf eine verlässliche und von Sozialethik geprägte Beziehung zu einem überaus ambitionierten Bauherrn zählen konnte, nämlich zum weltoffenen Sozialdemokraten Norbert Liebermann. Dieser wurde auf Initiative der Wiener SPÖ als einer von wenigen jüdischen Managern nach 1945 aus dem Exil zurückgeholt, um wie vor 1934 als Generaldirektor der Wiener Städtischen Versicherung zu fungieren. Die Initiative zum Ringturm ging von ihm aus. Ein weiteres von Boltenstern für die Städtische am Donaukanal errichtetes Bürohaus („Norbert-Liebermann-Hof") gehört übrigens in die lange Liste von inzwischen entstellten Bauten der fünfziger und sechziger Jahre, wurde es doch „vor wenigen Jahren mit postmoderner Gründlichkeit bis zur Unkenntlichkeit umgebaut" (Jan Tabor).

PHYSIOGNOMIE DES NEUEN ÖSTERREICH

Wenn es einen typischen Stil der Wiederaufbau-Ära und eine architektonische Handschrift des offiziellen Österreich gibt, dann war es also eine moderate und angepasste Moderne – zwar mutlos und halbherzig, aber immerhin redlich und solid. Das Betonen einer funktionalistischen und technokratischen Herangehensweise war eine Art „curtain wall", hinter der vieles diffus bleiben konnte.

Dass nach 1945 ein von biederer Selbstbezüglichkeit geprägtes Bauklima entstehen konnte, hat auch – und das wurde oft genug betont – mit dem Fehlen von profilierten „Vaterfiguren" von internationaler Statur zu tun. Persönlichkeiten wie Josef Frank, Richard Neutra oder Ernst A. Plischke wurden nicht zur Rückkehr aus der Emigration ermutigt, das Wissen um die Ideen von Otto Wagner oder Adolf Loos war verblasst und musste erst von der nächsten Generation zurückerobert werden.

Auffällig ist, wie einförmig, ja sogar austauschbar viele Bauten der Nachkriegszeit heute auf uns wirken. Das gilt für Bürohäuser ebenso wie für Wohnbauten. Vielleicht gibt es dafür eine mentalitätsgeschichtliche Erklärung: Der rasche Wiederaufbau galt als kollektive öffentliche Aufgabe, es zählte der Wald, nicht der Baum. Individuelle Lösungen waren weniger gefragt als routiniertes Einpassen von typologischen Halbfertigteilen in die jeweilige Bauaufgabe. Effekthascherei war verpönt, Mätzchen wurden schnell ausgetrieben. Man könnte von einer auf den gesamten Staat erweiterten „Amtsarchitektur" sprechen (eine

häufige Metapher, auch in Boltensterns Schriften, war die vom Architekten als „Diener"). Man könnte aber auch versuchen, in der grauhältigen Standardarchitektur eine stille Sehnsucht nach Harmonie zu erkennen, wenn auch mit kleinem gemeinsamen Nenner. Auf alle Fälle verwies das Bauen in höherem Maß als heute üblich auf etwas unabgesprochen Gültiges. Man präferierte eine mittlere Befindlichkeit, in der Extreme verpönt sind. Genau das war das Erfolgsrezept der Zweiten Republik.

Von den geglätteten Fassaden, die nach 1945 Konvention waren, sollte man sich nicht täuschen lassen. Zwar wurden beim Wiederaufbau vielen historistischen Bauruinen schmückende Applikationen und schwülstiges Fassadendekor abgeschlagen, aber ein Signal in Richtung offene Gesellschaft war das noch lange nicht.

HALBHERZIGE REVISION

Die Befürchtung, nicht gut genug gebaut zu haben, gab es schon unter Zeitgenossen. Nur wenige der nach 1945 entstandenen neuen Bauten könnten, so heißt es in einer Publikation der Stadt Wien aus den späten fünfziger Jahren, „als Beitrag zur Baukunst dieser Zeit gewertet werden". Wiens einflussreichster Stadtplaner der Nachkriegszeit, Franz Schuster, beklagte 1965 rückblickend „Phantasiearmut", weil es allzu bequem gewesen sei, „die angeblich bewährte Schablone anzuwenden". Mit dem Begriff „Bequemlichkeit" war eine Art Schuldfrage gestellt: Lag es wirklich ausschließlich an Sachzwängen, wenn selbst begabte und „gute" Architekten ohne baukünstlerischen Ehrgeiz planten? Für die nachfolgende Architektengeneration war die Bewertung ihrer Lehrer auch eine Frage von Moral und Charakter.

Man musste und wollte sich abgrenzen. Also gab es in den Folgejahrzehnten kaum Initiativen, die Bauleistung der Nachkriegsjahre in die Auslage zu stellen. Manche Protagonisten mutierten zu Baulöwen mit Großbüros, andere wurden vergessen oder mussten einer selbstbewussteren Generation Platz machen. Zur Wiederentdeckung von „Kultarchitekten" kam es nicht.

Ein schmaler Kanon von geschätzten Architekten (zum Beispiel Roland Rainer und Karl Schwanzer) und exzeptionellen Bauten war bald definiert: Das Strandbad Gänsehäufel gehört ebenso dazu wie die Wiener Stadthalle oder der eine oder andere Messepavillon. Komplementär dazu etablierte sich ein Gegenkanon von „Scheußlichkeiten" – Südbahnhof, Heinrichhof, Matzleinsdorfer Platz und viele andere. Auf zunehmende Wertschätzung stießen im Lauf der Zeit Interieurs und semipermanente

Bauaufgaben (Messebauten, Ausstellungen), bei denen ein höheres Maß an Kreativität und Leichtigkeit möglich gewesen ist – und die im Gegensatz zu den meisten Großbauten mit „Zeitgeist" punkten können.

Es gab zwei unterschiedliche Wege, die schließlich zu neuen Blicken auf das Bauen der fünfziger Jahre führten. Der eine war von der Populärkultur geprägt und lief nach den Gesetzmäßigkeiten nostalgischer Wiederentdeckung ab. Das um 1980 wirksam werdende Fifties-Revival kreierte ein Amalgam aus Jukebox, Nierentisch und Neonschrift. Dietmar Steiner schrieb 1984 in einem Katalogbeitrag zur Ausstellung „Die wilden fünfziger Jahre" auf der Schallaburg: „Die zur Zeit den Markt überschwemmenden Revival-Publikationen zu Architektur und Design der fünfziger Jahre zeichnen ein einheitliches Bild: das Wilde, das Exotische, das Bunte und Dekorative steht im Vordergrund." Bei solch heiter gestimmter Retro-Perspektive konnten vor allem Bau- und Möbeldetails mit erhöhter Aufmerksamkeit rechnen, Terrazzoböden ebenso wie bunte Tulpenlampen oder gekurvte Hutständer. Das sind genau jene Nettigkeiten, die unter den modernistischen Architekten von einst als unernst und modisch galten.

Parallel dazu entwickelte sich eine zweite Schiene der Annäherung. Ihre Adepten misstrauen dem Faktor Stimmung und stellen die spröde Nüchternheit und entwerferische Gediegenheit der Nachkriegsarchitektur in den Mittelpunkt der Analyse. Ein Vorreiter dieser Revision des „normalen" Bauens war Friedrich Achleitner, der ab den siebziger Jahren zumindest ansatzweise Gerechtigkeit für die Architektur der fünfziger Jahre („Besser als ihr Ruf") eingemahnt hat, deren Banalität und Halbherzigkeit er immer wieder angeprangert hatte. Das war auch Folge der geduldigen Stadtbegehungen und Landesvermessungen, die Achleitner im Zug der Recherchen für seinen Architektur-Führer durchführte. Da helfen Pauschalurteile nicht mehr weiter, da stellt man sich von Fall zu Fall relativierende Fragen wie „Ist das wirklich so schlecht?", oder: „Ist dieser Bau nicht doch halbwegs anständig?"

Nachhaltige Beiträge zur Umwertung der Wiener Nachkriegsmoderne kamen von Künstlern, etwa von der szenischen Multimedia-Gruppe *gangart*. 1988 lud man zu „inszenierter Architektur" in Carl Appels ehemaligen Steyr-Fiat-Autoschauraum am Ring, der nach einem Brand kurz vor dem Abriss stand. Es war eine Art Trauerfeier, der von Glaswänden umgrenzte Raum blieb fast leer: Geometrie, Nüchternheit – und Pathos. Vier Jahre später lud die Gruppe in das gefährdete „Böhlerhaus" von Roland Rainer, um unter dem Titel „Die Form der Zeit" verschollene Fotos von Lucca Chmel, der bedeutendsten österreichischen Architekturfotografin der Nachkriegszeit, zu präsentieren – kon-

Adolf Hoch/Wiener Stadtbauamt,
Opernpassage, 1955
ARCHIV GÜNTER WEBER

10

frontiert mit zeitgenössischen Rückblicken von Margherita Spiluttini: Freitreppen, Lochpaneele, Stiegenhäuser, also die anonymen Reste einer unserer Aufmerksamkeit entrückten Zeit. „Offenbar waren die fünfziger Jahre", so Spiluttini damals, „die letzte Zeit, in der Stiegenhäuser noch zelebriert wurden. Es sind lichtdurchflutete Räume mit feinen Geländern, die relativ sensibel sind und einladen, sie zu benützen."

Noch steht eine differenzierte architekturhistorische Aufarbeitung und Bewertung einzelner Positionen aus, noch verstellen Vorurteile den Blick. Ein Forschungs- und Ausstellungsprojekt wie jenes von Iris Meder und Judith Eiblmayr zu Erich Boltenstern, einem der großen „Unbekannten" im österreichischen Kulturleben des mittleren 20. Jahrhunderts, könnte Vorbildwirkung haben. Denn es ermöglicht zugleich größere Tiefenschärfe und einen panoramatischen Schwenk über wenig bekanntes Gelände.

1955/2005

Die Zahl 5 ist die heilige Zahl in der Geschichte der Zweiten Republik. Heuer, also im Erinnerungsjahr 2005, ist es genau fünfzig Jahre her, dass zwei besonders symbolträchtige Bauten eröffnet bzw. wiedereröffnet wurden: der von Boltenstern geplante Ringturm der Wiener Städtischen, das erste „richtige" Hochhaus Wiens, und die 1945 schwer beschädigte Staatsoper, deren Wiederaufbau Boltenstern leitete. Beides geschah also im Jahr des Staatsvertrags, das auch ohne dieses Abkommen mit den Besatzungsmächten ein Jubeljahr gewesen wäre. Denn es galt, zehn Jahre nach 1945 das Erreichte zu feiern und Bilanz zu ziehen: Das Notwendigste ist erledigt, die Zukunft liegt vor uns! Also wurde der Ringturm zum Sinnbild der Großstadtambitionen Wiens, der aufstrebenden Wirtschaft und der Westorientierung Österreichs. Adolph Stiller hat den amerikanisch inspirierten, aber dennoch schlichten Büroturm mit einem „erhobenen Zeigefinger" verglichen, der „in Richtung der rückständigen, russisch besetzten Zone auf der anderen Seite des Donaukanals" wirkte.

Der Ringturm, Leitmotiv der Ausstellung und Cover-Star dieses Buches, symbolisierte Fortschritt; die „neue" Staatsoper symbolisierte Kontinuität und Rückversicherung. Ihr neues Innendesign war weder historisierend noch wirklich modern. Boltenstern empfand seine Arbeit „als eine Neugestaltung innerhalb eines gebundenen Rahmens". Die Oper von 1955 vermittelte eine kultivierte und defensive Hybridästhetik, die es allen Kräften im Staat recht machen sollte. Weder die Konservativen noch die Modernisten hatten Anlass, auf die Barrikaden zu steigen. Die antagonistischen und mit unterschiedlichen Mitteln gelösten Bauaufgaben Ringturm und Staatsoper zeigen, wie breit das Spektrum von Erich Boltenstern war. Und wie schwer es ist, die Architektur jener Jahre zu typisieren.

DANK

Als Direktor des Wien Museums bedanke ich mich bei den Kuratorinnen Judith Eiblmayr und Iris Meder für den Vorschlag, einerseits das Lebenswerk von Erich Boltenstern erstmals der Öffentlichkeit zu präsentieren und andererseits am Beispiel Boltenstern die Baukultur der Nachkriegszeit zur Diskussion zu stellen. Seitens des Museums wurde das Projekt von Renata Kassal-Mikula fachkuratorisch sowie von Isabelle Exinger und Bärbl Schrems organisatorisch betreut. Ein besonderer Dank gilt der Familie Boltenstern, die es ermöglicht hat, dass eine große Zahl von unveröffentlichten Plänen, Fotos und Zeugnissen aus dem Nachlass von Erich Boltenstern zum ersten Mal öffentlich gezeigt werden kann.

Die Ausstellungsarchitektur übernahm Judith Eiblmayr, die grafische Gestaltung von Ausstellung und Katalog das Atelier A&H Haller. Ich danke für die produktive Zusammenarbeit. Mit dem Titel „Moderat Modern" war eine Verpflichtung zu nobler Zurückhaltung und klarer Präsentation vorgegeben.

Der Verlag Anton Pustet hat sehr früh signalisiert, wie sehr er an das Projekt Boltenstern glaubt. Das ermutigte uns bei der Arbeit. Von großer Wichtigkeit war die harmonische Zusammenarbeit mit der Wiener Städtischen Versicherung. Ich bedanke mich für bedeutende Leihgaben – und ich freue mich, dass wir die Städtische als Ausstellungssponsor gewinnen konnten. Mit großer Freude darf ich hinzufügen, dass das Wien Museum ab sofort einen Hauptsponsor hat. Mit der Ausstellung „Moderat Modern" beginnt eine langfristige Partnerschaft mit der Wiener Stadtwerke Holding AG.

Wolfgang Kos
Direktor Wien Museum

Erich Boltenstern, Ringturm, 1955

VORWORT DER HERAUSGEBERINNEN

Diese Ausstellung basiert auf der im Jahr 2002 abgeschlossenen Forschungsarbeit von Judith Eiblmayr „Aufarbeitung und Erforschung des Lebenswerkes des Architekten Prof. Erich Boltenstern (1896–1991)", finanziert aus den Mitteln des Jubiläumsfonds der Oesterreichischen National-bank, für das Institut für Raumgestaltung an der Technischen Universität Graz, Prof. Irmgard Frank. Iris Meder übernahm den aufwendigen Part der Planarchivierung und erstellte, basierend auf ihrer Dissertation „Offene Welten – die Wiener Schule im Einfamilenhausbau 1910–1938", in der Folge das Werkverzeichnis. Für die computertechnische Unterstützung dabei sorgte Alexander Ivan, wissen-schaftliche Mithilfe kam von Christian Maryška.

Wir bedanken uns bei den Mitgliedern der Familie Boltenstern Elisabeth Augustin, Grete Bernheimer und Sven Boltenstern sowie besonders beim Ver-walter des Nachlasses, Erich Boltenstern junior. Speziell bedankt seien auch Monika Deloch, die durch ihre tatkräftige Unterstützung im Boltenstern-Archiv einen wertvollen Beitrag geleistet hat, und Walter Gleckner, der das Planarchiv vorsortiert hat.

Weiters richtet sich unser Dank an folgende Personen, die durch ihre Auskunftsfreudigkeit und ihre wertvollen Informationen mitgeholfen haben, das Bild der Person Erich Boltenstern nachzuzeich-nen: Friedrich Achleitner, Walter Arnold, Justine Auböck (†), Carl Auböck, Kurt Eckel, Günther Feuerstein, Gabriele Gansert, Ute Georgeacopol, Eberhard Graf, Ernst Hiesmayr, Kurt Hochwarter, Franz Kiener, Franz Knispel, Monika Knofler, Fritz Kurrent, Alfred Lechner, Karl Mang, Karin Müller-Rieke, Herbert Reinagl, Kurt Schlöss, Patricia und Eduard Sekler, Gerhard Slavik, Monika und Sepp Stein, Gerhard Vana, Michael Wachberger, Manfred Wehdorn, Klaus Zellinger.

Das Werk des Architekten Erich Boltenstern (1896–1991) ist eines der umfangreichsten der österreichischen Architektur des 20. Jahrhunderts und war doch bis vor einigen Jahren unbearbeitet und nur in Zeitschriften projektweise publiziert.

Es war eine große Herausforderung, sich diesem Werk anzunähern, einerseits wegen der enormen Menge an Material im privaten Archiv der Nachfahren von Boltenstern, andererseits, weil die Baukultur der fünfziger Jahre noch keinen konkreten Platz in der Architekturgeschichte zugewiesen bekommen hat und erst in den letzten Jahren eine Einschätzung der Qualität dieser Bauten vorgenommen wird.

Zu diesem Zweck, wurden die Wurzeln von Boltensterns Werk in die zwanziger und dreißiger Jahre zurückverfolgt, um Kontinuitäten bzw. Änderungen in der Auslegung des Begriffs einer „Moderne" in der Architektur vor und nach dem Zweiten Weltkrieg aufzuzeigen.

Die Ausstellung „Moderat Modern" soll zeigen, dass Erich Boltenstern mit der Planung vieler großer Bauten betraut wurde – vom Kahlenberg-Restaurant bis zum Ringturm –, sich diesen Bauaufgaben jedoch ohne architektonischen Überschwang, in moderater Weise eben, näherte.

Sein Wirken blieb auf Österreich beschränkt und ist untrennbar mit dem Wiener bauge-schichtlichen und gesellschaftlichen Kontext verwoben. Daher ist das Wien Museum der ideale Ort für diese Werkschau.

Analog dazu soll ein Stück Wiener Stadtgeschichte erzählt werden, indem Streiflichter auf Bauten anderer Architekten geworfen werden, die für die Baukultur nach 1945 verant-wortlich zeichneten. Dies geschieht am Beispiel der Zone rund um die Ringstraße.

Der vorliegende Katalog soll das breite Spektrum an Aufgabenstellungen, mit denen Erich Boltenstern im Laufe seines Lebens konfrontiert wurde, dokumentieren und ein komplettes Werkverzeichnis bieten. Gleichzeitig wird ein bewertender Blick auf die Nachkriegsarchitektur in Wien gerichtet.

50 Jahre nach der Fertigstellung seiner bekanntesten Bauten, des Ringturms und des Wiederaufbaus der Staatsoper, sowie 70 Jahre nach der Eröffnung seines wichtigsten Vorkriegsbaus, des gegenwärtig akut in seinem Bestand bedrohten Kahlenberg-Restaurants, wird Erich Boltenstern nachhaltig gewürdigt.

Judith Eiblmayr
Iris Meder

MODERAT MODERN
LEBEN UND WERK DES ARCHITEKTEN ERICH BOLTENSTERN

JUDITH EIBLMAYR

DIE BIOGRAFIE

Erich Boltenstern, geboren am 21. Juni 1896, wuchs mit seiner Mutter im großelterlichen Haushalt in der Wiener Papagenogasse, neben dem Theater an der Wien, auf. Sein Vater, Erich von Boltenstern, der sich – aus der Stadt Stralsund (vormals schwedisch, später bei Preußen) stammend – als Kaufmann in Wien niedergelassen hatte, war bereits 1898 gestorben. Die Mutter Louise, geb. Godina, war ausgebildete Opernsängerin, die ganze Familie Godina war sehr kunstsinnig. Sein Großvater, ein Goldschmied und Juwelenhändler, nahm den kleinen Erich mit in die Oper, seine innig geliebte und verehrte Mutter durfte er schon in jungen Jahren auf zahlreichen Auslandsreisen begleiten. Er besuchte die evangelische Volksschule am Karlsplatz und das Franz-Josephs-Gymnasium Stubenbastei. Bereits als kleines Kind zeigte er Talent zum Zeichnen, er war sehr sportlich und eifriger Besucher von Theater und Oper.

1911 heiratete seine Mutter den Zahnarzt Gottfried Piwniczka, und sie zogen in dessen Wohnung. Nach der Matura 1915 wurde Erich Boltenstern im Ersten Weltkrieg eingezogen. Nach Kriegsende begann er das Architekturstudium an der Wiener Technischen Hochschule. Seine Studienzeit war stark von seiner Liebe zum Theater geprägt – er absolvierte nebenbei eine Gesangsausbildung mit Bühnenambition –, er reiste und malte gerne. 1922 machte Boltenstern sein Diplom mit dem „Gefühl, daß jetzt erst das Lernen anginge"[1], und arbeitete anschließend in Berlin (bei Bruno Ahrends und Hans Poelzig), 1923 in Barcelona (bei Alfred Koller) und ab 1924 in Wien bei Siegfried Theiß und Hans Jaksch. Am 25. April 1925 heiratete er Elisabeth Szupper, eine Absolventin der Akademie der bildenden Künste, mit der er vier Kinder haben sollte: Erich (geb. 1926), Elisabeth (geb. 1927), Helene (geb. 1930) und Sven (geb. 1932).

1927 ging er nach Linz, um bei Julius Schulte, einem viel beschäftigten Architekten und Professor an der Technischen Hochschule Graz, zu arbeiten. Hier wurde er zum ersten Mal mit der Errichtung einer Feuerhalle konfrontiert, die Schulte für Linz plante, einer Bauaufgabe, die ein paar Jahre später der Grundstein seiner eigenen Karriere werden sollte. Nach einem Jahr in Linz kehrte Boltenstern nach Wien zurück und begann, an einer Dissertation zum Thema Theaterbau zu arbeiten. Im Zuge der Recherchen lernte er Oskar Strnad kennen, der neben seiner architektonischen Tätigkeit auch Bühnenbilder für die großen Theater entwarf, und erhielt kurz darauf eine Assistentenstelle bei Strnad an der Kunstgewerbeschule. Boltenstern selbst bezeichnete die Zeit in der Strnad-Klasse von 1928 bis 1934 als „eine der reichsten und glücklichsten Perioden meines Lebens"[2]. Die Dissertation führte er übrigens nie zu Ende.

Neben seiner Lehrtätigkeit unterhielt er ein eigenes Büro, 1930 gewann er seinen ersten Wettbewerb mit der Feuerhalle in Graz. Dies wurde sein erster Bauauftrag überhaupt und begründete eine Jahrzehnte dauernde Bauherrenbeziehung zum „Wiener Verein", damals noch Feuerbestattungsverein „Die Flamme".

Erich Boltenstern mit seiner Mutter, ca. 1908
FOTO W. WEIS, SVEN BOLTENSTERN

Erich Boltenstern in der Oper, 1955
FOTO GETLINGER, ARCHIV ERICH BOLTENSTERN

Elisabeth Szupper portraitiert von
Erich Boltenstern, 1924
ARCHIV ERICH BOLTENSTERN

Ehepaar Boltenstern in Salzburg, 1954
ARCHIV WIENER VEREIN

16

Erich Boltenstern bei der Gleichenfeier
zum Wiederaufbau der Oper, 1950
ARCHIV ERICH BOLTENSTERN

1934 wechselte Boltenstern als Assistent zu Clemens Holzmeister an die Akademie der bildenden Künste. „So gern ich an der Kunstgewerbeschule war und so sehr ich Prof. Strnad verehrte, so sehr verlockte es mich, mit größeren Architekturaufgaben und weiter gesteckten Zielen zu tun zu haben."[3] Da Holzmeister viel beschäftigt und oft unterwegs war, wurde Boltenstern zum wichtigsten Vertreter des Professors. Als 1937 Peter Behrens die Akademie verließ, übernahm er zusätzlich dessen Meisterklasse. Der zweite Assistent in der Holzmeister-Klasse war ab 1937 Eugen Wachberger, der 1934 bei Holzmeister sein Diplom machte und der bei Boltensterns zweitem großen Projekt, dem Umbau des Kahlenberg-Restaurants (1935/36), mitarbeitete.

1938, nach der Machtübernahme durch die Nationalsozialisten, wurden beide umgehend vom Dienst suspendiert. Boltenstern wurde, weil politisch nicht systemkonform, nach Ausbruch des Zweiten Weltkrieges auch nicht als Soldat eingezogen. Er arbeitete vorerst im Büro der deutschen Architekten Bodo Denk und Rudolf Thomsen in Wien, später wurde er als Mitglied der „Reichskammer der bildenden Künste" geführt und war während der Kriegszeit selbstständig tätig. Sein wichtigster Bauherr in dieser Zeit war der Stahlwarenfabrikant Erich Schmid, der seinen Betrieb im niederösterreichischen Wilhelmsburg ständig um- und ausbaute und Boltenstern, der eine sechsköpfige Familie zu versorgen hatte, auf Dauer beschäftigte. 1944 bewahrte Schmid Boltenstern vor der Einziehung zum „Volkssturm", indem er ihn in seinem Werk anstellte und für unabkömmlich erklärte.

Nach dem Krieg kam Boltenstern sein unpolitisches Untertauchen in Wien zugute: Er war einer der wenigen „gescheiten Köpfe", die vor Ort waren, als die von Nationalsozialisten besetzten Stellen wieder frei gemacht wurden. Viele der Intellektuellen und ehemaligen Professorenkollegen waren vertrieben oder ermordet worden und jene, die rechtzeitig flüchten konnten, wollten oder konnten so schnell nicht zurückkehren. Boltenstern war hingegen sofort zur Stelle, um die Lehrtätigkeit an der Akademie wieder aufzunehmen. Am 1. Mai 1945 wurde er eingestellt und leitete die Klasse bis zu Holzmeisters endgültiger Rückkehr aus der Türkei 1952. Bedingt durch den akuten Mangel an Lehrpersonal

17

Erich Boltenstern in Mykene, 1956
FOTO ALFRED LECHNER

erhielt Boltenstern auch an der Technischen Hochschule die Professur für Wohnbau, 1955 übernahm er zusätzlich das Institut für Gebäudelehre.

Seine erste Bauaufgabe nach 1945 war der Wiederaufbau des durch Bomben zerstörten Hauptgebäudes des „Wiener Vereins" in der Ungargasse, 1947–1949 bewerkstelligte er den Wiederauf- und umbau der Böhmischen Hofkanzlei.

Für Boltenstern begann eine Periode intensiven Schaffens, der größte Erfolg in dieser Zeit war zweifellos 1948 der Gewinn des Wettbewerbs zum Wiederaufbau der Wiener Staatsoper, eine Arbeit, die ihn die nächsten acht Jahre beschäftigte. Es sei seine schwierigste Arbeit gewesen, meinte er später – gleichzeitig muss sich ihm ein Traum erfüllt haben, da sich für ihn mit dieser Bauaufgabe ein biografischer Kreis geschlossen hatte: Dem Sohn einer Opernsängerin und ausgebildeten Sänger, dem die Theaterwelt so viel bedeutete, war es – wenn schon aus der eigenen Bühnenkarriere nichts geworden war – vergönnt, den Opernsängern wieder ein würdiges Ambiente zu planen. Nach Abschluss der Arbeiten weihte Boltenstern den Raum selbst ein, indem er vor seinen Mitarbeitern eine Arie vortrug.

Boltenstern war nicht nur praktisch mit dem Wiederaufbau von Wien beschäftigt, sondern auch strukturell: Er war von Anfang an Mitglied des „Technischen Beirates für den Wiederaufbau von Wien"; 1951–1954 gehörte er auch dem „Fachbeirat der Stadt Wien" an. 1949–1957 war er außerdem Mitglied von CIAM Österreich, der österreichischen Gruppe der Internationalen Kongresse für neues Bauen (Congrès Internationaux d'Architecture

„JEDER ZOLL EIN GENTLEMAN."

Moderne), 1956–1962 stand er als Präsident der Zentralvereinigung der Architekten Österreichs vor. Schon bald erhielt er für sein berufliches Engagement die ersten Auszeichnungen: 1952 den Preis der Stadt Wien, 1957 das Österreichische Ehrenkreuz für Wissenschaft und Kunst I. Klasse, 1959 den großen österreichischen Staatspreis, weitere Auszeichnungen folgten in späteren Jahren, darunter 1960 eine außergewöhnliche Ehrung – das Komturkreuz des finnischen Löwenordens.

Im Oktober 1967 emeritierte er als Professor an der Technischen Hochschule und widmete sich wieder mehr seinem Büro, wo sein Sohn Erich als Junior-Partner eingetreten war. Die Auftragslage war auch in den sechziger Jahren sehr gut, er und seine Mitarbeiter waren mit großen Projekten beschäftigt. 1981 wurde er mit dem goldenen Ehrenzeichen der Republik Österreich ausgezeichnet.

Erich Boltenstern starb am 2. Juni 1991.

DIE PERSÖNLICHKEIT

Erich Boltenstern war das, was man eine „honorige Persönlichkeit"[4] nennt, ein ehrlicher und glaubwürdiger Vertreter des Humanismus. Er war „jeder Zoll ein Gentleman"[5], ein ausgeprägter Kulturmensch, nie autoritär, eher konfliktscheu, und fühlte sich nie bemüßigt, jemandem seine Meinung aufzuzwingen. Auch als Lehrer nahm er keinen formalen Einfluss auf die Arbeit seiner Studenten und übte nur leise Kritik, indem er Anmerkungen machte wie: „Das ist vielleicht ein bisschen brav."[6] An der Technischen Hochschule galt er als der verlässliche Gegenpol zu Karl Schwanzer, der den charismatischen Star unter den Professoren verkörperte. „Bo [Spitzname Boltensterns] und Schwanzer waren durchaus auf einer Linie, jedoch in divergierender charakterlicher Ausprägung."[7] „Der zeichnende und aquarellierende, der musizierende und philosophierende Professor war für alle damals an der Wiener Technik Studierenden ein Pol der Fairness, der Ruhe, der Ernsthaftigkeit und der Solidität."[8]

Von einer „Boltenstern-Schule" – vergleichbar mit der Holzmeister-Schule – kann man bei Boltensterns Lehre nicht sprechen. Ihm war daran gelegen, den Studenten Detailgenauigkeit beim Zeichnen und Sensibilität beim Planen zu vermitteln, und nicht, ihnen einen Boltenstern-Stempel aufzudrücken. „Seine Vorlesungen waren wegen seines Wissens, seines Verständnisses für die Studenten und, vor allem, wegen seiner Güte vorbildhaft. Seine Schüler hat er auch später nie aus den Augen verloren, er war immer für sie da."[9]

Auch als Chef sei er „wahnsinnig angenehm"[10] gewesen. Er hat die Mitarbeiter zwar zeitlich enorm gefordert und einen hohen Arbeitseinsatz verlangt und sehr wohl registriert, „wer sich ins Zeug legt. Die hat er mehr geschätzt."[11] Gleichzeitig gewährte er ihnen jedoch viel entwerferische Freiheit. Der Zeichenaufwand im Büro sei durch das Augenmerk auf die Detailentwicklung sehr hoch gewesen. „Papa Boltenstern" wurde seiner diplomatischen Art wegen geachtet, gesteckte Ziele verfolgte er dennoch beharrlich.

Obwohl sein Persönlichkeitsbild so gar nicht dem eines Machtmenschen gleichkommt, ist es Boltenstern gelungen, viele verschiedene Funktionen einzunehmen und an große Aufträge und wichtige Bauherren heranzukommen. Er verhielt sich seinen Bauherren gegenüber loyal, was zu langjährigen Arbeitsbeziehungen führte. Beim Wettbewerb zum Wiederaufbau der Oper gewann er gegen Clemens Holzmeister, der angeblich alle Hebel in Bewegung gesetzt hatte, um den Auftrag zu erhalten.

„Boltenstern" – so sein Mitarbeiter Kurt Eckel – „war eine Verbindungsfigur zwischen alt und neu, nobel, eine Spur zu wenig mutig. Mit einem Quäntchen Mut von Holzmeister hätte er das Format von Frank Lloyd Wright gehabt."[12] Er war kein eitler Baukünstler, bei

Clemens Holzmeister und Erich Boltenstern (im Hintergrund), 1950er Jahre
ARCHIV ERICH BOLTENSTERN

„BOLTENSTERN WAR EINE VERBINDUNGSFIGUR ZWISCHEN ALT UND NEU, NOBEL, EINE SPUR ZU WENIG MUTIG."

19

„Wachsendes Haus", 1932
FOTO SCHERB, ARCHIV ERICH BOLTENSTERN

dem die Selbstdarstellung über das Bauwerk im Vordergrund stand, sondern stets sozial orientiert: Für ihn stellten die jeweiligen Lebensumstände der Menschen, die in den von ihm geplanten Häusern leben sollten, die Basis seiner Architektur dar. Als vorbildlich galten ihm die schweizerische und die schwedische Architektur im sozialen Wohnbau. Stockholm bezeichnete er 1948 als „eine moderne Stadt, die vielleicht das beste gegenwärtige Beispiel einer zielbewußten und stetigen Entwicklung in städtebaulicher Hinsicht darstellt"[13].1930 hatte er die erste Reise nach Schweden, eine Studienexkursion mit der Kunstgewerbeschule, unternommen, der noch zahlreiche folgen sollten.

In der Einschätzung seines eigenen Werkes war Boltenstern sehr zurückhaltend: „Mir ist bewußt: Ich bin kein Neuerer und kein Bahnbrecher, es ist anderen Temperamenten vorbehalten. Aber ich habe mich stets bemüht, aus jeder Aufgabe das Beste herauszuholen."[14] Oder: „Mein eigenes Wohnhaus habe ich 1936 gebaut. Es ist anspruchslos und in nichts auffallend. Wir – ich und meine Familie – fühlen uns wohl darinnen."[15]

Es ist paradox, dass ausgerechnet der bescheidene Boltenstern in den frühen fünfziger Jahren das höchste Haus für Wien, den Ringturm, plante. Es war allerdings nicht seine Idee gewesen, sondern die des Generaldirektors Norbert Liebermann, der, aus der Emigration in den USA zurückgekehrt, ein dynamisches Konzept für die Wiener Städtische Versicherung umsetzen wollte. Boltenstern war mit der Entscheidung für ein Hochhaus gar nicht so glücklich, was an der im europäischen Vergleich eher verhaltenen Architektursprache auch ablesbar wurde und was wiederum in einem Zitat von ihm zum Ausdruck kommt: „Wir sollten nobel und zurückhaltend bauen, nicht brutal aufdringlich und nach dem Nachbar schielend, ob wir ihn übertrumpfen. Der Architekt ist Diener der Allgemeinheit."[16]

„ICH BIN KEIN NEUERER UND KEIN BAHNBRECHER."

20

Bürgermeister Franz Jonas und
Erich Boltenstern im Ringturm, 1955
ARCHIV ERICH BOLTENSTERN

Nationalbank Linz, 1953
FOTO LUCCA CHMEL, ARCHIV ERICH BOLTENSTERN

„DER ARCHITEKT IST DIENER
DER ALLGEMEINHEIT."

Erich Boltenstern kann mit einiger Berechtigung als „Ringstraßenarchitekt" bezeichnet werden, liegen doch zusätzlich zu Staatsoper und Ringturm einige seiner wichtigsten Bauten am Ring bzw. in relativer Nähe: das sogenannte Felderhaus, ein Bürogebäude neben dem Rathaus (1961–1965), die umgebaute Universitätsbibliothek (1965–1970), die Bauten für die Oesterreichische Nationalbank am Otto-Wagner-Platz (1953–1956, gemeinsam mit Eugen Wachberger), die nach einem Brand wieder aufgebaute Börse (1958–1960, gemeinsam mit Erich Schlöss), das Regierungsgebäude am Stubenring (Außengestaltung, 1948–1951) und der Gartenbau-Komplex (1961–1963, gemeinsam mit Kurt Schlauss).

In der Zeit des Wiederaufbaus war Boltenstern durch seine persönliche Integrität eine Integrationsfigur, die Sicherheit und Verlässlichkeit ausstrahlte und mit der man Zukunftsorientiertheit ohne Überschwang verband. Einer seiner ehemaligen Mitarbeiter, Franz Kiener, meint: „Boltenstern hatte keine Vision, er hat mit seiner Pragmatik genau der Nachkriegszeit entsprochen." Er war aber auch ein besonders kultivierter Mensch, „ein Künstler in einer allumfassenden Weise – fein empfindend und umsichtig, behutsam in seinen Werken" (Erich Schlöss) – und ein exzellenter Zeichner, der wunderbare Reiseskizzen und Aquarelle fertigte, die 1986 anlässlich eines Festaktes zu Boltensterns 90. Geburtstag in einer Ausstellung im Festsaal der TU Wien zu sehen waren.[17] Trotz eines vielleicht zögerlichen Ausdrucks in seiner Architektur war Boltenstern in seiner ausgeprägt humanistischen Haltung immer ein Moderner, wofür ein Zitat von 1957 repräsentativ ist: „Wir Architekten sind Diener der Gegenwart und müssen daher gegen eine verhätschelte, aber überalterte Erscheinungswelt ankämpfen, soll die kommende Generation nicht ein vernichtendes Urteil über uns fällen."[18]

21

DIE ARCHITEKTUR

Bereits vor dem Zweiten Weltkrieg war Boltensterns Architektur zurückhaltender als die anderer Architekten wie Oswald Haerdtl, Ernst Plischke oder Herbert Eichholzer. Seine Auffassung von der sozialen Verantwortung eines Architekten zeigte sich in der Beschäftigung mit Bauaufgaben, die Antworten auf die Wirtschaftskrise suchten: 1932 gewann er beim Wettbewerb für ein „wachsendes Haus" den 3. Preis. Es handelte sich dabei um ein kleines Holzhaus als Kernelement, an das später bei größerem Raumbedarf etappenweise angebaut werden konnte. „Dieses Haus fand damals nicht nur beim Publikum [der Frühjahrsmesse, Anm.] Interesse, sondern es wurde vielfach publiziert. So in den ‚Modernen Bauformen', in ‚Kunst und Dekoration' in Deutschland, aber auch in anderen Ländern, so daß ich mit dieser winzigen Arbeit ziemlich bekannt wurde. Es war wohl ein Zeichen der Zeit, daß angesichts der Wirtschaftslage gerade solche Versuche, die bei sparsamster Bauweise eine Verbesserung der Wohnung anstreben, besonders beachtet wurden."[19] Alleine aus diesem Zitat wird seine Uneitelkeit ersichtlich: Er ist stolz darauf, in schwierigen Zeiten den Menschen ein solides, aber billiges Dach über dem Kopf bauen zu können. Das formale Element, also wie dieses Haus aussieht, bleibt unerwähnt.

Eines der wenigen als modern klassifizierbaren Projekte Boltensterns ist der Neubau des Restaurants auf dem Kahlenberg (1935/36). Der siegreiche Wettbewerbsbeitrag von 1933 war allerdings auf Initiative und in Zusammenarbeit mit Leopold Ponzen entstanden. Im Frühjahr 1936 war Boltenstern einer von drei Preisträgern beim Wettbewerb für den Weltausstellungspavillon in Paris, unterlag jedoch Oswald Haerdtl in der Endausscheidung – sein Entwurf war wiederum ein Quäntchen zu moderat.

Boltensterns Bauten waren von den aktuellen Strömungen in der schwedischen Architektur geprägt. Vor allem sein erstes fertig gestelltes Bauwerk, die Feuerhalle in Graz für den Feuerbestattungsverein „Die Flamme" (1932), war stark am schlichten schwedischen Klassizismus orientiert. In Österreich gab es zu diesem Zeitpunkt drei Krematorien (Wien 1922, Steyr 1927, Linz 1929), die im expressionistischen Stil gehalten waren. Boltenstern suchte einen formal schlichteren, aber genauso eindrucksvollen Weg und nahm eindeutige Anleihen am Entwurf für eine Krematoriumskapelle in Helsingborg von Sigurd Lewerentz und Torsten Stubelius (1914). „Schon in seinem ersten größeren Bau […] hatte Boltenstern aus der Reduktion der Sprache seiner Lehrer zu seinem Stil gefunden: strenge Raumgliederung, schlichte Monumentalität, verhaltene Modernität."[20] Auch Programmatik und Form seiner Wohnbauten vor und nach dem Zweiten Weltkrieg sind von einer unspektakulären Pragmatik geprägt, die ebenfalls vom schwedischen Modell des sozialen Wohnbaus beeinflusst war.

Boltensterns produktivste Zeit setzte unmittelbar nach dem Krieg ein. Er erhielt Großaufträge wie den Wiederaufbau des Bundesamtsgebäudes am Stubenring (Fassadensanierung, 1948–1951) und der Böhmischen Hofkanzlei (1947–1949). Bei dieser Bauaufgabe nahm er einen bemerkenswerten städtebaulichen Eingriff an der barocken Bausubstanz vor. Um die Enge in der Wipplingerstraße zwischen dem Gebäude und dem gegenüber liegenden Alten Rathaus zu entschärfen, wurde längs der Straße eine Fußgängerpassage gelegt, die, mit kleinen Geschäftslokalen und Schaufenstern ergänzt, so harmonisch integriert wurde, dass die Wirkung eines Arkadenganges erzeugt wurde.

Seine erste Bauaufgabe nach Kriegsende erhielt er vom „Wiener Verein", der sein Bürogebäude in der Ungargasse 41 möglichst schnell wiederaufgebaut sehen wollte. Ein Teil musste komplett neu errichtet werden, und Boltenstern beschränkte sich auf ein funktionales Grundrisskonzept und eine schlichte Gassenfassade. 1958–1961 wurde eine Bau-

Wettbewerbsentwurf österreichischer Pavillon auf der Weltausstellung Paris 1937
ARCHIV ERICH BOLTENSTERN

„Osttorgebäude" der Oesterreichischen
Nationalbank, Bürohaus und Wohnhaus
1950–1956, mit Eugen Wachberger
FOTO LUCCA CHMEL, ARCHIV ERICH BOLTENSTERN

Wiederaufbau Börse, 1956–1959,
mit Erich Schlöss
FOTO LUCCA CHMEL, ARCHIV ERICH BOLTENSTERN

lücke an der Rückseite des Grundstücks mit einem Wohngebäude geschlossen. Neben der „Zentrale" plante Boltenstern in den fünfziger und sechziger Jahren eine große Anzahl von kleinen Geschäftslokalen als Zweigstellen des „Wiener Vereins" in ganz Österreich, mehrere Urnenhaine, ebenfalls in ganz Österreich, die formal sehr schlicht gehaltene Feuerhalle am Waldfriedhof Villach (1952/53) und 1961 das City-Hotel in Villach, einen größeren Komplex mit begleitender Infrastruktur.

Aus der Geschäftsverbindung mit dem „Wiener Verein" – seit 1934 zum Verband der Wiener Städtischen Versicherung gehörig – ergab sich die für Boltenstern wohl wichtigste Kontaktnahme mit einem neuen Bauherrn, nämlich der Wiener Städtischen Versicherung selbst. Der Umbau des Firmensitzes in der Tuchlauben 8 war für Boltenstern der Grundstein einer über 25 Jahre dauernden Tätigkeit für die Wiener Städtische. Die Krönung dieser fruchtbaren Kooperation war der Ringturm, das Hochhaus an markanter städtebaulicher Stelle in Wien.

Ein weiterer hochwertiger Bau für die Wiener Städtische war das 1955–1960 entstandene Hotel Europa in Wien, ein horizontal zonierter und in der Fassade fein gegliederter Kopfbau zwischen Kärntner Straße, Donnergasse und Neuem Markt. Ernst Hiesmayr erzählt, dass die asymmetrische Fensterteilung aus der Hand von Boltenstern als so sensationell galt, dass ein Kollege von ihm sich bei Betrachtung des fertig gestellten Baus zu dem Ausruf hinreißen ließ: „Jetzt geht die Welt unter!"[21] Neben vielen in Österreich verstreuten Zweigstellen sind als weitere wichtige Boltenstern-Bauten für die Wiener Städtische Versicherung anzuführen: Wohnhausanlagen in Wien-Hietzing und St. Pölten (1958–1962), das so genannte „Felderhaus", ein Bürogebäude neben dem Rathaus (1961–1965), der Liebermannhof an der Oberen Donaustraße (1961–1964) und dessen Erweiterung in der Hochedlingergasse (1967–1970), das Bürohaus Am Modenapark (1967–1970) und ein weiteres Bürogebäude in Linz (1970).

Die beste Qualität in seiner architektonischen Arbeit entwickelte Erich Boltenstern in Kooperation mit Eugen Wachberger, mit dem er vor allem für die Bauten für die Oesterreichische Nationalbank (1950–1959) verantwortlich zeichnete. Zwischen den beiden scheint ein optimal synergetisches Verhältnis geherrscht zu haben, wo Boltensterns Liebe zum Detail und Wachbergers Können im Detail – er war gelernter Tischler – in produktiver Weise zueinander fanden.

Der Einstieg als Nationalbank-Architekten gelang durch den Gewinn eines Wettbewerbs für eine Wohnhausanlage für Bankmitarbeiter in Wien-Pötzleinsdorf. Boltenstern war geladen gewesen und hatte wegen Arbeitsüberlastung Wachberger zugezogen. Nach der Beauftragung richtete man ein Büro direkt in der Akademie der bildenden Künste ein, wo beide an der Meisterklasse von Clemens Holzmeister lehrten. Kurz darauf erhielten sie zusätzlich den Auftrag für zwei Gebäude am Otto-Wagner-Platz – in unmittelbarer Nachbarschaft und als räumliche Ergänzung des OeNB-Hauptgebäudes – und für das Filialgebäude in Linz. Das Osttor-Süd-Gebäude (Mitarbeiter-Wohnhaus) und der Linzer Bau (ein kombiniertes Bank- und Wohnhaus) weisen mit ihren schlichten Steinfassaden und den gleichmäßig eingeschnittenen Fenstern und Loggien eine sehr ähnliche Gestaltung auf, das Osttor-Nord-Gebäude hingegen zeigt durch seine großen Fensteröffnungen, dass es ein reines Bürogebäude ist. Bemerkenswert bei allen drei Gebäuden ist die Sockelzone: Sie wird von sich nach unten verjüngenden Pfeilern mit dazwischen liegender Verglasung gebildet und verleiht der darauf ruhenden Kubatur eine spezifische Leichtigkeit. Vor allem das Linzer Gebäude, wo das Sockelgeschoss dem Repräsentationszweck entsprechend höher ist, wirkt wie eines der Möbelstücke aus dieser Zeit, die sich durch schlanke

Karikatur von Fritz Kurrent und Johannes Spalt,
1952, Fotokopie nachkoloriert von F. Kurrent 2005
ARCHIV JUDITH EIBLMAYR

konische, leicht schräg gestellte Füßchen auszeichnen. Solche Details scheinen aus der Feder Wachbergers zu stammen – der gleichzeitig entstandene Ringturm weist kein vergleichbares Sockelgeschoss auf, das seinem Erscheinungsbild wesentlich mehr Eleganz verliehen hätte.

Tatsache ist, dass Boltenstern Anfang der fünfziger Jahre in seinem Büro in der Operngasse mit den Planungen für Ringturm und Oper arbeitsmäßig so überlastet war, dass er den OeNB-Auftrag fast zur Gänze von Wachberger und Mitarbeitern durchführen ließ. Aus der Grundrissplanung hingegen ist eindeutig Boltensterns Streben nach querbelüfteten Wohnungen ersichtlich – ein Thema, das ihm auch in seiner Wohnbauvorlesung sehr wichtig war.

Leider wurden diese Bauten aus funktionellen Gründen stark verändert, wodurch die Detailqualität teilweise völlig zerstört wurde. Das Schicksal einer stark verändernden Erneuerung hat übrigens viele Bauten Boltensterns ereilt, was zwei Hauptgründe hat: Erstens ist die Architektur der fünfziger und sechziger Jahre nach wie vor nicht wirklich umfassend erforscht und in ihrer Qualität klassifiziert und daher auch noch selten unter Denkmalschutz gestellt; zweitens wirkt sich die schlechte Qualität der verwendeten Baumaterialien und die damalige Notwendigkeit, aus Geldmangel billig zu bauen, negativ auf die Haltbarkeit der Bauten aus, sie wurden daher relativ bald sanierungsbedürftig.

Eine wesentliche Bauaufgabe in Boltensterns Werk seit den sechziger Jahren bis zum Ende seiner Tätigkeit stellte die Planung von Aufbahrungshallen vor allem für die Wiener Bestattung dar. In diesen Aufgabenbereich fällt auch der Zubau eines Kirchenschiffes an die klassizistische Kirche in der Hinterbrühl aus dem Jahre 1960. Zu diesem Ort hatte Boltenstern einen starken persönlichen Bezug, da er als Kind mit seiner Mutter hier regelmäßig die Sommerfrische verbracht hatte. Es scheint ihm sehr viel an diesem Projekt gelegen zu haben, denn Kardinal Franz König selbst hatte sich dafür verwendet, dass Boltenstern den Auftrag zum Umbau erhielt.[22]

Zurück in Wien, konnte ich berichten, daß in der Schweiz zwar ein weit höherer Standard beim Bauen, Wohnen und in der Architektur herrsche, daß aber auch dort nur mit Wasser gekocht würde. Wachberger berichtete nach den Sommerferien von einer Reise nach Schweden, von der derzeitigen Architektur und den neuen Stockholmer Satellitenstädten, wie Vällingby und Hässelby. In der Meisterschule, durch Boltenstern und Wachberger forciert, wurde die schwedische und schweizerische Architektur propagiert. In diesen beiden neutralen Ländern hatte zwar die moderne Architektur den Zweiten Weltkrieg überwintert, da sie aber als gemäßigt-modern bezeichnet werden mußte, genügte sie unseren jugendlichen Ansprüchen nicht. Dies drückte sich in einer großen plakativen farbigen Zeichnung aus, die ich gemeinsam mit Spalt angefertigt hatte und die in unserem Zeichensaal an die Wand geheftet war: Spalt, grellrot, als Prellbock der Klasse, im „Corbusier" blätternd, versperrt dem alten (gelben) Auto mit Boltenstern und Wachberger, das die Rückständigkeit ihrer Architekturauffassung demonstrieren sollte, den Weg. Der Geist aus dem Kühler stellt Otto Grün dar, einen damals einflußreichen Boltenstern-Assistenten.

Fritz Kurrent, Einige Häuser, Kirchen und dergleichen. Verlag Anton Pustet, Salzburg 2001, S. 27

Kirche Hinterbrühl, 1960
FOTO LUCCA CHMEL, ARCHIV ERICH BOLTENSTERN

Am Friedhof in der Hinterbrühl wurde Erich Boltenstern auch beigesetzt, im Grab seiner Eltern, dessen Grabstein er beim Tod seiner Mutter entworfen hatte.

Was Erich Boltenstern trotz hohen Ansehens in Österreich – die meisten seiner Bauten wurden in Wien und Umgebung umgesetzt – verwehrt geblieben ist, waren internationale Reputation und Aufträge im Ausland. Er nahm sehr wohl an internationalen Konkurrenzen teil, etwa an jenen für den Neubau der Opernhäuser in Malta, Sydney und Hamburg. Wesentlich für seinen Karriereverlauf wäre wahrscheinlich die Errichtung von fünf Rundfunkhäusern in der Türkei gewesen: Damit hätte ihm vielleicht – auf den Spuren Clemens Holzmeisters – der internationale Durchbruch gelingen können. Dieser Auftrag wurde allerdings von der Firma Siemens nach Vertragsunterzeichnung wieder zurückgezogen.

Aber Boltenstern drängte nicht nach Expansion, in seiner bescheidenen Weise war er zufrieden mit dem, was er erreicht hatte, und das war – siehe oben – nicht wenig. Ohne konservativ zu sein, wollte er ein „Diener seiner Zeit" sein. Den Wiederaufbau Wiens hat er, wenn auch in gemäßigter Form, entscheidend geprägt. „Boltensterns ästhetischer Reduktionismus, der dank seiner noblen Detailkultur nie ins Ärmliche umkippt, verschweigt nichts von den wahren Zeitverhältnissen."[23]

Diese uneitle, konsensorientierte Haltung in schwierigen Zeiten brachte ihm viele Sympathien ein, wenngleich sich die junge Architektengeneration charismatischere Idole suchen musste, um etwas ganz Neues entstehen lassen zu können. Erich Boltenstern war sich dieser seiner Stellung in der Architekturszene bewusst; seine Herangehensweise einer moderaten Moderne stellt dennoch einen wesentlichen Beitrag zur österreichischen Baugeschichte dar.

1   Erich Boltenstern, Memoiren von Anbeginn. Niederschrift seiner Erinnerungen, 1978–1984, nicht publiziert, 6. Teil: 1922 – Ende des Studiums, S. 1.
2   Erich Boltenstern, Memoiren von Anbeginn, 12. Teil: Wien 1928, S. 3.
3   Ebd., S. 21.
4   Judith Eiblmayr, Zitatesammlung im Rahmen der Aufarbeitung und Erforschung des Lebenswerkes des Architekten Prof. Erich Boltenstern (1896–1991). Praktisch übereinstimmende Aussage aller von mir im Zuge der Forschungsarbeit (1999–2002) befragten ehemaligen MitarbeiterInnen, StudentInnen und Familienmitglieder.
5   Eduard Sekler, Zitat im persönlichen Gespräch am 12. 12. 2001.
6   Kurt Eckel, Zitat im persönlichen Gespräch am 15. 1. 2001.
7   Eduard Sekler, Zitat im persönlichen Gespräch am 12. 12. 2001.
8   Josef Krawina, Pol der Solidität. In memoriam o. Prof. Erich Boltenstern, bau 6–7/91, S. 16.
9   Ebd.
10 Monika Stein, Zitat im persönlichen Gespräch am 10. 1. 2001.
11 Herbert Reinagl, Zitat in einem Telefonat am 28. 6. 2002.
12 Kurt Eckel, Zitat im persönlichen Gespräch am 15. 1. 2001.
13 Erich Boltenstern, Referat „Stockholm – eine moderne Stadt". ZV der Architekten Juni 1948.
14 Erich Boltenstern, ausgefüllter Fragebogen, undatiert (ca. 1959), Ordner 142: „Börse", Boltenstern-Nachlass.
15 Ebd.
16 Erich Boltenstern, Gedanken zur Architektenausbildung, undatiert.
17 23.–27. 6. 1986, kuratiert von Dr. Alfred Lechner.
18 Erich Boltenstern, Über die soziale Verantwortung des Architekten, Wien aktuell 3/1957.
19 Erich Boltenstern, Memoiren von Anbeginn, 12. Teil: Wien 1928, S. 20.
20 Georg Schöllhammer, Skizze für Erich Boltenstern: Noblesse des Neuen Bauens, Der Standard, 5. 6. 1991, S. 14.
21 Ernst Hiesmayr, Zitat im persönlichen Gespräch am 7. 11. 2001.
22 Erich Boltenstern junior, Zitat im persönlichen Gespräch am 28. 1. 2002.
23 Georg Schöllhammer, Skizze für Erich Boltenstern: Noblesse des Neuen Bauens, Der Standard, 5. 6. 1991, S. 14.

„die wiederaufbauphase setzte eben ein, und ich kann nicht sagen, daß diese zeit nur negative eindrücke bei mir hinterlassen hat. Im gegenteil: pappendeckel in fenster-scheiben, petroleumöfen, desolate sanitäre einrichtungen und dergleichen sowie unkraut auf den gehsteigen habe ich noch gut im gedächtnis; einiges daran erschien mir abenteuerlich; sehr häßliche gemeindebauten wurden eröffnet. [...] was heute nostalgisch als 50er jahre präsentiert wird, setzte damals ein. keramik, nierentisch-chen und drahtbilder waren für den einen oder anderen erschwinglich und verun-stalteten so manche zimmer."

Reinhard Priessnitz, wohnen in wien, in: Wiener Wohnbau Wirklichkeiten, Wien 1985, S. 34.

DIE WIEDERAUFBAUÄRA IM RÜCKBLICK | EINE ZITATENSAMMLUNG VON GABRIELE KAISER

Nostalgie

D E R

BAU

HERAUSGEGEBEN

UNTER MITWIRKUNG DER

ZENTRALVEREINIGUNG

DER ARCHITEKTEN

11. JAHR 1956   HEFT 5/6

AUSSTELLUNG

BÄDER

WACHSMANN

Titelseite „Der Bau" 1956, Heft 5/6, Hilde Jesser, Deckengestaltung in den Sofiensälen, ARCHIV ERICH BOLTENSTERN

„FORMLOS ZU FORMEN"
OSKAR STRNAD UND SEINE SCHULE

IRIS MEDER

Etwa ab 1910 formierte sich in Wien eine Gruppe von Architekten, die eine neue Architekturauffassung vor allem im Einfamilienhausbau umsetzte. Von der Wiener Secession und Wiener Werkstätte mit ihren Gesamtkunstwerks-Bestrebungen und ihrem „Garniturdenken", das den Bewohner als im Grunde überflüssig, weil das perfekte künstlerische Arrangement störend, empfand, setzten sich die Begründer der „Wiener Schule", Oskar Strnad, Josef Frank und Oskar Wlach, nachdrücklich ab.[1]

Strnad, Frank und Wlach hatten ebenso wie ihre gleichaltrigen Mitstreiter Walter Sobotka, Viktor Lurje, Rudolf Lorenz und Hugo Gorge und Nachfolger wie Siegfried C. Drach und Arnold Karplus an der Wiener Technischen Hochschule studiert, die eine solide technische Grundausbildung gewährleistete. Allen gemeinsam war die Herkunft aus dem assimilierten jüdischen Bürgertum. Die künstlerisch ungleich renommiertere Meisterklasse Otto Wagners an der Kunstakademie wurde von jüdischen Studenten gemieden, da das Klima dort als antisemitisch galt. Der Direktor der Technischen Hochschule, Carl König, war dagegen selbst jüdischer Abstammung und stellte daher für jüdische Studenten eine Identifikationsfigur dar.

Oskar Strnad (Wien, 26. 10. 1879 – Aussee, 3. 9. 1935)[2] unterrichtete von 1909 bis zu seinem Tod an der Wiener Kunstgewerbeschule. Er leitete zunächst die Allgemeine Formenlehre und ab 1914 eine Architekturklasse. 1918 übernahm er nach dem Weggang von Heinrich Tessenow dessen Schüler.

In seinen Architekturplanungen folgte Strnad einem speziellen Konzept: Er entwickelte, von einem Ausgangspunkt ausgehend, zunächst die Wegeführung im geplanten Gebäude, die er dann durch die Festlegung von Fußboden, Belichtung (durch Wände mit Fensteröffnungen) und horizontalem Deckenabschluss fixierte. Die äußere Gestalt versteht sich dabei in gewisser Weise als Rückseite eines nach innen gerichteten Organismus, der die lebenspraktische und daher unkünstlerische Privatsphäre seines Bewohners spiegelt: „Das Haus ist keine Angelegenheit des Künstlers, und wenn es der Künstler macht, so nur deshalb, weil die anderen es nicht machen. […] Das kann kein Architekt, aber die Menschheit, wenn es anständige Menschen sind."[3]

Das Haus soll alle Möglichkeiten in sich bergen – auch die, sich „geschmacklos", aber mit persönlichen Gegenständen einzurichten –, ohne sie dem Bewohner aufzuzwingen: „Meine Sehnsucht freilich ist: ‚formlos zu formen'."[4] Wohnen als Spiegelung von Leben ist dynamisch; auch die Architektur selbst kann daher nur vorübergehender Zustand im Prozess des Bewohnens des Gebäudes sein. Die Grundtendenz der Dynamik ist architektonisch umgesetzt durch die heterogene, unsymmetrische und nur in der Bewegung erfassbare Anlage des Inneren.

Dass das Äußere des Hauses dabei nur die Rückseite darstellt, wird deutlich im bewussten Verzicht auf Achsensysteme in der Fenster- und Türverteilung, sofern sich diese nicht aus der Innendisposition schlüssig ergeben. Das Äußere der Häuser wirkt daher oft etwas „unordentlich", was der Frankschen Konzeption „Im modernen Haus herrscht Unord

Oskar Strnad mit seinen Schülern
im Hof der Kunstgewerbeschule
(Boltenstern hintere Reihe, 6. v. r.), um 1930
ARCHIV ERICH BOLTENSTERN

Leporello mit Strnad-Fotos aus dem Besitz
Erich Boltensterns, 1935
ARCHIV ERICH BOLTENSTERN

nung"[5] entspricht. Unordnung ist dabei ein Symptom eines dynamischen Prozesses, als der sich das Leben und, als seine Spiegelung, das Haus versteht. Planungsänderungen und Umbauten werden bewusst berücksichtigt und sollen am Haus auch sichtbar bleiben. Widersprüchlichkeiten sind nicht nur erlaubt, sondern sogar erwünscht. Veränderungen sind ebenso Teil des Konzepts wie die Fähigkeit der Gebäude zu altern.

Im Hausinneren führen sich allmählich steigernde Raumdimensionen auf die Ruhezone des Wohnraums, die „Piazza" des Hauses, hin. Die in Franks Begriffspaar „Weg und Platz" umgesetzte Dualität von Ruhe und Bewegung, Statik und Dynamik prägt den Entwurfsprozess entscheidend. Auch das Prinzip der mehrseitigen Belichtung von Wohnräumen ist ein Ausdruck seines undogmatischen dialektischen Weltbilds: „Ich würde wohl Wert darauf legen, daß ein jeder Wohnraum womöglich Fenster nach allen Weltgegenden hat, um in ihm immer das Gefühl der Einsperrung zu mindern. Dies ist fast immer zu erreichen, und wenn nicht, so läßt es sich durch kleine Ausbauten symbolisch andeuten; das war der Sinn des bay-windows".[6] Und: „Das Haus wird wohl durch seine Form keine neue Gesellschaft erzeugen; aber es kann sicher dazu beitragen, den Menschen zu freierem Denken anzuregen".[7]

Die bewusste Darstellung architektonischer Heterogenität beinhaltet eine neue Dimension der Zeit in der Architektur, die ihren Ausdruck auch in der zentralen Bedeutung findet, die Strnad der Wegeführung beimisst. In der als ambivalent begriffenen Gegenwart stellt sie dynamische „offene Welten"[8] zur Verfügung: „So wird die ganze Wohnung schließlich ein großer Raum, der für alle Gelegenheiten paßt und den man doch durch Vorhänge oder Schubtüren fallweise teilen kann"[9], schreibt Strnad bereits 1913.

Das Raumprogramm des Strnadschen Wohnhauses umfasst *„vor allem Wohnräume –* nicht ‚Herrenzimmer' und ‚Speisezimmer' und ‚Empfangszimmer'".[10] Die an der Tradition der Wiener Biedermeiermöbel[11] orientierte Einrichtung ist geprägt von der Ablehnung des Kunstgewerblichen. Einrichtung ist kein künstlerisches Problem, sondern „viel eher eine Angelegenheit rein seelischer Natur, eine Aufgabe, die der eines guten Arztes gleicht".[12]

Dies unterscheidet Strnad grundlegend von Hoffmann und der Wiener Werkstätte, die er gelegentlich mit deutlichen Seitenhieben bedenkt: „Und fehlt [dem Architekten] das Unerklärliche, das außerhalb unseres Bewußtseins liegt, *Beziehungen unter diesen Dingen* zu finden, also *Raumwerte zu entdecken*, dann freilich, dann macht er nur patronierte Wände, entwirft Teppiche, entwirft Möbel und ist gewöhnlich von einer unheimlichen Produktivität, die beneidenswert ist."[13]

Der mit Jakob Wassermann, Franz Werfel, Hugo von Hofmannsthal und Max Reinhardt befreundete Strnad beschäftigte sich auch intensiv mit Theaterfragen.[14] 1917 entstand in Zusammenarbeit mit Reinhardt das revolutionäre Projekt eines Simultantheaters mit drei Bühnen, 1918–1920 das Projekt eines Festspielhauses mit ringförmiger Bühne. 1927 stattete Strnad die skandalisierte Wiener Erstaufführung von Ernst Kreneks Oper „Jonny spielt auf" aus. In den dreißiger Jahren widmete er sich hauptsächlich der Ausstattung von Film- („Maskerade", „Episode") und Theaterproduktionen in Wien, Prag, Salzburg, Berlin und London. Auch an Strnads Bauten ergeben sich in Belichtung und Wegeführung oft subtile Dramaturgien und bühnenartige Inszenierungen, zum Beispiel die vorgelegten großen Freitreppen mit erhöhten Terrassen beim Haus Wassermann im 19. Bezirk in Wien (1914).

1918 konstatierte Max Eisler: „Oskar Strnad ist nicht bloß eine Persönlichkeit, er bezeichnet auch schon einen Kreis und eine Schule. [Er] gehört […] zu jenem Neuwiener Schlage, dem der Freiraum, das Haus und der Hausrat eine Einheit ist, aus der die Mannigfaltigkeit

31

Oskar Strnad, Haus Oskar Hock,
Wien 19, 1910–1912
MAX EISLER, OSKAR STRNAD, WIEN 1936

Oskar Strnad, Haus Jakob Wassermann,
Wien 19, 1912–1914
MAX EISLER, OSKAR STRNAD, WIEN 1936

des Einzelnen bindend hervorgeht. [...] Immer bestimmend ist nur der Mensch, dem das Stück Schaffen gewidmet ist [...]."[15] Den Wiener Stil besonders in der Einrichtung dokumentierten zahlreiche Veröffentlichungen in Fachmedien, nicht zuletzt aber auch zwei von Erich Boltenstern herausgegebene Publikationen des Stuttgarter Julius Hoffmann Verlags: „Die Wohnung für Jedermann" (1933), wo Entwürfe der Strnad-Schule gezeigt wurden, und „Wiener Möbel in Lichtbildern und maßstäblichen Rissen" (1935) – Max Eisler steuerte die kenntnisreiche Einleitung bei. Die Wiener Richtung wurde schon früh als Produkt einer Gruppe, einer „Wiener Schule"[16] mit eigener Grundhaltung und spezifischen ästhetischen Merkmalen wahrgenommen und in der Folge zu einem stehenden Begriff, deutlich von der Wiener Werkstätte abgesetzt, die spätestens seit ihrer Beeinflussung durch Dagobert Peche für das Schwüle, Überfeinerte und Verspielte des dieser Welt entrückten Boudoirs stand, in dem man Opiumduft und Andeutungen geheimer Laster und düsterer Dekadenz wahrzunehmen glaubte.[17]

Mit dem Ende des Ersten Weltkrieges war die Zeit der mit schier unbegrenzten finanziellen Mitteln ausgestatteten Großmäzene der Wiener Werkstätte vorbei; private Bautätigkeit war zusätzlich durch die Steuergesetzgebung des „Roten Wien" erschwert, so dass der Einfamilienhausbau der Zwischenkriegszeit von stark reduzierten Dimensionen auszugehen hatte. Wie Adolf Loos vertraten Strnad und Frank das vom englischen Landhausbau ausgehende Ideal angelsächsischer Gelassenheit gerade beim Wohnen: Die Einrichtung wurde im Grunde dem Bewohner überlassen, der Ererbtes, Erworbenes und Persönliches selbst zusammenstellen sollte. Damit etablierte die Wiener Schule eine neue, undogmatische und benutzerorientierte Definition von Funktionalität, die besonders den streitbaren Josef Frank Ende der zwanziger Jahre zu grundsätzlichen Konflikten mit dem Bauhaus und dem deutschen Werkbund führte.

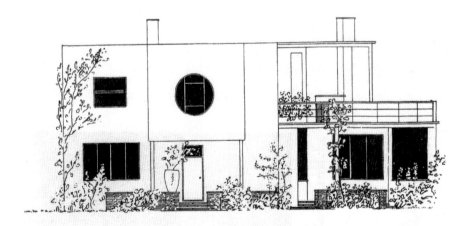

Oskar Strnad, Entwurf eigenes Haus,
Wien 18, 1931
HANS ADOLF VETTER/JOSEF FRANK,
KLEINE EINFAMILIENHÄUSER, WIEN 1932

Dieser Grundhaltung entsprach eine Architektur, die sich als der Moderne zugehörig verstand, deren Dogmatismus aber zugunsten einer freieren, evolutionären Grundhaltung ablehnte. Oskar Strnad und Josef Frank, aber auch Hugo Gorge, Walter Sobotka, Josef Berger und Armand Weiser erläuterten in zahlreichen Vorträgen und Essays ihr Prinzip des Improvisierten im Wohnen, das die Synthese aus bürgerlichem Wohnen und der positiv verstandenen Unordnung des Künstlerateliers zum Ziel hatte.

Oskar Strnad lehrte ebenso an der Kunstgewerbeschule wie Josef Hoffmann, der hier von 1900 bis 1936 eine Architekturklasse leitete. Zu den beiden Klassen wünschten sich viele noch eine dritte unter Josef Frank, der ab 1919 Baukonstruktion lehrte. Frank beendete seine Lehrtätigkeit auf eigenen Wunsch jedoch schon 1925.

Die konfessionelle Herkunft war an der Kunstgewerbeschule zu dieser Zeit offenbar irrelevant, es lässt sich unter den (jüdischen und nicht-jüdischen) Studenten keine entsprechende Bevorzugung von Hoffmann oder Strnad feststellen. Während Hoffmanns Verhältnis zu seinen Schülern durch extreme Distanz geprägt war[18], zeugen die Aussagen von Strnads Schülern von tiefer Zuneigung. „Ein Gespräch mit Strnad, oft nur wenige Worte, gab neue Ideen und produktive Kraft, und fast jeder, der mit ihm bekannt wurde, empfand das. ‚Er hat mein ganzes Wesen verändert', habe ich öfters sagen gehört"[19], erinnert sich Strnads zeitweilige Assistentin Ilse Bernheimer und auch für Grete Schütte-Lihotzky war Strnad „bestimmend für wesentliche Erkenntnisse und damit für mein ganzes Leben"[20]. Gleiches lässt sich für Erich Boltenstern sagen, der sich lange nach Strnads Tod ein Erinnerungs-Leporello mit Privatfotos von Strnad zusammenstellte. Boltenstern kam mit Strnad nicht als Schüler in Berührung, sondern über seine Beschäftigung mit Theaterbau, dem auch seine Dissertation gewidmet war. Er wurde 1928 Strnads Assistent an der Kunstgewerbeschule. In seiner unveröffentlichten Autobiografie schildert Boltenstern seine Begegnung mit Strnad voller Begeisterung.

Erich Boltenstern, Interieurentwurf, um 1930
ARCHIV ERICH BOLTENSTERN

Erich Boltenstern,
Wiener Möbel in Lichtbildern und
maßstäblichen Rissen,
Stuttgart 1935
ARCHIV ERICH BOLTENSTERN

Josef Berger, Haus J. B. Shepherd,
Haifa, 1934–1936
NACHLASS JOSEF BERGER

Walter Sobotka, Haus Otto Adam,
Iglau (Jihlava), 1931
MODERNE BAUFORMEN 1932

Die Kunstgewerbeschule bildete in den zwanziger und dreißiger Jahren zahlreiche Architekten im Sinne der Wiener Schule aus. Den architektonischen Stand der Dinge dokumentierten die Schulausstellungen von 1924 und 1929, die beide von Oswald Haerdtl gestaltet
wurden. Wichtige Möglichkeiten zur Realisierung von Entwürfen boten die Wiener Werkbundausstellung von 1930, diverse Weekend- und Kleinhaus-Wettbewerbe und -Messen
sowie vor allem die 1932 realisierte Wiener Werkbundsiedlung.

Unter den durch die Gesetzgebung des „Roten Wien" mit seinem kommunalen Wohn-
bauprogramm erschwerten Bedingungen für private Bauherren fanden die Schüler von
Loos, Strnad, Frank und Hoffmann mit ihren bescheidenen, kleinen Einfamilienhäusern
mit sorgfältig durchdachten Grundrissen große Resonanz besonders beim der Sozialdemokratie nahe stehenden aufgeklärten (häufig jüdischen) Bürgertum. Die 1929 einge-
führte staatliche Wohnbauförderung brachte eine kurzfristige Hausse in der Planung von
Ein- bis Dreifamilienhäusern auf meist recht kleinen Grundstücken. Mit ihren häufig zur
Würfelform tendierenden kompakten Kleinhausentwürfen konnte die Wiener Schule hier
adäquate Lösungen bieten.

Die Ideen der Wiener Schule fanden in den dreißiger Jahren durch die große Anzahl von
Absolventen der Kunstgewerbeschule weite Verbreitung. Ein gewisses Handicap der
Kunstgewerbeschul-Studenten stellte allerdings die Tatsache dar, dass ihre Ausbildung

Hans Vetter/Max Fellerer,
Entwurf Bebauung der
Froschberggründe in Linz, 1931
BAU- UND WERKKUNST 1930/31

sie nicht zum Führen des Zivilarchitekten-Titels berechtigte. Diesen durften nur Absolventen der Kunstakademie und der Technischen Hochschule mit Berufspraxis führen. Viele Strnad-Studenten, zum Beispiel Ernst Plischke, Otto Niedermoser, Eugen Schüssler, Zoltán Müller und Anton Brenner, wechselten daher anschließend noch an die Akademie, wo sie bei Peter Behrens oder Clemens Holzmeister ein Aufbaustudium absolvierten.[21]

In ihrem undogmatischen Zugang zu architektonischen Fragen stellte die Wiener Moderne der Zwischenkriegszeit eine bisher zu wenig beachtete Alternative zum Funktionalismus des Bauhauses, der Niederlande und Le Corbusiers dar, der in der Architekturrezeption weitgehend mit der Moderne synonym gesetzt wird. Während der Funktionalismus durch seine theoretische Negierung formaler Fragen in der Praxis stets gezwungen ist, den „Kurzschluß zur Kunst"[22] zu machen, um sich in der Architektur nicht selbst überflüssig zu machen, erkennt die Wiener Schule formale Beweggründe an und bezieht ästhetische Kriterien bewusst in den Planungsprozess ein. Die Folge ist ein unverkrampfter Zugang zu Architektur, der mit den Gegebenheiten der Sache freier operieren kann als eine Architektur, die formale Aspekte per se leugnet.

Beispielhaft für die Wiener Überlegungen zum Funktionalen sind die 1929 formulierten Ausführungen des TH-Absolventen Armand Weiser (1887–1933), Chefredakteur der Zeitschrift „Bau- und Werkkunst": „Nachdem […] Rationalismus und Sachlichkeit in aller Leute Mund und in Mode gekommen war, wurden beide rasch zu einem billigen Begriff und mit kluger Absichtlichkeit anschaulich gemacht. […] Was uns heute willkommen wäre, sind genügend starke Individualitäten, die auf der bereits bestehenden Tradition der Sachlichkeit irgendwie weiterzubauen vermögen. Das Gesicht unserer Zeit mit all seiner Logik und Zweckmäßigkeit muß endlich nur mehr den Hintergrund abgeben. […] Was uns noch fehlt, ist nichts als ein bißchen Persönlichkeit, gerade so viel, um die Objekte über deren

Oskar Strnad (l.) mit Felix Augenfeld
und einem Gast bei der Eröffnung der
Wiener Werkbundsiedlung, 1932
KATALOG VISIONÄRE UND VERTRIEBENE, WIEN 1994/
GESELLSCHAFT ZUR FÖRDERUNG MODERNER KUNST, WIEN

tatsächlichen Inhalt hinaus unter einem besonderen Gesichtspunkt zu sehen und ihnen
damit den Dauerwert des Bedeutsamen zu verleihen. Das kann nur geschehen, wenn die
Sachlichkeit die stillschweigende *Voraussetzung* und nicht *Gegenstand* des ästhetischen
Genusses wird."[23]

Die benutzerorientierte, undogmatische Einstellung der Wiener Schule darf jedoch nicht
als unpolitischer Liberalismus missverstanden werden; gerade in ihrer dialektischen, offenen Grundhaltung ist ihre Architektur durchaus politisch. Der Einmarsch der Nationalsozialisten 1938 bedeutete das Ende der Wiener Schule. Karl Hofmann, ehemaliger Strnad-
Assistent, floh seiner jüdischen Herkunft wegen nach Australien, sein Büropartner Felix
Augenfeld in die USA, wo er fast ausschließlich für österreichische Emigranten arbeitete;
andere wie Rudolf Baumfeld und Ernst Plischke fanden den Anschluss an die internationale Moderne; wieder andere wie Josef Frank arbeiteten kaum noch als Architekten. Ilse
Bernheimer emigrierte nach Italien, Grete Schütte-Lihotzky kehrte aus der sicheren Türkei
nach Wien zurück, um im Widerstand zu arbeiten.

Die in Wien gebliebenen Architekten wurden größtenteils sofort ihrer Posten und Lehr-
ämter enthoben; nur Oswald Haerdtl wurde wieder eingestellt und bot dem Gedankengut
der Wiener Moderne in seinem Atelier an der Kunstgewerbeschule während der NS-Zeit
eine gewisse Zufluchtsmöglichkeit. Der bei Josef Hoffmann und Clemens Holzmeister
ausgebildete Max Fellerer kündigte 1938 seinen Posten als Direktor der Kunstgewerbeschule und wählte eine Art innerer Emigration. Fellerers zeitweiliger Partner, der Strnad-
Assistent Hans Vetter, der sich während seiner Wiener Zeit vor allem mit der Bauaufgabe
des typisierten Kleinhauses beschäftigte, emigrierte mit seiner jüdischen Frau in die USA,
wo er als Architektur- und Kulturtheoretiker lehrte. Strnads Assistenten Erich Boltenstern
und Otto Niedermoser blieben im Land, ohne sich dem Regime künstlerisch und politisch
anzupassen.

Erich Boltenstern, „Wachsendes Haus"
auf dem Wiener Messegelände, 1932
ARCHIV ERICH BOLTENSTERN

Nach dem Ende des Zweiten Weltkrieges griff man gerne auf die im Land verbliebenen
Vertreter der Wiener Schule zurück, die die Prinzipien ihrer Lehrer weiterführten, dabei
aber aktuelle Entwicklungen in ihr Repertoire zu integrieren verstanden. Neben dem aus
der Türkei zurückgekehrten Clemens Holzmeister und dem minder belasteten Gespann
Siegfried Theiß/Hans Jaksch waren es vor allem Erich Boltenstern, Max Fellerer und Oswald Haerdtl, die sich die großen Bauprojekte des Wiederaufbaus teilten – dazu kam
hauptsächlich im Wohnbau Franz Schuster und für Theaterbauten Otto Niedermoser.
Haerdtl war auf Wohnhäuser und Kaffeehäuser spezialisiert und richtete das Bundeskanz-
leramt ein, Fellerer das Parlament. Der „Allrounder" Boltenstern war für Wohn- und Verwaltungsbauten, aber auch Theater der richtige Mann und wurde mit rund zehn Projekten
am Ring zum letzten Ringstraßenarchitekten.
Politisch nicht belastet und gleichzeitig zuverlässig im Wien der Vorkriegszeit sozialisiert,
brachten diese Architekten die nötige gleichzeitig moderate und moderne Bauauffassung
mit, um am Erscheinungsbild Nachkriegs-Österreichs mitzubauen. Diese Fähigkeit zur Hy-
bridisierung kam der Wiener Moderne zugute, nicht zuletzt, weil sie aus der Vorkriegszeit
vertraute Formen und Prinzipien einsetzte. Zugleich ermöglichte sie aber auch einen weit
verbreiteten kulturellen Konservatismus, der Österreich fast flächendeckend prägte, den
Grundgedanken der Wiener Schule aber in keiner Weise entsprach.
Heute werden die Bauten der Wiener Schule abgesehen von den Arbeiten ihrer Protagonisten Frank und Strnad kaum wahrgenommen. Sie gehören einem kulturellen Kreis
abseits des touristisch propagierten „Wien um 1900" an, der sich schon wegen der oft
dezentralen Lage der zudem äußerlich eher unauffälligen Bauten für schnell und unkom-
pliziert zu bewältigende Sightseeing-Pfade nicht eignet. Breitere Popularität wird ihnen

daher versagt bleiben. Gebäude und Ausstattungen insbesondere der Nachkriegszeit, aber auch der dreißiger Jahre sind vielfach in ihrer Existenz bedroht (Boltenstern, Kahlenberg-Restaurant; Niedermoser, Wiederaufbau Theater an der Wien; Fellerer/Wörle, Wiederaufbau Parlament), stark verändert (Appel, Kaufhaus Steffl) oder bereits zerstört (Haerdtl, Felten & Guilleaume-Pavillon und alle anderen Dauerpavillons; Fellerer/Wörle/Appel, Haas-Haus; Appel, Steyr-Haus; Lippert, Gebäude der Bundesländer-Versicherung; Rainer, Franz-Domes-Heim; Vorderegger/Frank/Tröster, Autohaus Liewers). Um weitere Substanzverluste zu vermeiden, ist es dringend notwendig, die Wiener Schule und ihre spezifischen Qualitäten im allgemeinen kulturellen Bewusstsein zu verankern.

1 Iris Meder, Offene Welten – die Wiener Schule im Einfamilienhausbau 1910-1938. Dissertation Universität Stuttgart 2001,
    http://elib.uni-stuttgart.de/opus/volltexte/2005/2094/.
2 Zu Strnad siehe die Monografien von Max Eisler (1936) und Otto Niedermoser (1965).
3 Oskar Strnad, Kultur und Form. Vortrag 12. 1. 1918. Typoskript in der Österreichischen Nationalbibliothek Wien, S. 39 ff.
4 Oskar Strnad, Neue Wege in der Wohnraum-Einrichtung, in: Innendekoration 1922, S. 323.
5 Josef Frank, Raum und Einrichtung (1934), zit. nach: Johannes Spalt/Hermann Czech (Zst.), Josef Frank. Ausstellungskatalog Hochschule für angewandte Kunst Wien 1981, S. 97.
6 Josef Frank, How to Plan a House (Anfang vierziger Jahre), zit. nach: Josef Frank – Möbel & Geräte & Theoretisches. Hochschule für angewandte Kunst Wien 1981, S. 163.
7 Ebd., S. 162.
8 Oskar Strnad, Neue Wege in der Wohnraum-Einrichtung, in: Innendekoration 1922, S. 323.
9 Vortrag „Wohnung und Haus", Januar 1913, S. 15. Zu Strnad als Theoretiker siehe Ulla Weich, Die theoretischen Ansichten des Architekten und Lehrers Oskar Strnad. Diplomarbeit Universität Wien 1995.
10 Neue Wege in der Wohnraum-Einrichtung, in: Innendekoration 1922, S. 328.
11 Christian Witt-Dörrings Charakterisierung der Einrichtungen des Wiener Biedermeier ließe sich problemlos als Beschreibung von Strnad/Frank/Wlach-Interieurs lesen: Kennzeichnend sei „eine Tendenz […], die in erster Linie auf die Bewohnbarkeit eines Raumes bedacht ist und erst danach auf Fragen der Repräsentation Rücksicht nimmt. Eine Folgeerscheinung davon bildete der Verzicht auf Stileinheit und Harmonie bei der Möblierung. […] Der Eindruck, der dabei entstand, war der eines natürlich gewachsenen, in konstanter Entwicklung sich befindenden Wohnraums, der die individuelle Persönlichkeit seines Bewohners und nicht mehr den einer aufgezwungenen Modeerscheinung widerspiegelte." (Sein und Schein – Form und Funktion, in: Moderne Vergangenheit. Ausstellungskatalog Künstlerhaus Wien 1981, S. 26 f.)
12 Oskar Strnad, Mit Freude wohnen (1932), zit. nach: Der Architekt. Oskar Strnad zum 100. Geburtstage, S. 48.
13 Oskar Strnad, Raumgestaltung und Raumgelenke, in: Innendekoration 1919, S. 258.
14 Juliane Stoklaska, Oskar Strnad. Dissertation Universität Wien 1959.
15 Die Kunst 1918, S. 145.
16 Z. B. Max Eisler, Oskar Strnad, in: Die Kunst 1918, S. 145; Ausstellung Einfacher Hausrat, in: Kunst und Kunsthandwerk 1920, S. 259; Guido Harbers, Das kleine und mittlere Einfamilienhaus, in: Baumeister 1930, S. 70.
17 So urteilte z. B. der Schweizer Kritiker Peter Meyer: „Obszön […] in der vollkommenen Hemmungslosigkeit und Formerweichung: hinter dem penetranten Duft nach Rosenöl, das die Werke von Dagobert Peche, Koloman Moser, Jul. Hoffmann [sic] und anderer verbreiten, lauert schlecht verhehlt der süßliche Geruch der Verwesung." (Moderne Architektur und Tradition, Zürich 1928, S. 31).
18 Lillian Langseth-Christensen, A Design for Living, New York 1987, S. 104 ff.
19 Der Architekt. Oskar Strnad zum 100. Geburtstage, S. 6.
20 Ebd., S. 34. Zu Strnads Lehrtätigkeit siehe Martin Wagner, Die Schule Oskar Strnad. Ein Entwurf zur Moderne am Stubenring 1909–1935. Diplomarbeit Hochschule für angewandte Kunst Wien 1999; Kunst: Anspruch und Gegenstand. Von der Kunstgewerbeschule zur Hochschule für Angewandte Kunst, Wien-Salzburg 1991; Otto Kapfinger, Moderne Architektur in Österreich nach 1918: Terra Incognita?, in: architektur aktuell H. 226, 1999, S. 94 ff.
21 Die Frage der formalen Gleichberechtigung von Kunstgewerbeschule- und Akademie-Ausbildung wurde bereits seit 1916 diskutiert (siehe Kunst: Anspruch und Gegenstand, Wien-Salzburg 1991, S. 114). An der Titelschutz-Diskussion beteiligte sich auch Josef Frank mit den Artikeln „Die Erziehung zum Architekten und die Titelfrage" (Der Aufbau 1926, S. 59 ff.) und „Erziehung zum Architekten" (Allgemeine Bau-Zeitung 1926, H. 67, S. 5 ff.). Auf Betreiben des Vorsitzenden der Zentralvereinigung der Architekten Österreichs Siegfried Theiß wurde der strenge Titelschutz 1927 bestätigt. 1937 trat die neue Ziviltechnikerverordnung in Kraft, durch die die Kunstgewerbeschule trotz der Bemühungen ihres Rektors Max Fellerer definitiv das Recht verlor, Architekten auszubilden. Die Erhebung zur (Reichs-)Hochschule brachte erst das Jahr 1941.
22 Julius Posener, Kritik der Kritik des Funktionalismus, in: arch+ H. 27, 1975, S. 17.
23 Armand Weiser, Ein neuer Stil?, in: Bau- und Werkkunst 1929/30, S. 1 ff.

„Die Architekten waren der Aufgabe des Wiederaufbaus nicht gewachsen. Man besaß keine Ordnungsprinzipien: weder waren konstruktive Gedanken so stark, daß sie wenigstens vorübergehend ein Konzept hätten abgeben können, noch waren funktionelle, städtebauliche oder soziologische Konzepte vorhanden. Es zeigt sich heute deutlich, daß der Anschluß Österreichs an die moderne Architekturentwicklung in der Zwischenkriegszeit zwar äußerlich-formal, aber nicht in den Grundsätzen gefunden worden war, ausgenommen Adolf Loos, Brenner, Drach, Welzenbacher und Plischke. [...] So entstanden in den ersten zehn Jahren nach 1945 nur zwei Bauten, die noch unseren Maßstäben (1965) genügen: das Strandbad Gänsehäufel, 1948–1949 von Fellerer und Wörle; der Messepavillon (Felten & Guilleaume), 1953, von Haerdtl. Fast tragisch ist es, daß in der Not der Nachkriegszeit die beiden bedeutendsten Bauten ein Strandbad und ein Ausstellungsbau waren. Wenn überhaupt, dann sind in diesen Bauten gute Traditionen der dreißiger Jahre noch feststellbar."

Ottokar Uhl, Moderne Architektur in Wien, Wien–München 1966, S. 89.

DIE WIEDERAUFBAUÄRA IM RÜCKBLICK | EINE ZITATENSAMMLUNG VON GABRIELE KAISER

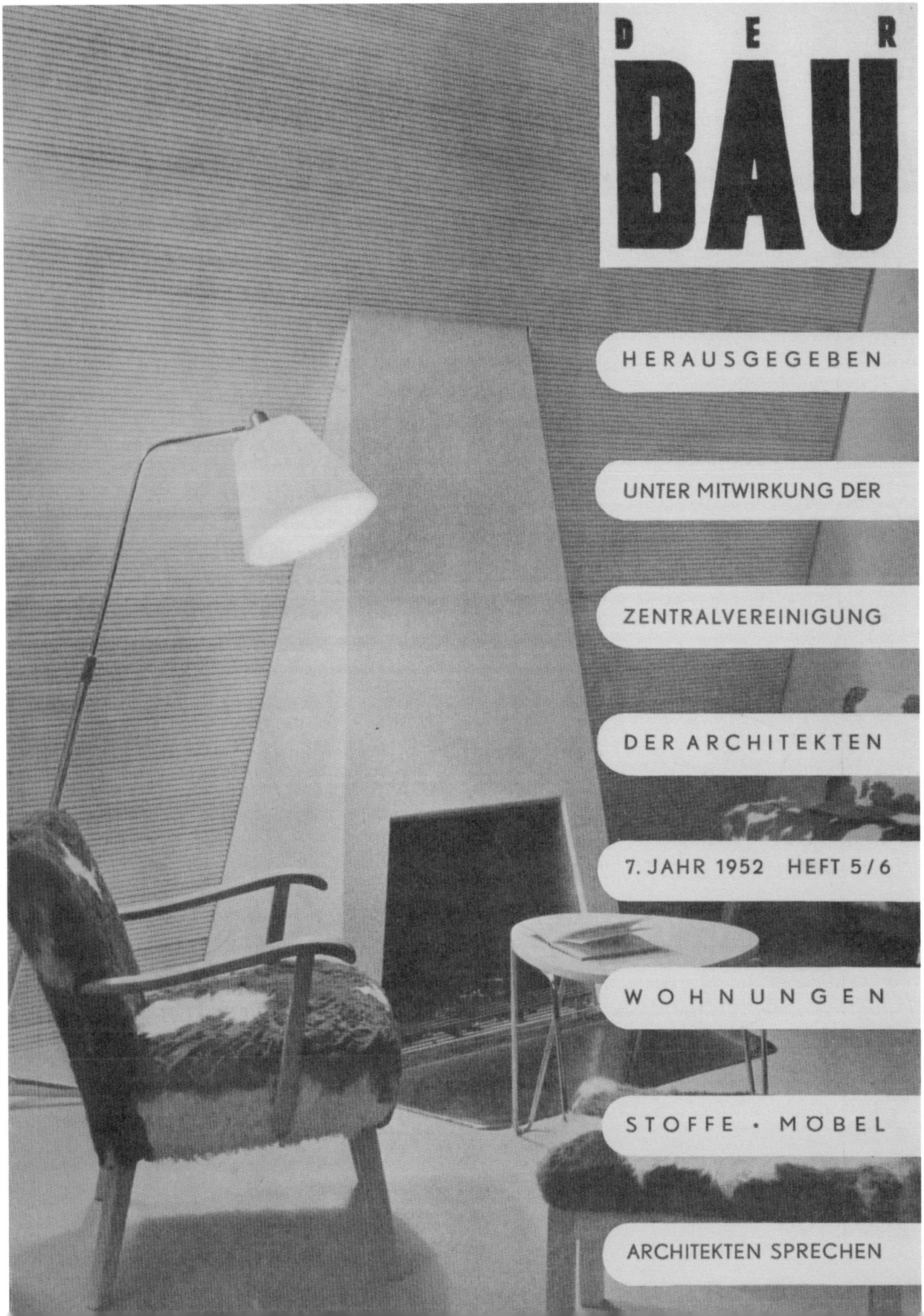

DER
BAU
HERAUSGEGEBEN
UNTER MITWIRKUNG DER
ZENTRALVEREINIGUNG
DER ARCHITEKTEN
7. JAHR 1952 HEFT 5/6
WOHNUNGEN
STOFFE · MÖBEL
ARCHITEKTEN SPRECHEN

Titelseite „Der Bau" 1952, Heft 5/6, Einrichtung von Jakob Zweifel und Thomas Schmid, ARCHIV ERICH BOLTENSTERN

ZUR ARCHITEKTUR DER BESTATTUNG
ERICH BOLTENSTERN UND DER WIENER VEREIN

ELKE KRASNY

„Wettbewerb Krematorium Graz – 1. Preis, gratulieren. Feuerbestattungsvereine."[1] Mit diesem Telegramm vom 27. September 1930 begann eine langjährige, intensive Arbeitsbeziehung. Krematorien, Aufbahrungshallen, Urnenhaine, Gedenksteine, sogar ein Sonderbahrtuch: Mit der Gestaltung der Bestattung sollte sich Erich Boltenstern sein Leben lang befassen. Die Grazer Feuerhalle[2] war sein erster großer Bauauftrag.

Die Feuerbestattungsvereine, die ihm per Telegramm gratulierten, waren der Verein der Freunde der Feuerbestattung „Die Flamme" mit Sitz in der Siebensterngasse 16a in Wien und der „Arbeiter-Zweigverein des Vereines der Freunde der Feuerbestattung Die Flamme in Wien" mit Sitz in der Ungargasse 39.

Jede kulturelle Bewegung hat ihre Urszene, so auch die Feuerbestattung in Wien. Der in zahlreichen Aufklärungsschriften der „Flamme" kolportierte Beginn war ein Spaziergang Oskar Siedeks, Oberster Beamter der Creditanstalt, über den Opernring, wo er an der „Verkaufsniederlage" der Firma Friedrich Siemens vorbeikam, in der ein Modell ihres Einäscherungsofens ausgestellt war. „Dort sah dieses Modell Siedek Oskar, und er empfing durch die Betrachtung desselben den Impuls zur Gründung des Vereines der Freunde der Feuerbestattung ‚Die Flamme'."[3] Am 10. April 1885 fand die konstituierende Hauptversammlung statt. Der von Friedrich Siemens entwickelte Einäscherungsofen, technische Basis und zugleich Auslöser für die kulturelle und politische Bewegung der Feuerbestattung in Wien und Österreich, war 1873 bei der Wiener Weltausstellung präsentiert worden. 1876 wurde in Mailand das erste europäische Krematorium errichtet, 1878 folgte ein weiteres in Gotha.

Obwohl es sich bei der Feuerbestattung, neben der Luft-, Erd- und Wasserbestattung, um ein altes Bestattungsritual handelt, war die Leichenverbrennung in Europa seit dem Verbot durch Karl den Großen im Jahr 785 verpönt. Im späten 18. Jahrhundert avancierte die Feuerbestattungsidee zur ideologischen Frage ersten Ranges. Ethisch, ästhetisch, medizinisch, volkswirtschaftlich, auf allen Ebenen wurde argumentiert.

In den Schriften der „Flamme" wird eine zweite Schlüsselszene der Bewegung beschrieben: „Im Jahre 1822 errang diese Bewegung ihren ersten Erfolg. Damals gestattete die Toskanische Regierung die Verbrennung zweier Leichen englischer Freimaurer an der italienischen Küste. Die Leichen des englischen Dichters Shelley und des Kapitäns William, die bei einer Kahnfahrt im Meere ertranken, waren es, welche auf weingetränkten Scheiterhaufen, die mit Salz und Weihrauch bestreut waren, verbrannt wurden. Der Vollzieher ihres letzten Wunsches war ihr gemeinsamer Freund Lord Byron, der gleich Shelley Dichter war."[4] Freimaurer, Liberale, Freidenker propagierten die Feuerbestattung. Die römisch-katholische Kirche sah dies als Angriff auf das Dogma der leiblichen Auferstehung und verbot bei Androhung der Exkommunizierung im Jahr 1866 die Freimaurerei ebenso wie die Leichenverbrennung. „Das erste Dekret des Vatikans vom 19. Mai 1886 erwähnte ausdrücklich die Freimaurer in Form einer Anprangerung der Anhänger des Feuerbestattungswesens, nämlich als ‚Männer, wankend im Glauben oder Anhänger der Freimau-

Erich Boltenstern,
Krematorium in Graz, 1932

43

rersekte, welche danach streben, die heidnische Gewohnheit der Leichenverbrennung wieder einzuführen'."[5] Auch in der „Flamme" in Wien engagierten sich zunächst liberale und freidenkerische Bürgerliche, dann begannen sich Vertreter der Arbeiterschaft für diese Bestattungsform zu interessieren. „Widlar Anton, ein schlichter Zeitungsexpeditor, aber ein überzeugungstreuer, opferfreudiger und bildungshungriger Mann, fand in seinem allseitigen Streben Interesse an der Feuerbestattung, erkannte die soziale Bedeutung derselben und fühlte sich veranlaßt, auch seine Klassengenossen dafür zu interessieren."[6] Die Gründung eines Arbeiterzweigvereins der „Flamme" wurde ins Auge gefasst, am 15. April 1904 fand die gründende Versammlung im Arbeiterheim Favoriten statt, und am 16. Oktober 1922 machte sich der Arbeiter-Feuerbestattungsverein „Die Flamme" selbstständig. Diese Vereine waren es, die Boltenstern im Jahr 1930 zu seinem Entwurf der Grazer Feuerhalle gratulierten.

Erste Erfahrungen mit der Bauaufgabe Krematorium hatte Boltenstern bereits vor diesem Wettbewerb gesammelt, als Mitarbeiter von Julius Schulte, der 1927 das Linzer Krematorium plante. „Ein Lieblingsprojekt von Schulte war der Ausbau des schon begonnenen Urnenhains im Waldfriedhof bei Linz und der Entwurf der Feuerhalle."[7] Zeichenhaftigkeit und öffentliche Wirkung der Krematorien waren den Anhängern der Feuerbestattung ein eminentes Anliegen. Nicht zuletzt erfolgte über die semantische Dimension der Architektur die kulturelle, anfänglich kulturkämpferische Positionierung im Ritual und Zeremoniell der Bestattung. Für die repräsentative Rhetorik der Architektur der Feuerbestattung setzte das erste Krematorium Österreichs, das Clemens Holzmeister entworfen hat, Maßstäbe. „Gleich einer Trutzburg innerhalb von Festungsmauern steht die Feuerhalle als wuchtiger Bau da draußen gegenüber der Dr.-Karl-Lueger-Gedächtniskirche, wie ein Denkmal der Überwindung der Reaktion durch eine neue, geistig freiere Zeit und Erkenntnis".[8] Am 17. Dezember 1922 wurde diese erste Feuerhalle Österreichs in Wien-Simmering eröffnet. „Ein kleiner Zwischenfall … ich baute zur selben Zeit meine erste Kirche in Vorarlberg", schreibt Holzmeister, „und da erhoben sich bei der dort damals üblichen engen Gesinnung Bedenken, ob ein katholischer Kirchenbauer auch ein Krematorium planen dürfe. Ich wußte diese Bedenken durch einen Attest aus dem Vatikan in Rom völlig zu zerstreuen, es kam nämlich der Bescheid von dort, daß dies keine Sünde sei."[9] Im August 1929 wurde das Krematorium in Linz eröffnet. „Schon wenn man sich dem Bau naht, erzeugt er jene weihevolle Seelenhaltung, die der Berührung mit dem Tode den schärfsten Stachel nimmt. […] Es dürfte kaum eine Stadt geben, die einen ähnlich bezaubernd schönen Hain besitzt wie Linz an der Donau."[10] Schulte schuf eine expressionistische, überzeugend zeichenhafte Krematoriums-Architektur. „Die rationale, stark ideologisch geprägte Haltung der Einäscherung des Leichnams ging einher mit dem Wunsch nach dem gewohnten, tröstlichen christlichen Zeremoniell. Das, was also im Sockelgeschoss passiert, nämlich die Verbrennung, wird über den schlichten zentralen Zeremonienraum hinweg gegen den Himmel spielerisch aufgelöst."[11]

In den zwanziger und dreißiger Jahren initiierte „Die Flamme" die Errichtung zahlreicher Feuerhallen, 1927 wurde die von Koppelhuber entworfene Anlage in Steyr eröffnet, 1929 die in Linz, 1931 die von Wiedenmann geplante in Salzburg und 1932 die von Boltenstern in Graz. Zeichensprache und Stilmittel unterscheiden die Anlagen signifikant voneinander. „Während Holzmeisters Bau vom Expressionismus geprägt war, Schultes Anlage den Übergang vom Expressionismus zur Neuen Sachlichkeit signalisiert und Wiedenmanns Bau noch eine späte Spielart von Secessionismus zeigt, ist Boltensterns Krematorium aus einem klassizistischen Geist konzipiert."[12]

Clemens Holzmeister,
Krematorium in Wien, 1922

Julius Schulte,
Krematorium in Linz, 1929

Boltenstern selbst schreibt über seine Grazer Feuerhalle in der Festschrift, die zur Eröffnung am 3. Juli 1932 erschienen ist: „Durch einen grasbewachsenen Hof gelangt man zur Vorhalle des Zeremoniensaales. Zwei schwarze Säulen aus schwedischem Granit flankieren den Eingang und sollen durch ihr edles, fast diamanthartes Material und durch ihre griechische Grundform weniger als Architektur, denn als Symbole des Ewigen wirken. Alles übrige ist hell und licht gehalten, ebenso wie die Zeremonienhalle selbst, die man durch eine Bronzetür betritt. Die Halle ist weiß, fast ohne Schmuck und zieht fast die ganze Konzentration auf den Katafalk, welcher auf einer Stufe aus schwarzem Marmor aufgebaut ist und dessen Hintergrund eine Mosaikfläche mit der Darstellung des Lebensbaums bildet. Nach der Zeremonie wird der Sarg nicht versenkt, sondern es schließt sich ein großes Schiebetor, dessen Oberfläche vergoldet ist. Es ist hervorzuheben, daß die Verbrennungsöfen zum erstenmal in Österreich mit Gas betrieben werden, was in architektonischer Hinsicht den Vorteil hat, daß der hohe Schornstein überflüssig ist, und in betriebstechnischer Hinsicht, daß jede Manipulation mit Heizmaterial entfällt und keinerlei Rauchentwicklung stattfindet. Der Urnenhain bildet eine in sich geschlossene Anlage, die nur durch einen kleinen Hof mit der Feuerhalle in Verbindung steht. Nach Westen und nach Norden ist er durch Urnenmauern beziehungsweise durch das Gebäude der Zeremonienhalle abgeschlossen, nach Osten öffnet er sich frei in die Landschaft."[13] Über die besondere Herausforderung dieser Bauaufgabe, die Auseinandersetzung mit der Bewältigung des Todes durch die Hinterbliebenen, schreibt Boltenstern: „Es war dies für den Architekten eine außergewöhnliche Aufgabe, die abseits des Alltäglichen stand. Es ist ein unergründliches, erhabenes Geheimnis in unserem Erdendasein, daß Menschen, die wir lieben, durch den Tod unerbittlich von uns gerissen werden, und die Stunden des letzten Abschiednehmens von den Toten gehören zu den schwersten, aber auch tiefstempfundenen des menschlichen Daseins. Welch große Aufgabe ist es nun, die Menschen in diesen Stunden tiefsten Schmerzes zu führen, eine Anlage zu bauen, in der dieses letzte Abschiednehmen vor sich geht."[14]

Erich Boltenstern,
Krematorium in Villach, 1953
ARCHIV WIENER VEREIN

Jakob Peyer, der damalige Obmann der „Flamme", und Franz Michelfeit, der sich seit 1929 bei der „Flamme" engagierte, schätzten beide die Arbeit Boltensterns sehr. „Der Bau des Krematoriums war noch nicht vollendet, da erhielt ich im Mai 1932 den zweiten Auftrag", so Boltenstern in seinen nicht publizierten Memoiren. Er adaptierte für „Die Flamme" ein verfallenes Gebäude in Baden und erhielt dann im Oktober den Auftrag, im „rückwärtigen Teil des Badener Grundstückes eine Wohnanlage" zu errichten.[15] 1934 machte Boltenstern bereits erste Entwürfe für einen Krematoriumsbau in Villach, der jedoch erst nach dem Zweiten Weltkrieg realisiert wurde.

Jakob Peyer, seit 1919 beim Arbeiterzweigverein „Die Flamme" aktiv, begleitete den Werdegang der „Flamme" kontinuierlich durch die politischen Wechselbäder in Ständestaat und Nationalsozialismus. Am 17. Februar 1934 wurde die „Arbeiter-Flamme" behördlich aufgelöst, das Vermögen beschlagnahmt. Die rechtliche Nachfolge der „Flamme" trat am 1. Juli 1934 der Leichenkostenverein „Vorsorge" an. Am 13. Oktober 1938 wurde von den Nationalsozialisten die „Vorsorge" aufgelöst, Nachfolger war der „Ostmärkische Feuerbestattung Versicherungsverein auf Gegenseitigkeit", dessen gründende Hauptversammlung am 26. Juni 1939 stattfand.[16] „Zu Beginn des Jahres 1942 beschäftigte man sich, der Anstalt einen neuen Namen zu geben. Der Vorschlag unseres Herrn Direktor Jakob Peyer und seiner engsten Mitarbeiter, die Anstalt auf ‚Wiener Verein' umzutaufen, wurde [...] akzeptiert. Ab 1. Oktober 1942 hieß die Anstalt Wiener Verein Lebens- und Bestattungsversicherung auf Gegenseitigkeit."[17]

Boltensterns Sohn Erich spricht davon, dass der Wiener Verein eine entscheidende Rolle im Leben seines Vaters gespielt habe und ein „sehr treuer Bauherr" gewesen sei.[18] Einer der ersten Kontakte, die Boltenstern nach Kriegsende erneuerte, war denn auch der zum Wiener Verein. „Beim Wiener Verein sah es traurig aus. Das schöne Palais in der Ungargasse 41, in welchem die eigentlichen Büroräume lagen, fand ich in Schutt und Asche, von dem nebenliegenden Miethaus Ungargasse 39 war ein großer Teil durch Bomben zerstört."[19] Nach Plänen von Boltenstern wurde das ausgebrannte Bürohaus in den Jahren 1949–1950 wiederaufgebaut, 1959–1961 folgte der Neubau eines Büro- und Wohnhauses des Wiener Vereins in der Charasgasse 8. Auch der erste Krematoriumsbau nach dem Zweiten Weltkrieg ist ein Boltenstern-Entwurf: Am 11. Oktober 1953 wurde

E. Wiedenmann,
Krematorium in Salzburg, 1931
ARCHIV WIENER VEREIN

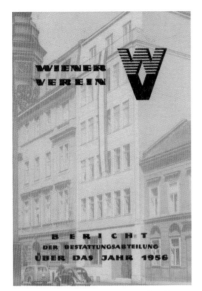

Der Geschäftsbericht des Wiener Vereins
zeigt die Fassade der Firmenzentrale in
der Ungargasse,
Entwurf Erich Boltenstern, 1950
ARCHIV WIENER VEREIN

25 Jahre Versicherungsanstalt
Wiener Verein, Festschrift 1967
ARCHIV WIENER VEREIN

das Krematorium in Villach, das wie die Grazer Anlage auf klassizistische Formensprache und feierlich-schlichte Reduktion der Sakralräume setzt, eröffnet.

Unmittelbar nach Kriegsende nahm der Wiener Verein unter der Leitung von Jakob Peyer seine Tätigkeit in der Ungargasse trotz der Zerstörungen wieder auf. Franz Michelfeit führte neben Jakob Peyer die Geschäfte. Mit Franz Michelfeit verband Boltenstern eine auf wechselseitigem Respekt beruhende langjährige berufliche Beziehung. Auch das private Haus Michelfeits in Mauer wurde von Boltenstern entworfen.

Der ursprüngliche Verein „Die Flamme", der im Gegensatz zur „Arbeiter-Flamme" nicht aufgelöst worden war, wurde von Michelfeit nach dem Zweiten Weltkrieg reaktiviert und begann „eine lebhafte propagandistische Tätigkeit zu entfalten"[20]. Der „Phoenix", die Vereinszeitschrift der „Flamme", proklamierte als Teil des Logos: „Die Feuerbestattung ist weder eine Sache der Politik noch der Religion."[21] Wie stark das Ritual der Feuerbestattung ideologisch besetzt war, zeigt das Geleitwort der ersten Ausgabe der Vereinszeitschrift nach dem Zweiten Weltkrieg: „Das Jahr 1934 hemmte die Feuerbestattungsbewegung in Österreich wohl. Der Nationalsozialismus aber hat sie völlig gelähmt. Er trat zwar für die Feuerbestattung ein; denn sie war, wie er sagte, eine uralte germanische Bestattungssitte. Er sorgte für ihre Verbreitung, vor allem in seinen Konzentrationslagern, in seinen Alters- und Siechenheimen. Er sorgte für die Verbreitung des Feuerbestattungsgedankens so sehr, daß sogar Anhänger der Feuerbestattung sich schaudernd von ihr abwandten. […] Wir müssen der Bevölkerung wieder den Gedanken und den Sinn der Feuerbestattung klarmachen, hinweisen auf die Schönheit der Flamme und das Vergehen im Licht."[22]

Auch eine Sache der Religion war die Feuerbestattung immer noch. Bis zu einer Aufhebung des Verbots der Feuerbestattung durch die katholische Kirche sollten noch 16 Jahre vergehen. Die zentrale Rolle bei der Kontaktaufnahme mit dem Vatikan, die ein Umdenken der römisch-katholischen Kirche herbeiführte, spielte Franz Michelfeit. Der Internationale Verband für Feuerbestattung (The International Cremation Federation), dessen Vizepräsident Michelfeit seit 1957 war, gab ihm den inoffiziellen Auftrag, Verhandlungen mit der Kirche zu initiieren. Michelfeit sprach beim Wiener Weihbischof Jakob Weinbacher[23] vor, korrespondierte, verfaßte Eingaben und reiste selbst in dieser Angelegenheit nach Rom. Anlässlich des Todes von Papst Johannes XXIII. am 3. Juni 1963 übersandte Michelfeit ein Beileidtelegramm. Der päpstliche Nuntius Erzbischof Rossi rief daraufhin beim Wiener Verein an und bedankte sich sehr herzlich. „Er war über die Geste und das Telegramm sehr erfreut, und er hat das sehr gute Latein, in dem das Telegramm abgefaßt war, bewundert."[24] Am 7. Juni 1963 sandte Michelfeit ein ebenfalls in lateinischer Sprache abgefaßtes Glückwunschtelegramm zur Wahl von Papst Paul VI. nach Rom. „Der Internationale Verband für Feuerbestattung wünscht Ew. Heiligkeit ein langes, glückliches, segensreiches und durch die göttliche Gnade mit vielen Erfolgen ausgestattetes Pontifikat. Zugleich bittet und beschwört der Verband Ew. Heiligkeit, die dem Vatikanischen Konzil schon früher überreichten Eingaben, betreffend die Aufhebung der canones im Codex Juris wegen der Leichenverbrennung, wohlwollend zu prüfen und dieses so wichtige Anliegen zu einem günstigen Erfolg führen zu lassen."[25] „Vom seelsorgerlichen Standpunkt aus wäre es ebenso zu begrüßen, wenn den Millionen Katholiken auf der ganzen Erde, die aus ästhetischen oder ökonomischen Gründen sich feuerbestatten lassen wollen, von der Mutter-Kirche die seelische Freiheit der Entscheidung über ihre Bestattungsart geschenkt werden würde"[26], so Michelfeit an das Zweite Vatikanische Konzil. Die Bemühungen waren von Erfolg gekrönt. „Es begann eine Zeit unruhigen Wartens, zumal auf der Tagesordnung des Konzils von der Feuerbestattung keine Rede war. Umso größer war die Überraschung, als wir eines Tages die Nachricht erhielten, daß das Hl. Offizium – die oberste Stelle im Verwaltungsapparat der röm. kath. Kirche – am 5. Juli 1963 an alle Bischöfe der Erde die Weisung ergehen ließ, wonach den gutgesinnten und gläubigen Katholiken die Feuerbestattung erlaubt und die kirchliche Einsegnung gestattet werden darf."[27] Diese geheime Weisung an die Bischöfe wurde dann 1964 im Amtsblatt, den Acta Apostolicae Sedis, veröffentlicht und 1965 gab die Erzdiözese Wien die Vorschriften bekannt, die bei einer Einsegnung mit Feuerbestattung zu beachten seien. Ein Jahr später, 1966, besuchte Kardinal Franz König das Simmeringer Krematorium, nun wurde den Priestern die Einsegnung direkt in den Räumen des Krematoriums gestattet und die Versenkung des Sarges erfolgte im Beisein des Priesters. Viele österreichischen Zeitungen, wie „Die Presse", „Kronenzeitung" oder „Arbeiterzeitung", berichteten über den Besuch des Kardinals im Krematorium. Im Jahr 1968 starb Franz Michelfeit, in seinem Wohnbezirk Liesing wurde die Michelfeitgasse nach ihm benannt. Die Verabschiedung erfolgte in der Halle II des Wiener Zentralfriedhofs. „Diese ebenfalls neu hergestellte Aufbahrungshalle ist nur für größere Trauerfeierlichkeiten reserviert. Ihre prachtvolle Innenausstattung ist ein Werk eines persönlichen Freundes Dr. Michelfeits, des Hochschulprofessors Arch. Dipl. Ing. Erich Boltenstern."[28]

Vermittelt über seine Tätigkeit für den Wiener Verein gewann Boltenstern auch die Städtische Bestattung als Auftraggeber. Viele der Aufbahrungshallen auf Wiener Friedhöfen stammen von ihm, wie in Neustift, Atzgersdorf, Lainz, Jedlesee, Rodaun oder Penzing. Er verzichtete auf die traditionellen schwarzen Wandbehänge und arbeitete mit helleren Farben. Im Jahr 1973 entwarf Boltenstern ein Bahrtuch, das bis in die 1980er Jahre bei Beerdigungen der Sonderklasse verwendet wurde und heute im Bestattungsmuseum in der Goldeggasse, dessen Räume ebenfalls von Boltenstern gestaltet wurden, ausgestellt ist. „Auch alle Aufbahrungshallen auf dem Wiener Zentralfriedhof zeigen seine künstlerische Handschrift, obwohl er bei den Umgestaltungen stets mit viel Gefühl für den alten Bestand vorging."[29] Zu den letzten Arbeiten Boltensterns zählt die 1983 wieder in Betrieb genommene Aufbahrungshalle I auf dem Wiener Zentralfriedhof. „Am 11. November habe ich die Halle I auf dem Wiener Zentralfriedhof in ihrem neuen Glanz bewundern können und war tief beeindruckt von dieser Art des neu erstandenen Jugendstils"[30], so Kardinal König in einem Brief an Boltenstern. In seiner Antwort resümiert Boltenstern seine jahrzehntelange gestalterische Absicht im Umgang mit Friedhofsbauten. „Die Halle I des Wiener Zentralfriedhofes stellt das Resultat einer jahrelangen Arbeit dar, und wie bei allen meinen Friedhofsbauten habe ich mich bemüht, die Räume feierlich, aber nicht drückend zu gestalten."[31]

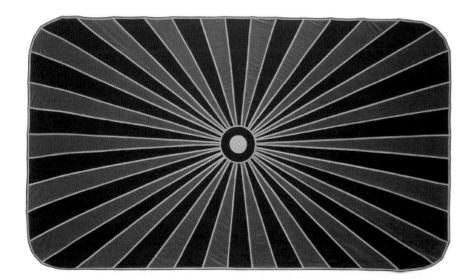

Bei Beerdigungen der Sonderklasse (bis 1984) verwendetes Bahrtuch, 320 x 185 cm
Entwurf Erich Boltenstern, 1973
BESTATTUNGSMUSEUM DER BESTATTUNG WIEN

Prospekt des
Wiener Vereins,
um 1960
ARCHIV WIENER VEREIN

Reklamematerialien des Wiener Vereins:
Der Tod ist uns gewiss, nach 1960
Kein Mensch weiß wann, nach 1960
Haben Sie vorgesorgt?, um 1960
Wo immer in Europa, um 1967
ARCHIV WIENER VEREIN

1 Erich Boltenstern, Memoiren von Anbeginn. Niederschrift seiner Erinnerungen, 1978–1984, unpubliziertes Manuskript, 12. Teil: Wien 1928.
2 Wiewohl Boltenstern die Feuerbestattung „vollständig akzeptierte", sollte er für sich selber Jahrzehnte später, 1991, ein „normales Begräbnis" wählen. Telefongespräch mit Erich Boltenstern junior Juli 2005.
3 Gedenkschrift anlässlich der Feier des 25-jährigen Bestandes des Arbeiter-Feuerbestattungsvereines „Die Flamme" in Wien, Wien 1929, S. 6.
4 Die Flamme. Lichtbilder-Vortrag über Feuerbestattung, Wien o. J., S. 10.
5 Dr. Ozmec, Die Haltung der römisch-katholischen Kirche zur Feuerbestattung, in: Festschrift 50 Jahre Feuerhalle Wien-Simmering, Wien 1972, S. 38.
6 25 Jahre Arbeiter-Feuerbestattung in Wien, Wien 1929, S. 9.
7 Erich Boltenstern, Memoiren von Anbeginn, 11. Teil: Linz – Prof. Schulte.
8 25 Jahre Arbeiter-Feuerbestattung in Österreich, Wien 1929, S. 41.
9 Clemens Holzmeister, Zur Baugeschichte des Krematoriums in Wien, in: Festschrift 50 Jahre Feuerhalle Wien-Simmering, Wien 1972, S. 16.
10 Die übrigen Feuerhallen Österreichs, in: Festschrift 50 Jahre Feuerhalle Wien-Simmering, Wien 1972, S. 57.
11 Judith Eiblmayr, Das alte Krematorium von Julius Schulte, in: Bauwelt 18/2004, S. 29.
12 Friedrich Achleitner, Österreichische Architektur im 20. Jahrhundert, Bd. II, Salzburg-Wien 1983, S. 348 f.
13 Erich Boltenstern, Zum Bau der Feuerhalle, in: Festschrift aus Anlaß der Eröffnung des Grazer Krematoriums, Graz 1932, S. 10 f.
14 Ebd.
15 Erich Boltenstern, Memoiren von Anbeginn, 12. Teil: Wien 1928.
16 Bis zu den Ereignissen des Februar 1934 bot der Unterstützungsverein „Die Flamme" seinen Mitgliedern eine Feuerbestattung, danach gab es die Wahl zwischen Erd- oder Feuerbestattung.
17 25 Jahre Versicherungsanstalt Wiener Verein, Wien 1967, S. 6.
18 Telefongespräch mit Erich Boltenstern junior, Juli 2005.
19 Erich Boltenstern, Memoiren von Anbeginn, 12. Teil: Wien 1928.
20 Phoenix, Blätter für wahlfreie Feuerbestattung und verwandte Gebiete, März 1969, S. 3; am 5. Dezember 1986 erfolgte die Auflösung des ideellen Vereins der Freunde der Feuerbestattung „Die Flamme" in Wien.
21 Phoenix, Blätter für wahlfreie Feuerbestattung und verwandte Gebiete, Nr. 1 (Juli 1947).
22 Ebd.
23 Beim Kongress des Internationalen Verbands für Feuerbestattung in Wien im Mai 1966 hielt „Seine Exzellenz Bischof Dr. J. Weinbacher" ein Referat über „Die Stellung der röm.-kath. Kirche zur Feuerbestattung".
24 Aktenvermerk 3. 7. 1963, Archiv des Wiener Vereins.
25 Deutsche Übersetzung des Glückwunschtelegramms, das Franz Michelfeit als Vizepräsident des Internationalen Verbandes für Feuerbestattung an Papst Paul VI. sandte, Archiv des Wiener Vereins.
26 Deutsche Übersetzung des Briefes an S. Congregatio Concilii Vaticani II, 1963, Archiv des Wiener Vereins.
27 Dr. Franz Michelfeit und die Feuerbestattung, in: Phoenix, Blätter für wahlfreie Feuerbestattung und verwandte Gebiete, März 1969, S. 6.
28 Phoenix. Blätter für wahlfreie Feuerbestattung und verwandte Gebiete, März 1969, S. 7 f.
29 Franz Knispel, Zur Geschichte der Aufbahrungshallen auf dem Wiener Zentralfriedhof, Wien 1984, S. 48.
30 Brief von Kardinal DDr. Franz König an Prof. Dipl.Ing. Erich Boltenstern, 16. 11. 1983, Boltenstern-Archiv.
31 Brief von Erich Boltenstern an Kardinal DDr. Franz König, 21. 11. 1983.

„Trotz dieser tragfähigen Substanz an Tradition hat die kurze Zeit des Faschismus von 1939 bis 1945 genügt, die Fäden abzuschneiden, die Architekten zu verunsichern, falsche Leitbilder einzupflanzen. So ist es zu verstehen, daß die Zeit nach dem zweiten Weltkrieg zunächst durch ein beängstigendes Vakuum, durch eine ungelenke Hilflosigkeit gekennzeichnet war."

Günther Feuerstein, in: Visionäre Architektur Wien 1958/1988, Berlin 1988, S. 26.

„Die ersten Jahre nach der Befreiung gehören zu den dunkelsten Epochen der österreichischen Architekturgeschichte. Es wurde zwar intensiv an der Beseitigung der Kriegsschäden gearbeitet, es wurde auch viel vom Wiederaufbau gesprochen, zu einer eigentlichen Wiederaufbauplanung auf nationaler Ebene kam es nicht, da das Wort Planung durch das vorige Regime in Verruf gebracht worden war und außerdem zu sehr nach Kollektivismus klang."

Sokratis Dimitriou, Die ersten Jahre nach 1945, in: Bau 1/1965, S. 15.

DIE WIEDERAUFBAUÄRA IM RÜCKBLICK | EINE ZITATENSAMMLUNG VON GABRIELE KAISER

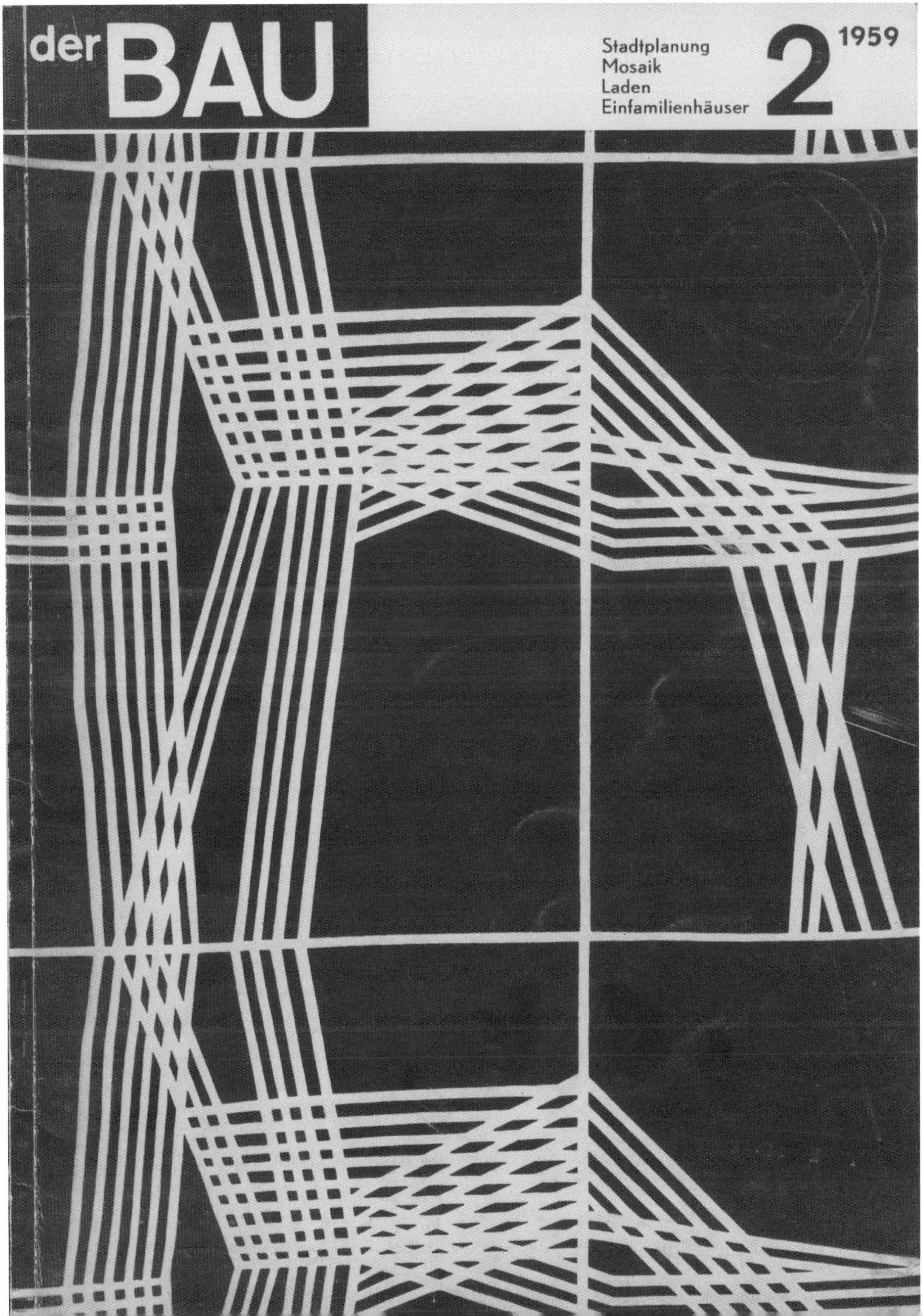

der BAU

Stadtplanung
Mosaik
Laden
Einfamilienhäuser

2 1959

Titelseite „Der Bau" 1959, Heft 2, Dekorationsstoff von Leo Wollner, ARCHIV ERICH BOLTENSTERN

Erich Boltenstern,
Kahlenberg-Restaurant, 1936
FOTO SCHERB, ARCHIV ERICH BOLTENSTERN

SEMMERING UND AKROPOLIS
DIE BEBAUUNG DES KAHLENBERGS

IRIS MEDER

„Die Fremdenverkehrskommission wird den skandalösen Umstand nicht weiter dulden, daß noch auf Wiener Boden ein Hotel steht, dessen Baufälligkeit geradezu sprichwörtlich ist, in dem man noch Brunnenwasser verzapft und des Abends Karbidlämpchen anzündet, wie in der Herberge eines abgeschiedenen Bergdorfes." Anlass der Beschreibung in einem Artikel im „Wiener Tag" vom 5. Oktober 1932[1] war die Aufsehen erregende Entscheidung der Stadt Wien, „die Kahlenbergfrage" zu lösen.

Der Berg, der einst Sauberg hieß, erhielt seinen heutigen Namen, als die Kirche auf dem Leopoldsberg, dem damaligen Kahlenberg, nach den Türkenkriegen neu aufgebaut und dem heiligen Leopold geweiht wurde. Der Name Kahlenberg ging auf den Sauberg über, der seit der josephinischen Säkularisierung des dortigen Klosters gastronomisch genutzt wurde. Das Kahlenberghotel war ein Überbleibsel eines Erschließungskonzepts, das anlässlich der Wiener Weltausstellung 1873 zuerst eine Standseilbahn, später eine 1921 stillgelegte Zahnradbahn auf den Berg geführt hatte. Ende der zwanziger Jahre war der Bau teilweise verfallen, die Decken eingestürzt; ein Trakt wurde als Hotel weitergeführt, allerdings unter primitivsten Umständen, da der Kahlenberg weder an das Stromnetz noch an die Wasserversorgung angeschlossen war.[2]

Ein Abriss erschien unvermeidlich. Der Architekt Wilhelm Fabjan entwickelte zu dieser Zeit das Phantasieprojekt eines Riesenhotels, für das er auch die Josefskirche abtragen wollte.[3] Seit den späten zwanziger Jahren wurden angesichts des schlechten Zufahrtsweges auf den Berg Rufe nach einer zeitgemäßeren Erschließung des Wiener Hausberges laut – mit einer Autostraße, wie sie 1935 tatsächlich realisiert wurde.[4]

Einen „Semmering auf Wiener Boden"[5], eine „moderne Akropolis für Wien"[6] sah der Architekturpublizist Max Ermers auf dem Kahlenberg entstehen, als schließlich die mehrheitlich im Eigentum der Stadt Wien befindliche Kahlenberg AG einen Wettbewerb unter Wiener Architekten ausschrieb. Die innerhalb der knappen Frist bis 30. März 1933 eingereichten 148 Entwürfe wurden im Messepalast der Öffentlichkeit präsentiert. Von den 15 prämierten Projekten[7] wurden die sechs Büros Bartosch/Punzmann, Goldschmid/Hülle, Haerdtl, Lichtblau, Ponzen/Boltenstern und Witzmann/Niedermoser[8] mit einer detaillierteren Ausarbeitung beauftragt. Zwei erste Preise gingen schließlich ex aequo an die beiden letztgenannten Büros, Oswald Haerdtl errang den zweiten Preis, Lichtblau den vierten. Unter den von der Jury, der unter anderen Clemens Holzmeister, Oskar Strnad, Max Fellerer und Karl Holey angehörten, nicht in die engere Auswahl gezogenen Einreichungen waren der konsequent moderne Entwurf von Ernst Plischke[9] sowie die Projekte des Teams Theiß/Jaksch[10], des Planers der Höhenstraße Erich Leischner[11], der Loos-Schüler Josef Berger/Martin Ziegler und des ebenfalls dem Loos-Umkreis zuzurechnenden Vater/Sohn-Gespanns Arnold und Gerhard Karplus.[12]

„148 Entwürfe und eine tote Idee", titelte der Journalist Paul A. Rares im „Wiener Tag" vom 18. Juli 1933 nicht ganz zu Unrecht. Die Realisierung des hochfliegenden Projektes,

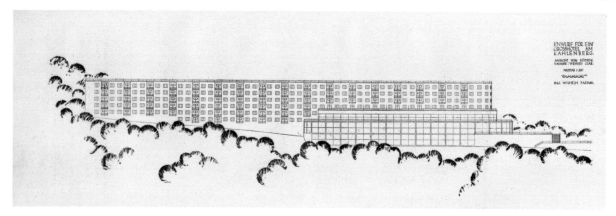

Projekt Wilhelm Fabjan, 1929
ARCHITEKTUR UND BAUTECHNIK 1933

Projekt Stefan Fayans, 1933
ÖSTERREICHISCHE KUNST 1935

Projekt Alexander Popp/Peter Behrens, 1933
NACHLASS POPP, MUSEUM NORDICO, LINZ

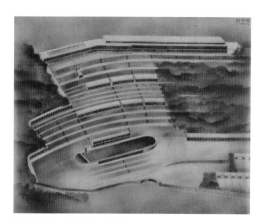

Projekt Ernst Plischke, 1933
NACHLASS PLISCHKE, KUPFERSTICHKABINETT
DER AKADEMIE DER BILDENDEN KÜNSTE WIEN

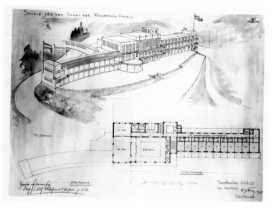

Projekt Erich Leischner, 1933
NACHLASS GERLACH, WIENER STADT- UND LANDESARCHIV

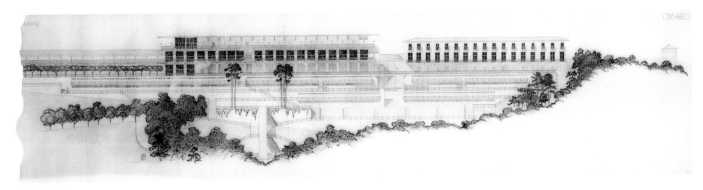

Projekt Theiß/Jaksch, 1933
ARCHIV THEISS UND JAKSCH

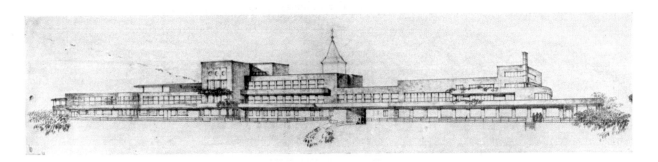

Projekt Arnold und Gerhard Karplus, 1933
WIENER ARCHITEKTEN: ARNOLD UND GERHARD KARPLUS, WIEN 1935

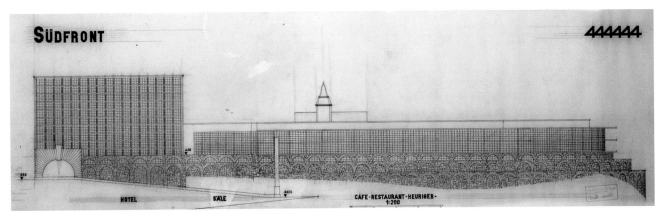

Projekt Rudolf Perco, 1933
NACHLASS PERCO, WIENER STADT- UND LANDESARCHIV

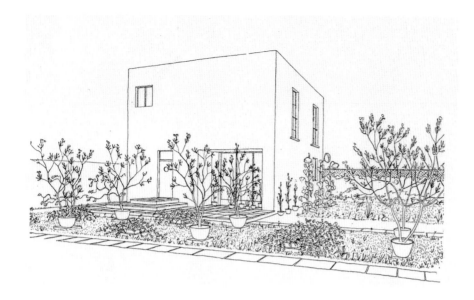

das neben einem Restaurant für Tausende Besucher unter anderem ein Wettkampfbad, Tennisplätze, eine Sprungschanze und ein Freilichttheater vorsah, musste aus Mangel an finanziellen Mitteln auf unbestimmte Zeit verschoben werden.

Im Oktober 1934 initiierte der neue Bürgermeister Richard Schmitz eine Durchführung des Kahlenberg-Projekts in stark reduzierter Form. Die politischen Verhältnisse hatten sich nach der Auflösung des Wiener Gemeinderates im Anschluss an die Februarkämpfe bereits spürbar verschärft. Die Spitzen der österreichischen Sozialdemokratie waren geflohen, der klerikale und zunehmend offen antisemitische Ständestaat war endgültig auch auf kommunaler Ebene installiert. Als Boltenstern allein mit der Ausführung des Projekts betraut werden sollte, war es beiden klar, dass Ponzen aus dem Projekt gedrängt werden sollte, weil er Jude war. Nachdem Boltenstern eine Mitbetrauung Ponzens bei der Kahlenberg AG nicht durchsetzen konnte, beschlossen beide, um das Projekt nicht zu Fall zu bringen, dass Ponzen bei anteiliger Bezahlung inoffiziell gleichberechtigt mitarbeiten sollte.

Leopold Ponzen, geboren am 12. Dezember 1892 in Wien als Sohn des aus dem südmährischen Nikolsburg (Mikulov) stammenden Kaufmanns Ludwig Ponzen und seiner Frau Berta, geb. Brandl, hatte nach seinem Studium an der Wiener Technischen Hochschule und seinem Kriegsdienst ein Architekturbüro in Wien 9, Seegasse 16–16A. 1932 errang Ponzen wie Boltenstern einen Preis beim Wettbewerb für wachsende Häuser. Sein vielfach publizierter Entwurf war eine Zweigelenkrahmen-Konstruktion in Eisenbetonmontage, bei der die vorgefertigten Doppelrahmen auf dem Bauplatz armiert wurden.[13] Weitere veröffentlichte Projekte Ponzens sind ein „Haus für einen Blumenfreund" (Entwurf 1932)[14], ein „Haus und Garten eines Herrn" (Entwurf 1933)[15] und ein Dachgarten im ostslowakischen Kaschau (Košice) (Entwurf 1934).[16] Außer der 1933 entstandenen,

Projekt Ponzen/Boltenstern,
erstes Ausführungsprojekt, 1935
ARCHIV ERICH BOLTENSTERN

heute veränderten Fassade des Wein- und Bierlokals Johann Kührer in Wien 9, Hahngasse 24–26, konnte er keine architektonischen Projekte mehr realisieren.

Ponzen hatte 1933 zunächst allein am Kahlenberg-Projekt gearbeitet, dann aber den mit einer besseren Büroinfrastruktur ausgestatteten, aber ebenso wenig ausgelasteten Boltenstern hinzugezogen. Im Gegensatz etwa zu den Planungen von Popp[17], Perco[18] und Karplus[19] verzichtete das Projekt auf vertikale Dominanten und schmiegte sich mit seiner flachen Lagerung und dem von den bestehenden Mauern des Altbaus gegebenen abgeknickten Grundriss an die Topografie, ohne sie dominieren zu wollen. Die Talseite des Restauranttrakts prägte eine lange Reihe großer Schiebefenster. Von der denkmalgeschützten Josefskirche war dank dem flachen Walmdach mehr zu sehen als zuvor. Zur Talseite zeigte aber ohnehin nur die untergeordnete Seitenwand der Kirche, die nie auf Ansichtigkeit hin konzipiert worden war. Schon zu Zeiten des Kamaldulenserklosters waren hier die Wirtschaftstrakte gestanden, deren Kellergewölbe noch heute existieren.

Als es nun um die Realisierung ging, stand nur mehr ein Ausflugsrestaurant zur Debatte, das in Zeiten verheerender Arbeitslosigkeit Platz für 4.500 Gäste, darunter auch Picknickplätze für selbstversorgende Wanderer, und (anstelle der abgebrochenen historistischen Villa Braun-Stammfest) eine große Aussichtsterrasse ohne Konsumationszwang aufweisen sollte. Ponzen und Boltenstern arbeiteten gemeinsam ein weiteres Vorprojekt aus, für dessen Fensterband-Fassade der Stadtrat eine weitere Überarbeitung forderte – sie wurde als „zu nüchtern" befunden. Ponzen, der sich durch das Verhalten der Kahlenberg AG zutiefst gedemütigt sah, verweigerte seine Zustimmung und strengte über die Zentralvereinigung der Architekten und die Ingenieurkammer Verfahren an, die klären sollten, ob eine Zurücksetzung aufgrund seiner Religionszugehörigkeit zulässig sei. Ponzen wurde schließlich erklärt, seine Benachteiligung sei unzulässig, aber eher Sache der jüdischen

„Ostveranda", 1936
FOTO SCHERB, ARCHIV ERICH BOLTENSTERN

Dachterrasse, 1936
FOTO SCHERB, ARCHIV ERICH BOLTENSTERN

„Marmorsaal", 1936
FOTO SCHERB, ARCHIV ERICH BOLTENSTERN

„Marmorsaal", 2004
FOTO THOMAS ROTTENBERG

Gemeinde als der Architektenverbände; Boltenstern treffe jedenfalls keine Schuld an Ponzens Ausschaltung.[20]

Nachdem die Kahlenberg AG Ponzen erfolgreich ausgebootet hatte, schrieb sie Anfang 1935 einen neuerlichen engeren Wettbewerb aus, diesmal zwischen Boltenstern und dem 1933 zweitgereihten Oswald Haerdtl.[21] Das Projekt Witzmann/Niedermoser wurde offenbar nicht mehr diskutiert. Gemäß den Wünschen des Stadtrates hatte das von Boltenstern nochmals überarbeitete Projekt keine durchgehende Fensterfront mehr. Schiebefenster und Vollverglasung wechselten mit Fenstertüren zur Terrasse ab. Große Teile des ersten Stocks des Altbaus wurden wiederverwendet, so dass das Unternehmen baurechtlich als Umbau firmierte.

Da sich der desillusionierte Ponzen aus dem Projekt völlig zurückgezogen hatte, engagierte Boltenstern auf Empfehlung von Clemens Holzmeister Eugen Wachberger, woraus eine langjährige Arbeitsgemeinschaft entstand. Als das Kahlenbergrestaurant wenige Wochen nach dem ständestaatlichen Prestigeprojekt Höhenstraße[22] am 22. Dezember 1935 eröffnet wurde, bot es Platz für mehr als 4.000 Gäste auf drei Ebenen und in Räumlichkeiten der unterschiedlichsten Kategorien, vom stuckierten „Marmorsaal" und der wintergartenartigen „Ostveranda" über den Heurigen und die „Schwemme" bis zur Picknickterrasse. Die Möblierung stammte großteils von Thonet und gab sich – wie der gesamte Bau – zeitgemäß, ohne die breit angelegte Zielgruppe der Sonntagsausflügler durch zu viel Modernität zu verstören. Bei einer aus der Strnad-Schule hergeleiteten zeitgemäß schlichten Formensprache verstand es Boltenstern, in Details wie den eingangsseitigen Ovalfenstern oder den fahnenstangenartigen Lampen auf der Dachterrasse des Mittelrisalits abstrahierte Anklänge an Barockarchitektur herzustellen, die dem konservativen Wiener Publikum die Sicherheit einer verständlichen Semantik bei gleichzeitiger Anmutung von Modernität gaben. Das Presseecho sowohl in der Fachliteratur wie in Tageszeitungen war entsprechend durchgehend positiv.[23]

Nach dem Einmarsch der Nationalsozialisten floh Ponzen nach Shanghai, wo er kurz vor seiner geplanten Rückkehr nach Wien am 10. Dezember 1946 starb. Die seinerzeitigen Wettbewerbsteilnehmer Karplus/Karplus emigrierten als Juden ebenso wie Rudolf Trostler, Josef Dex, Ernst Lichtblau und die mit Jüdinnen verheirateten Ernst Plischke und Stephan Simony, während die „illegalen" Nationalsozialisten Alexander Popp und Hermann Kutschera ihre Stunde gekommen sahen. Der Vorsitzende der Kahlenberg AG, Rudolf Neumayer, stieg zum Generaldirektor der Wiener Städtischen Versicherung auf.

Der 1933 erfolglose Hermann Kutschera konnte auf dem Kahlenberg am Ende doch noch bauen, als 1963 die östliche Aussichtsterrasse mit einem flachen Hotelquader überbaut wurde. Ein großzügig verglastes Foyer mit kunstgewerblich gestalteten Glaswänden erschloss 33 talseitige Zimmer mit Wandheizung und Balkonen. Die verglaste „Ostveranda" des Boltenstern-Baus wurde völlig umgestaltet, als sie zum Speisesaal des neuen Hotels wurde.[24] Das Kahlenberg-Hotel diente in den siebziger Jahren unter anderem als Ort für Pressekonferenzen der SPÖ und für Staatsbesuche, zum Beispiel von Nicolae Ceausescu.

1982 wurde der gesamte Komplex ohne die erforderliche denkmalpflegerische Abklärung an einen privaten Investor veräußert. Das Hotel wurde Ende der achtziger Jahre geschlossen und verfiel seitdem ähnlich dem Vorgängerbau aus der Zeit der Weltausstellung. 1992 wurde im Zuge eines geplanten Umbaus zu einem Sanatorium der mittlerweile nicht mehr zum Restaurant gehörende Marmorsaal devastiert. Das Sanatoriumsprojekt geriet unmittelbar danach in Vergessenheit. Anfang 2004 wurde bekannt, dass sowohl Hotel als

Hermann Kutschera,
Kahlenberg-Hotel, 1963
DER BAU 1964, ARCHIV ERICH BOLTENSTERN

auch Restaurant abgerissen und durch den Neubau einer Hotelfachschule ersetzt werden sollten.[26] Der Abriss des Restaurants konnte schließlich unter anderem aufgrund der Initiative der Österreichischen Gesellschaft für Architektur noch verhindert werden. Das Hotel wurde im April 2005 abgebrochen und durch ein Apartmenthotel ersetzt. Für das Restaurant bestehen derzeit (September 2005) Planungen von Seminarräumlichkeiten mit Gastronomie. Wie die Kommentare von Presse, Architekturschaffenden und Laien im Rahmen der jüngsten Debatten um die Kahlenberg-Bebauung zeigen, kann von einem allgemeinen Bewusstsein für die Qualität von Architektur der dreißiger Jahre auch 70 Jahre nach ihrer Entstehung keine Rede sein.

1 Max Ermers, Eine erfreuliche Nachricht: Der Kahlenberg wird ausgebaut!, in: Der Wiener Tag, 5. 10. 1932, S. 1 ff.
2 K. M., Schloß und Ruine Kahlenberg, in: Der Tag, 12. 1. 1930, S. 17 f.
3 Wilhelm Fabjan, Die Zukunft des Kahlenberges, in: Architektur und Bautechnik 1933, H. 2, S. 9 ff.
4 Eine neue Autostraße auf den Kahlenberg, in: Neue Freie Presse, 8. 8. 1929, S. 3.
5 Der Wiener Tag, 5. 10. 1932, S. 3.
6 Der Wiener Tag, 1. 3. 1933, S. 3.
7 Projekte Alfred Bartosch/Friedrich Punzmann, Peter Behrens/Alexander Popp, Josef Dex/Josef Hawranek, Hans Goldschmid/Hans Hülle, Ludwig Haas/Rudolf Trostler, Oswald Haerdtl, Hermann Kutschera, Ernst Lichtblau, Adolf Paar/Hans Paar/Otto Janko, Leopold Ponzen/Erich Boltenstern, Anton Potyka/Ferdinand Langer, Josef Prikryl, Kurt Reuter/Josef Preyer/Edgar Tritthart, Stephan Simony, Carl Witzmann/Otto Niedermoser.
8 Max Fellerer, Wettbewerb Kahlenberg, in: Profil 1933, S. 241 ff.
9 Nachlass Plischke, Kupferstichkabinett der Akademie der bildenden Künste Wien
10 Archiv Theiß/Jaksch, Georg Schwalm-Theiss.
11 Nachlass Gerlach, Wiener Stadt- und Landesarchiv.
12 Hans Ankwicz-Kleehoven, Der Kahlenberg-Wettbewerb, in: Wiener Zeitung, 21. 7. 1933, S. 7; Kahlenberg-Wettbewerb, in: Die Form 1933, S. 160 und 256.
13 Siehe z. B. Architektur und Bautechnik 1932, H. 3, S. I; Österreichische Bauzeitung 1932, S. 245 f.; Moderne Bauformen 1932, S. 289 ff.; Zeitschrift des ÖIAV 1932, S. 53 f.; Leopold W. Rochowanski, Wachsende Häuser, Wien 1932, S. 48 ff.; Das Wüstenrot-Eigenheim 1933, S. 16.
14 Hans Adolf Vetter/Josef Frank, Kleine Einfamilienhäuser, Wien 1932.
15 Profil 1933, S. 80 f.
16 Profil 1934, S. 114 f.
17 Nachlass Popp, Museum Nordico, Linz.
18 Ursula Prokop, Rudolf Perco, Wien 1996, S. 320 ff.; Nachlass Perco, Wiener Stadt- und Landesarchiv.
19 Wiener Architekten, Bd. 14: Arnold und Gerhard Karplus, Wien 1935.
20 Briefwechsel Ponzen–Boltenstern, Boltenstern-Archiv Wien.
21 Nachlass Haerdtl, Architekturzentrum Wien.
22 Die Wiener Höhenstraße, in: Die Pause 1936/37, S. 40 ff.; Georg Rigele, Die Wiener Höhenstraße, Wien 1998; Erich Bernard, Das leuchtende Band im Wienerwald, in: Kunst und Diktatur, hg. von Jan Tabor, Wien 1994, Bd. 1, S. 230 ff.
23 Z. B. Profil 1935, S. 430 f.; Die Pause 1935/36, S. 35; Profil 1936, S. 394 ff.; Österreichische Kunst 1936, H. 10, S. 24 ff.; Moderne Bauformen 1936, S. 681 ff.; Deutsche Kunst und Denkmalpflege 1937, S. 251 ff.; Forum 1937, S. 56 ff.; Baumeister 1937, S. 95 ff.; Heraklith-Rundschau April 1937, S. 3 ff.
24 Das moderne Heim H. 27 (1964), S. 58; Der Bau 1964, S. 222 f.; Der Aufbau 1967, S. 351.
25 Z. B. Gisela Gary, Neue Qualitätsachitektur für Wiens Hausberg, in: Der Standard, 14./15. 2. 2004, S. B1; Oliver Elser, Kein Licht am Ende der Höhenstraße, in: Der Standard, 20. 3. 2004, S. A3; Thomas Rottenberg, Kahlenberg: Ruine oder Denkmal?, in: Der Standard, 26. 5. 2004, S. 9; http://derstandard.at/?url=/?id=1675434; http://derstandard.at/?url=/?id=1674462; http://derstandard.at/?url=/?id=1674136; Thomas Prlić, Schandfleck mit Aussicht, in: Falter 8/2004, S. 70; Schöne Aussichten?, in: Falter 26/2004, S. 70.

Kahlenberg-Restaurant, 2005
FOTOS PEZ HEJDUK

„Selbstverständlich ist die Architektur der 50er Jahre nicht ohne die Architektur der 30er Jahre denkbar. Sie steht ihr nicht nur zeitlich näher als den 80er und 90er Jahren, sondern auch in jener Gesinnung, der es, – noch weit entfernt vom kommerziellen Denken und Agieren der Konsumgesellschaft – nicht auf möglichst umfangreichen, gewinnbringenden und verschwenderischen Verbrauch, sondern im Gegenteil auf hohe Leistung bei möglichst geringem Aufwand angekommen ist, die aus neuen Inhalten und Mitteln auch neue Lösungen und Formen entwickeln wollte, für die der Ausgangspunkt die Aufgabe und nicht eine vorgefaßte, tradierte oder neuartige, ‚effektvolle' Form war."

Roland Rainer, Erinnerung an die Baugesinnung der 50er Jahre, in: Die Form der Zeit. Architektur der 50er Jahre, Ausstellungskatalog, Wien 1992, S. 15.

Baugesinnung

DIE WIEDERAUFBAUÄRA IM RÜCKBLICK | EINE ZITATENSAMMLUNG VON GABRIELE KAISER

der BAU

Einfamilienhäuser
Plakate

6 1959

Titelseite „Der Bau" 1959, Heft 6, Einfamilienhaus von Ernst Hiesmayr, ARCHIV ERICH BOLTENSTERN

WIEDERAUFBAU IN WIEN
POLITIK ZWISCHEN NOTSTAND UND SOZIALEM STÄDTEBAU

GEORG RIGELE

„Ich war sicher, dass es genauso lange dauern würde,
die Menschen aufzubauen, wie die Ruinen."

Otto Binder, Generaldirektor der Wiener Städtischen Versicherung 1959–1981,
über seine erste Reise aus dem schwedischen Exil nach Wien im März 1947[1]

Eine analytisch angelegte Geschichte von Wien nach 1945 müsste im internationalen Vergleich geschrieben werden. Was bedeutete Wiederaufbau im siegreichen Vereinigten Königreich, das freilich wirtschaftlich schwer angeschlagen war und wo die Lebensmittelbewirtschaftung etwa gleich lang dauerte wie in Österreich? Gibt es in Großbritannien eine „Wiederaufbaugeneration"? Wie sah es in anderen schwer zerstörten, der Größe nach besser als London mit Wien vergleichbaren Städten aus? Welche Konzepte und Strategien wurden in Mailand, Rotterdam und Warschau entwickelt, was tatsächlich gebaut? Ebenso wichtig wie der Vergleich mit kriegszerstörten Städten wäre die Nachforschung, was in den 1940er und 1950er Jahren in Städten geschehen ist, die vom Krieg verschont blieben. Wie haben sich Auckland und Melbourne, Johannesburg, São Paulo und Boston verändert? Gab es eine internationale „Normalität" urbaner Entwicklung bzw. eine die Städte der europäisierten Welt umfassende Normalität? Gab es variierte Grundmuster? Was hat Wien allein durch den kriegsbedingten Stillstand versäumt? Die meisten dieser Fragen bleiben im folgenden Beitrag unbeantwortet. Sie sollen aber zumindest einen hypothetischen Rahmen abgeben.

Wien nach dem Krieg war von den vier Alliierten besetzt und hatte gewissermaßen zwei Stadtgrenzen. Bis 1954 galten die Grenzen von Groß-Wien (nach der nationalsozialistischen Stadterweiterung von 1938) und zugleich die Grenzen von 1937, in denen vier Zonen und die Innere Stadt als fünfte interalliierte Zone bestanden. Der breite Gürtel der 1938 eingemeindeten Städte und Dörfer war Teil der sowjetischen Besatzungszone mit Niederösterreich, dem Burgenland und dem Mühlviertel. Die Bundeshauptstadt blieb wie die ganze Republik trotz alliierter Besatzung eine politische Einheit, mit zunächst sehr beschränkter Souveränität, aber sukzessive wachsenden Gestaltungsmöglichkeiten. Am 17. April 1945 wurde Bürgermeister Theodor Körner von der sowjetischen Besatzungsmacht bestätigt. Er vermochte es, das Vertrauen der Alliierten und der Bevölkerung in einer Situation zu erwerben, in der Wien in beinahe jeder Beziehung auf Hilfe von außen angewiesen war. Seine Fähigkeit, auf Russisch zu verhandeln, war von größtem Wert, weil die Entscheidungen der sowjetischen Besatzungsmacht selten kalkulierbaren Regeln folgten und auf spontane Maßnahmen, die den Wiener Interessen entgegenliefen, spontan reagiert werden musste.[2]

Charakteristisch für Wien waren die Erschöpfung und Überalterung der Stadt. Die städtische Infrastruktur stammte großteils aus der Jahrhundertwende. Die Errungenschaften des „Roten Wien" waren in den städtebaulichen Rahmen des imperialen Wien einge-

Max Fellerer, Carl Appel und Eugen Wörle,
Strandbad Gänsehäufel, Alte Donau,
1948–1950
FOTOCOLLAGE IN: WOHLFAHRTSSTAAT WIEN
(GRAFIK: EGON BÖTTCHER/FRITZ ZVACEK), 1950

passt. Die städtebaulichen Akzente des Austrofaschismus bezogen sich explizit auf das Wien des Bürgermeisters Karl Lueger (Höhenstraße, Kahlenberg-Restaurant). Am offensichtlichsten war der infrastrukturelle Nachholbedarf der Stadt bei der Straßenbahn, die die Hauptlast des Personenverkehrs trug und bis weit in die 1960er Jahre auf dem Standard von vor dem Ersten Weltkrieg verharrte (zweiachsige Waggons mit Holzaufbau). Bis 1956 bestand die öffentliche Rohrpost, die die Übermittlung von Briefen und Karten in kürzester Zeit ermöglichte (am Höhepunkt des Rohrpostnetzes zwischen 70 Stationen bei einer Netzlänge von 80 Kilometern). Private Telefonanschlüsse waren bis in die 1960er Jahre nur in vermögenden Haushalten üblich. Charakteristisch war 1945 der gegenüber der Vorkriegszeit stark gestiegene Elektrizitätsverbrauch, der eine Bewirtschaftung und zeitweise Abschaltungen notwendig machte. 1947, als die allgemeine Versorgungslage noch sehr schlecht war, verbrauchten Haushalte und Industrie bereits doppelt so viel Strom wie 1937. Gründe dafür waren der Aufbau energieintensiver Industrien während der NS-Herrschaft, die Verwendung elektrischer Kochplatten, solange die Gasversorgung aus Kohlemangel unzureichend war, und mehr Elektrogeräte. Neue Kraftwerke und Übertragungsleitungen entspannten die Situation ab 1949 merklich. Zu den heroischen Leistungen des Wiederaufbaus zählt, dass im Kraftwerk Simmering nach kurzer Unterbrechung bereits am 16. April 1945 der erste Generator wieder in Betrieb genommen wurde und innerhalb einer Woche die Belieferung lebenswichtiger Einrichtungen (Wasserwerke, Spitäler) funktionierte.

Die Bombenangriffe 1944/45 und die Kämpfe im April 1945 hatten die Stadt schwer in Mitleidenschaft gezogen, sie aber nicht in ihren Grundstrukturen getroffen und großflächig dem Erdboden gleichgemacht wie die Großstädte Japans und viele deutsche Städte. So wurde Hamburg bereits 1943 durch einen Feuersturm derart verwüstet, dass an der Möglichkeit eines Wiederaufbaus gezweifelt wurde. Im März 1945 wurde Tokio bei einem einzigen konventionellen Bombenangriff auf einer Fläche von 41 km² vollständig zerstört. Zigtausende Menschen verloren dabei ihr Leben. Mit der Zerstörung ihrer Städte wurden die Hauptaggressoren des Zweiten Weltkrieges drastisch bestraft für die Angriffskriege, die sie in maßloser Selbstüberschätzung vom Zaun gebrochen hatten. Die betroffenen Individuen waren dem Luftkrieg aber unterschiedslos ausgesetzt. Individuelle Schuld und Verantwortung waren kein Kriterium bei den Bombardements, konnten es auch gar nicht sein. In diesem Sinn musste das Kollektiv in den Luftschutzkellern für die Schuld der Kriegsverbrecher, Kollaborateure und Opportunisten bezahlen. Das Schreiben darüber wird unvermeidlich zur Gratwanderung zwischen kritischer Analyse und Empathie mit den Opfern.

„Befreit, besetzt und in Trümmern" betitelte der Historiker Albert Lichtblau seinen Essay zu den Wiener Nachkriegsfotografien von Ernst Haas.[3] Die berühmte Heimkehrer-Serie von Haas reflektierend, lotet Lichtblau die Spannungen aus, die in der Nachkriegsgesellschaft geherrscht haben und die sich auch auf die historische Reflexion über diese Zeit übertragen. Einige Zahlen machen klar, worum es geht. Knapp 500.000 Österreicher, die in deutschen militärischen Diensten standen, gerieten in alliierte Kriegsgefangenschaft. 536.000 Personen wurden 1945 als NSDAP-Mitglieder oder Anwärter auf die Mitgliedschaft registriert. Mehr als 500.000 Personen waren als Kriegsversehrte oder Angehörige von Kriegsversehrten zu versorgen. Die Displaced Persons (DPs) – aus den Konzentrationslagern befreite Menschen, Zwangsarbeiter und Flüchtlinge verschiedener Nationalitäten – machten zu Kriegsende ein Viertel der Bevölkerung aus. Österreich wurde zu einem wichtigen Transitland für überlebende osteuropäische Juden, die nach Palästina/Israel

„Wien baut wieder Wohnungen"
FOTOCOLLAGE IN: WOHLFAHRTSSTAAT WIEN
(GRAFIK: EGON BÖTTCHER/FRITZ ZVACEK), 1950

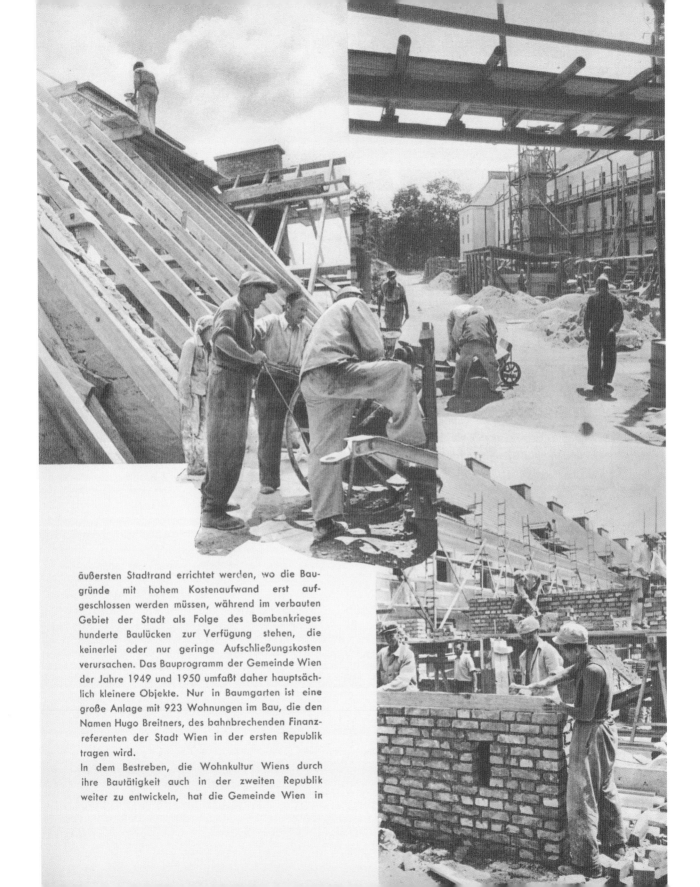

äußersten Stadtrand errichtet werden, wo die Bau-
gründe mit hohem Kostenaufwand erst auf-
geschlossen werden müssen, während im verbauten
Gebiet der Stadt als Folge des Bombenkrieges
hunderte Baulücken zur Verfügung stehen, die
keinerlei oder nur geringe Aufschließungskosten
verursachen. Das Bauprogramm der Gemeinde Wien
der Jahre 1949 und 1950 umfaßt daher hauptsächlich kleinere Objekte. Nur in Baumgarten ist eine
große Anlage mit 923 Wohnungen im Bau, die den
Namen Hugo Breitners, des bahnbrechenden Finanz-
referenten der Stadt Wien in der ersten Republik
tragen wird.

In dem Bestreben, die Wohnkultur Wiens durch
ihre Bautätigkeit auch in der zweiten Republik
weiter zu entwickeln, hat die Gemeinde Wien in

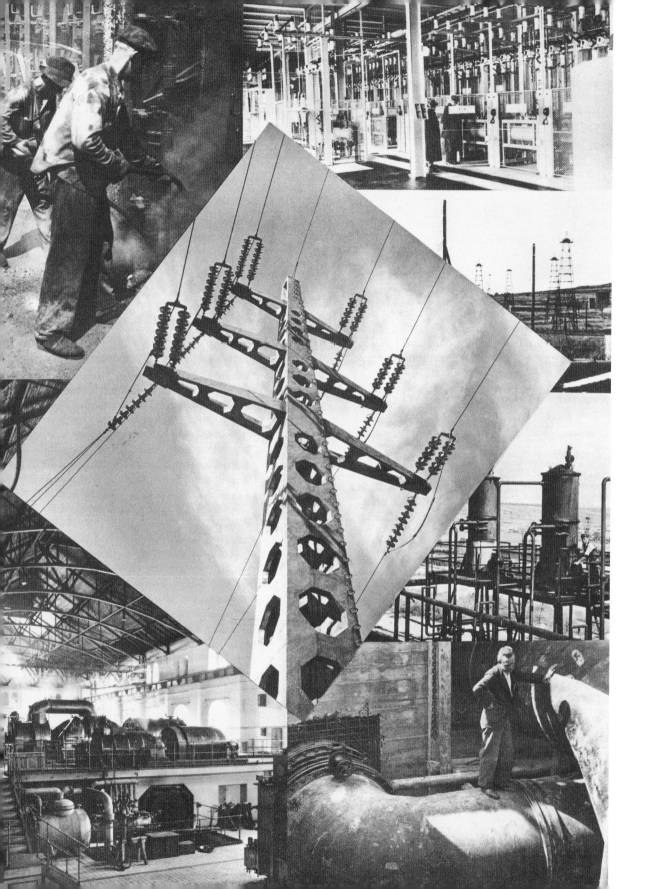

auswanderten. Über den Nationalsozialismus und die Konzentrationslager wurde öffentlich nicht viel gesprochen, weder von den Nazis noch von ihren Gegnern und Opfern. In der österreichischen Nachkriegsgesellschaft arbeitete eine „Verdrängungsmaschinerie", in der die Opfer des Nationalsozialismus, wenn sie doch auf ihr Schicksal und die ungesühnten Verbrechen aufmerksam machten, zunehmend als Provokateure erschienen.[4]

Von den zerstörten Gebäuden wurden viele wieder aufgebaut, ein Teil durch vollständige Neubauten ersetzt.[5] Der Stephansdom, das Riesenrad und die großen Theater wurden instand gesetzt. Das Burgtheater und die Staatsoper wurden im Staatsvertragsjahr 1955 feierlich wieder eröffnet. In Ausweichquartieren, dem Ronacher und dem Theater an der Wien, spielten die größten Staatsbühnen während des Wiederaufbaus der Stammhäuser ohne Unterbrechung und demonstrierten als kulturelle Institutionen Beständigkeit. Viele Wiener Wohnhäuser tragen Blechtafeln, die auf ihren Wiederaufbau mit Geldmitteln aus dem staatlichen Wiederaufbaufonds hinweisen. Ende der 1940er Jahre kam der städtische Wohnbau in Gang und produzierte etwa ab 1953 schneller und mehr Wohnungen als das „Rote Wien" der Ersten Republik. Noch im Jahr 1950 gab es aber große Probleme mit einsturzgefährdeten und tatsächlich einstürzenden Häusern. An den damaligen Stadtrat für Bauwesen Franz Jonas schrieb Körner im Sommer 1950:

„Hiemit hast Du das Problem: einsturzgefährdete Häuser und viel zu langsamen Neubau. Daher in Wien am 5. VI. 325 Familien – Menschen in einsturzgefährdeten Häusern, also in Lebensgefahr. Deine Geschäftsgruppe hat das Recht, solche Häuser zu räumen. Geschäftsgruppe Thaller (Wohnungswesen) soll die Leute nun unterbringen. Hat zu wenig Wohnungen. Also stopft er, soweit er kann, die Leute in Obdachlosenheime. Da diese nicht ausreichen, belegt er Schulen. [Der Präsident des Stadtschulrats] Zechner kämpft, um den Wechselunterricht zu beseitigen, verlangt die Räumung der Schulen, in denen Obdachlose und Flüchtlinge sind."[6]

Körner kämpfte ungeduldig und zunehmend desillusioniert gegen die Laxheit der Bürokratie. Im August 1950 begann ein Schnellbauprogramm von Gemeindewohnungen mit einfacherer Ausstattung im 10. und 21. Bezirk, um dem Problem der Obdachlosigkeit rascher Herr zu werden.

Für Ingenieure, Architekten und die Bauwirtschaft war der Wiederaufbau eine Herausforderung, der sie sich mit Zuversicht stellten. Der Wiener Architekt Erich Leischner, der von 1911 bis 1949 im Stadtbauamt und bis 1961 freiberuflich für die Gemeinde tätig war, leitete ab Sommer 1945 die Magistratsabteilung Architektur und war damit an wichtiger Stelle am Wiederaufbau beteiligt. Leischner sah die Kriegszerstörungen auch als Chance zur Behebung bisher unlösbarer baulicher Probleme.[7] Er war nicht so radikal wie sein amerikanischer Kollege Robert Moses, der von der Notwendigkeit überzeugt war, mit der „Fleischerhacke" durch die alte Bausubstanz Schneisen zu schlagen, um die Verkehrsprobleme in der dicht verbauten Stadt zu lösen.[8] Der Abbruch ganzer Häuserblöcke oder Stadtviertel und der Durchbruch neuer Straßenzüge durch bestehende Wohngebiete blieben in Wien die Ausnahme.[9] Absichten zu einer grundlegenden Reorganisation der Stadt unter dem Programm eines „sozialen Städtebaus" waren im Rathaus aber vorhanden. Viele Gebäude, deren Wiederherstellung möglich gewesen wäre, wurden vollständig abgebrochen und durch Neubauten ersetzt. Eines der bekanntesten Beispiele ist der Heinrichhof am Ring gegenüber der Oper.

Die großen Wiener Fernreisebahnhöfe wurden alle abgetragen, obwohl eine Wiederherstellung und Adaptierung an die geänderten Verkehrsbedürfnisse beispielsweise beim Westbahnhof und beim Nordbahnhof möglich gewesen wären. Eine Analyse der Ursa-

Instandsetzung der infrastrukturellen Basis
FOTOCOLLAGE IN: WOHLFAHRTSSTAAT WIEN
(GRAFIK: EGON BÖTTCHER/FRITZ ZVACEK), 1950

chen und Motive für diese Abbruchpolitik wäre lohnend. Auffällig und ebenfalls einer näheren Analyse würdig ist das Verschwinden der großen Rothschild-Bauten aus Wien, zu denen nicht nur die beiden Palais zählen (Palais Nathaniel Rothschild, 4., Theresianumgasse 16–18, und Palais Albert Rothschild, 4., Prinz-Eugen-Straße 20–22), sondern auch das Rothschild-Spital (Währinger Gürtel) und der im Jahr 1965 gesprengte Nordbahnhof (Salomon Rothschild war Initiator und Finanzier der Nordbahn gewesen).

Im Begleitbuch zur Wiener Festwochenausstellung 1985 mit dem paradigmatischen Titel „Wien 1945 davor/danach" (ein Titel, mit dem gegen die Vorstellung einer „Stunde null" gearbeitet wurde und die Kontinuitäten und fließenden Übergänge betont werden sollten, die neben der Zäsur der Befreiung und des Neubeginns bestanden) publizierten Friedrich Achleitner und Harald Sterk grundlegende Beiträge.

Achleitner verweist, besonders unter Berufung auf Josef Frank, auf die kritische Skepsis in der Wiener Architekturdiskussion gegenüber einer radikalen Moderne à la Le Corbusier, die mit der gewachsenen Stadt am liebsten aufgeräumt hätte. Unter den in Wien tätigen Architekten herrschte keine modernistische Aufbruchstimmung, sondern konservative Zurückhaltung, begleitet von Selbstkritik und Verunsicherung durch die ungelösten Probleme der modernen Ansätze im ersten Drittel des Jahrhunderts.[10] Selbst Clemens Holzmeister, der auf die harmonische Einbindung seiner Bauten in Stadt und Landschaft stets größten Wert gelegt hatte, selbst der Katholik Holzmeister machte sich Gedanken, ob ihn vor dem Zweiten Weltkrieg nicht ein „sündiger Zeitgeist gesuchter Modernität" verführt habe.[11] Harald Sterk interpretiert den 1948 veröffentlichten Satz des Architekten und Stadtplaners Franz Schuster: „Beschämt sehen wir uns in die Ursachen der Zerstörung verwickelt, deren Verwirrung schon lange vorher warnend erkennbar war"[12], als ins Pauschale gestülpte Selbstbezichtigung eines sozialdemokratischen Architekten, der seine Professur an der Kunstgewerbeschule während der NS-Zeit behalten konnte.[13]

Sterk beginnt seinen Aufsatz lapidar: „Nach 1945 war keine Zeit für Experimente."[14] Dieser Befund gründet sich einerseits auf die verbreitete architektonische Haltung, aber zugleich auf die unmittelbare Not und Rohstoffknappheit, die zu nüchternem Rationalismus und einfachen Lösungen drängte. Die erzwungene Einfachheit wurde aber spätestens ab Mitte der 1950er Jahre zur bequemen Ausrede, um schöpferische Lösungen bürokratisch zu behindern, zum Beispiel durch übertriebene Normungsvorgaben. Der Marshall-Plan hatte 1948–1952 die Grundlage für eine dauerhafte Konjunktur gelegt, die nach einer kurzen Stabilisierungskrise 1954 voll einsetzte.[15] Die Dynamik des „Wirtschaftswunders" erfasste durchaus auch das „graue Wien", dessen Grau von den Zeitgenossen nicht unbedingt als deprimierend empfunden wurde, weil sie farbliche Akzente dafür stärker wahrnahmen.

Der Wiederaufbau Wiens begann gewissermaßen mit der Errichtung des sowjetischen Befreiungsdenkmals auf dem Schwarzenbergplatz. Wie die Herausgeber einer wichtigen Publikation des Jubiläumsjahres 2005 argumentieren, ist das „Wiener Russendenkmal" ein Gedächtnisort, mit dem sich die „WienerInnen ihrer laissez faire-Mentalität entsprechend arrangiert [haben]: Auch wenn er dem Antibolschewismus und der Westorientierung seit 1945 zuwiderlief, wurde ihm durchaus der zustehende Respekt erwiesen" – nämlich Respekt gegenüber den im Kampf um Wien gefallenen Rotarmisten.[16]

Das äußere Erscheinungsbild und die technische Infrastruktur der Stadt wurden bis 1955 weitgehend instand gesetzt, das demografische, soziale, wirtschaftliche und politische Gefüge hatte sich seit dem nationalsozialistischen „Anschluss" aber so gravierend verändert, dass eine Wiederherstellung des ursprünglichen Zustandes bzw. eine Anknüpfung an das Wien von 1938 ausgeschlossen war. Otto Binders hier als Motto vorangestellter Gedanke, „dass es genauso lange dauern würde, die Menschen aufzubauen, wie die Ruinen", war zu optimistisch. Der geistige Wiederaufbau dauerte zweifellos bedeutend länger als der materielle, sofern er – in Bezug auf Wissenschaft, Kunst, Lebensstil im weitesten Sinne – überhaupt auf ein vergleichbares Niveau führte. Der Wiederaufbau in Wien wurde von zahlreichen Faktoren beeinflusst, die in komplexer Wechselwirkung standen:

- Demografie (Vertreibung und Vernichtung der jüdischen Bevölkerung, Kriegsgefallene, Bombenopfer, Opfer politischer Verfolgung, Zustrom von volksdeutschen Flüchtlingen, Ungleichgewicht der Geschlechter und Überalterung). Geburtenmangel, Vergreisung und Bevölkerungsschwund wurden in einer zeitgenössischen Imagebroschüre der Gemeinde Wien „als gefährliche Schwäche der biologischen Kraft der Stadt" diagnostiziert.[17] In den letzten eineinhalb Kriegsjahren wanderten rund 350.000 Personen aus Wien ab, so dass die Stadt im Juli 1945 mit rund 1,32 Millionen den tiefsten Bevölkerungsstand im 20. Jahrhundert erreichte. In der zweiten Jahreshälfte kehrten rund 300.000 Menschen nach Wien zurück bzw. kamen als Flüchtlinge nach Wien, bis Ende 1947 weitere 300.000.[18]
- Sozialstruktur (Eliten-Kontinuität und -Brüche, Vereine und kulturelle Institutionen, Kirche).
- Wirtschaft, Wirtschaftsbeziehungen (von der Sowjetunion unter dem Titel des Deutschen Eigentums beschlagnahmte, im USIA-Konzern zusammengefasste Betriebe, gleichzeitige Westorientierung der österreichischen Wirtschaft, Wien als Unternehmenssitz zahlreicher Großunternehmen mit Produktionsstätten in anderen Bundesländern, Wien als Sitz von Behörden und Interessenvertretungen).
- Eigentumsverhältnisse (Verstaatlichung, ungeklärte Vermögensverhältnisse, Stagnation, Mieterschutz, Eigentum an Grund und Boden). Siegfried Mattl hat in diesem Zusammenhang auf die geringe Mobilität der Wiener verwiesen – wer gibt schon eine billige Altmietwohnung auf –, auf das Fehlen einer Immobilienspekulation bis in die jüngere Vergangenheit, auf die konservierende Wirkung des Mieterschutzes, auf die Geschäfts- und Gewerbestruktur (kleine, alte Geschäfte in der City) und die Konservierung der traditionellen Grätzelstrukturen, weil der Abbruch ganzer Häuserblöcke durch den Mieterschutz verhindert wurde: „Für die Gestalt von Wien hatte der Mieterschutz indes wahrscheinlich mehr Bedeutung als alle anderen politischen und wirtschaftlichen Maßnahmen zusammen."[19]
- Medien (Parteizeitungen, Zeitungen und Radio der Besatzungsmächte, keine unabhängige Presse, staatlicher Rundfunk, Mangel an bürgerlicher Öffentlichkeit).
- Internationale Beziehungen (Besatzungsmächte, internationale Hilfsprogramme, Aufbau von Beziehungen zu skandinavischen und Schweizer Städten, nach Großbritannien).

Die städtebaulichen Grundsätze hatten sich seit dem Ende des „Roten Wien" bzw. seit 1938 geändert. Entsprechend den Zielen der „Charta von Athen", des bereits 1933 aufgestellten, von Le Corbusier geprägten modernistischen Konzepts, strebten die meisten Stadtplaner eine räumliche Entflechtung von Wohnen, Arbeiten und Freizeit an. Die als notwendig erachtete Trennung der Verkehrsebenen und die Anlage von reinen Autostraßen wurden auch in Wien punktuell umgesetzt. Offene räumliche Strukturen und Stadterweiterung waren das Gegenmodell zur gründerzeitlichen Dichte und gemischten Nutzung. Die für die kommunalen Wohnbauten des „Roten Wien" charakteristische Blockrandbe-

„Höhere Wohnkultur – mehr Kinder"
FOTOCOLLAGE IN: MAGISTRAT DER STADT WIEN (HG.), DAS PROFIL EINER STADT. WIEN STELLT SICH VOR (GESTALTUNG FRITZ ZVACEK), O. J., CA. 1953

bauung galt nach 1945 als veraltet. Das Planungsziel war eine aufgelockerte Großstadt mit Stadtrandsiedlungen („Tochterstädten"), von denen die Per-Albin-Hansson-Siedlung (1947–1949) die erste war.

In der von August 1945 bis Jänner 1946 abgehaltenen Wiederaufbauenquete wurden städtebauliche Hauptziele formuliert, die in den folgenden Jahren weiterentwickelt wurden, nämlich die Auflockerung der dicht verbauten Stadt, die Entmischung von Industrie- und Wohngebieten und eine Ausweitung des städtischen Grüns. Es sollten gesetzliche „landesplanliche" Grundlagen für die Koordinierung des Wiener Raumes mit seiner Umgebung erarbeitet werden.

Die städtebaulichen Planungsziele wurden 1952 in einem 8-Punkte-Programm auf der Grundlage der Planungsstudien von Karl Brunner[20] festgelegt. Das Programm klang trotz aller „Down-to-earth"-Bekenntnisse ambitioniert[21]:

1. Hebung des Wohnstandards (bis dahin überwiegend Kleinwohnungen ohne eigenes WC) durch „sozialen Städtebau";
2. Schaffung neuer Industriezonen, Umsiedlung bestehender Industriebetriebe aus Wohngebieten;
3. Auflockerung der dicht verbauten Stadt, Schaffung neuer Grünflächen und neuer Spiel- und Sportplätze;
4. Schaffung neuer Tochterstädte, Koordination des Wohnbauprogramms mit der industriellen Standortplanung und der Verkehrsplanung;
5. aktive Bodenpolitik der Stadt, um die Neuanlage größerer neuer Stadtviertel zu ermöglichen;
6. Sanierung wilder Siedlungen;
7. erhöhter Schutz für den Wald- und Wiesengürtel, Schutz des Wienerwaldes und der Donauauen gemeinsam mit Niederösterreich und
8. im Sinne einer zukünftigen gemeinsamen „Landesplanung" eine sinnvolle optimale Bodennutzung.

Im Jahr 1951 war Franz Jonas Theodor Körner nach dessen Wahl zum Bundespräsidenten als Bürgermeister nachgefolgt. Unter Jonas wurde das Konzept des „Sozialen Städtebaus" weiter ausformuliert und bei aller Nüchternheit und Askese, die der Bürgermeister persönlich vorlebte, das Prestige der Stadt gepflegt: „Wien soll wieder Weltstadt werden" war ein Slogan aus der Jonas-Ära.

Jonas hielt unter dem Titel „Wiener Probleme" 1954–1955 jeden zweiten Sonntag Radiovorträge auf Radio Rot-Weiß-Rot, dem Sender der amerikanischen Besatzungsmacht. Die mit Sicherheit von ihm selbst verfassten Manuskripte vermitteln einen eigentümlichen Geist fürsorglicher Obrigkeit und Autorität, der für die späte Phase des Wiederaufbaus charakteristisch gewesen sein dürfte. Alle kommunalpolitischen Maßnahmen werden mit der Gewissheit vorgetragen, die richtigen Lösungen zu kennen und umzusetzen.

Unter dem Vortragstitel „Verbesserung und Verschönerung" gab Jonas den Baubeginn der Opernpassage bekannt (als „Fußgängertunnel unter der Opernkreuzung") und den Baubeginn des Kreisverkehrs Praterstern als Vorsorge für eine weitere Verdichtung des Verkehrs. Ein großes Hemmnis für die Sanierung der Stadt sei, wie Jonas erläuterte, die Bodenbesitzfrage. Kleine Parzellen und zersplitterter Grundbesitz erschwerten die Sanierung, weshalb ein Bodenbeschaffungsgesetz notwendig sei. Überalterte und abbruchreife Häuser, mitunter auch Häuser in gutem baulichen Zustand, aber mit geringem Wohnwert „zu beseitigen und durch neue, moderne Wohnanlagen zu ersetzen", sei „die zweite wichtige Sanierungsaufgabe in Wien".

Im Vortrag „Der Wiederaufbau ist beendet" kündigte der Bürgermeister an: „Von nun an werden wir die Kraft unserer Stadt in viel größerem Ausmaß als bisher der Lösung der vielen noch offenen Probleme zuwenden können. Dies gilt für die Sanierung von sanitäts- oder verkehrstechnisch nicht mehr tragbaren Stadtvierteln."[22] Nach den Grundsätzen des sozialen Städtebaus wurden Vorbereitungen für die Umgestaltung von ungefähr 30 „assanierungsreifen" Gebieten getroffen. Dass ganze Stadtvierteln als „untragbar" stigmatisiert wurden und das Ende des Wiederaufbaus amtlich als Beginn einer großen Abbruch- und Neubauwelle verstanden wurde, wirkt heute längst nicht mehr so fürsorglich und menschenfreundlich, wie es Mitte der 1950er Jahre gemeint war. Bis sich der Paradigmenwechsel hin zur Stadterneuerung im Sinne der Revitalisierung der Stadt des 19. und frühen 20. Jahrhunderts und ihrer Verteidigung gegen Suburbia vollzog, sollten allerdings noch gut zwanzig Jahre vergehen.

1 Otto Binder, Wien – retour. Bericht an die Nachkommen, Wien 1997, S. 126. Zu Binder siehe auch: Siglinde Bolbecher, Otto Binder 1910–2005. Zurückgekehrt, um neue Wege zu gehen, in: Zwischenwelt. Literatur – Widerstand – Exil, 21. Jg., Nr. 3/4, April 2005, S. 17–20.

2 Eric C. Kollman, Theodor Körner. Militär und Politik, Wien 1973.

3 Albert Lichtblau, Befreit, besetzt und in Trümmern. Nach dem Ende des Zweiten Weltkriegs, in: Ernst Haas, Eine Welt in Trümmern. Wien 1945–1948. Ein Fotoessay. Publikation zur Ausstellung im Museum der Moderne Salzburg, Weitra 2005, S. 37–51.

4 Ebd., S. 44.

5 Siehe dazu: Dieter Klein/Martin Kupf/Robert Schediwy, Wien. Stadtbildverluste seit 1945. Eine kritische Dokumentation, Wien 2001.

6 Eric C. Kollman, Theodor Körner. Militär und Politik, Wien 1973, S. 318.

7 Friedrich Achleitner, Wiederaufbau in Wien, Innere Stadt. Ein Stück lokale Architekturgeschichte wird besichtigt, in: Liesbeth Waechter-Böhm (Hg.), Wien 1945 davor/danach, Wien 1985, 107–115; hier S. 108 f.; Erich Bernard/Barbara Feller, Erich Franz Leischner. Anmerkungen zu Leben und Werk, in: Architektur Zentrum Wien (Hg.), Amt Macht Stadt. Erich Leischner und das Wiener Stadtbauamt, Salzburg 1999, S. 50–71, hier S. 67.

8 Gegen Ende seiner Karriere rechtfertigte der New Yorker Stadtplaner und Straßenbauer Robert Moses die nachteiligen Auswirkungen der von ihm geplanten, quer durch Wohnquartiere, vor allem von armen afroamerikanischen Bewohnern, führenden Expressways: „When you operate in an overbuilt metropolis, you have to hack your way with a meat axe" (Tom Lewis, Divided Highways. Building the Interstate Highways, Transforming American Life, New York 1997, S. 193).

9 Vgl. Wolfgang Kos,: Wiederaufbau und Zerstörung. 1945–1975: Wie die Pragmatiker in den Gegenwind gerieten, in: Alt-Wien. Die Stadt, die niemals war, Ausstellungskatalog, Wien 2004, S. 280–290.

10 Friedrich Achleitner, Wiederaufbau in Wien, Innere Stadt. Ein Stück lokale Architekturgeschichte wird besichtigt, in: Liesbeth Waechter-Böhm (Hg.), Wien 1945 davor/danach, Wien 1985, 107–115, hier S. 110.

11 Clemens Holzmeister, Kirchenbau ewig neu. Baugedanken und Beispiele, Innsbruck-Wien 1951, S. 7.

12 Franz Schuster, Der Stil unserer Zeit, Wien 1948, S. 7.

13 Harald Sterk, Wohnbau zwischen Ideologie, Politik und Wirtschaft. Entwicklungsparallelen im Massenwohnbau der Gemeinde Wien, in: Liesbeth Waechter-Böhm (Hg.), Wien 1945 davor/danach, Wien 1985, 116–125, hier S. 120.

14 Ebd., S. 117.

15 Technisches Museum Wien (Hg.), Österreich baut auf. Wieder-Aufbau und Marshall-Plan, Wien 2005.

16 Matthias Marschik/Georg Spitaler (Hg.), Das Wiener Russendenkmal. Architektur, Geschichte, Konflikte, Wien 2005, S. 9.

17 Magistrat der Stadt Wien (Hg.)/Fritz Zvacek (Gestaltung), Das Profil einer Stadt. Wien stellt sich vor, Wien o. J. (ca. 1953), S. 73.

18 Andreas Weigl, „Unbegrenzte Großstadt" oder „Stadt ohne Nachwuchs"? Zur demographischen Entwicklung Wiens im 20. Jahrhundert, in: Franz X. Eder/Peter Eigner/Andreas Resch/Andreas Weigl, Wien im 20. Jahrhundert. Wirtschaft, Bevölkerung, Konsum (Querschnitte 12), Innsbruck 2003, S. 141–200, hier S. 156.

19 Siegfried Mattl, Wien im 20. Jahrhundert (Geschichte Wiens, Bd. VI), Wien 2000, Kapitel Wiederaufbau und Stadterneuerung, S. 134–153, hier S. 134.

20 Prof. Dr. Karl Brunner wurde 1948 mit der Erstellung eines Flächenwidmungsplans beauftragt, den er 1952 vorlegte; vgl. Siegfried Mattl, Wien im 20. Jahrhundert, Wien 2000, S. 140 f.

21 Magistrat der Stadt Wien (Hg.)/Fritz Zvacek (Gestaltung), Das Profil einer Stadt. Wien stellt sich vor, Wien o. J. (ca. 1953), S. 75–76.

22 Franz Jonas, Wiener Probleme. Eine Sammlung der Radioreden des Bürgermeisters der Stadt Wien 1954/1955, Wien 1955, S. 155–163. Zu Jonas siehe auch: Norbert Schausberger, Franz Jonas 1899 bis 1974, in: Friedrich Weissensteiner (Hg.), Die österreichischen Bundespräsidenten. Leben und Werk, Wien 1982, S. 258–312.

„Die gemäßigte Neue Sachlichkeit wurde nach 1945 erfolgreich von der bauenden Architektenschaft in Österreich tradiert. Diese Bestrebungen wurden durch die kulturpolitisch konservative Regierung des neuen Österreich unterstützt. Anstatt die Emigranten und Vertriebenen nach Österreich zurückzuholen, die in jüngster Vergangenheit noch unbequeme Kritiker gewesen waren, [...] zog die Regierung es vor, sich mit den durch den Nationalsozialismus belasteten Architekten zu arrangieren."

Markus Kristan, Architektur in Österreich 1945–1972, in: Lucca Chmel, Architekturfotografie 1945–1970, hg. von Gabriele Hofer/Uwe Schögl, Passau 2004, S. 191.

„Es zeigte sich aber, daß Wiens qualifizierte Architekturszene – und spiegelbildlich dazu das Niveau der Entscheidungsträger in Politik, Wirtschaft und Verwaltung – nach dem Aderlaß durch Emigration und Krieg nicht stark genug war, um auch nur an die Aufbruchsstimmung der zwanziger Jahre anzuschließen. [...] Frank, Plischke oder Walter Loos hatten keinen Anreiz erhalten, aus der Emigration zurückzukehren, und Welzenbachers Wettbewerbsbeiträge gingen in einem noch vom NS-klassizistischen Städtebau durchsetzten Fachklima sang- und klanglos unter. So wurde Franz Schusters ‚Einfachheit' von der Pragmatik und dem Provinzialismus der Polit- und Baubürokratie aufgesogen und sukzessive zur normativen Biederkeit ausgehöhlt."

Otto Kapfinger, Vom Interieur zum Städtebau. Architektur am Stubenring 1918–1990, in: Kunst: Anspruch und Gegenwart, Wien 1991, S. 132.

DIE WIEDERAUFBAUÄRA IM RÜCKBLICK | EINE ZITATENSAMMLUNG VON GABRIELE KAISER

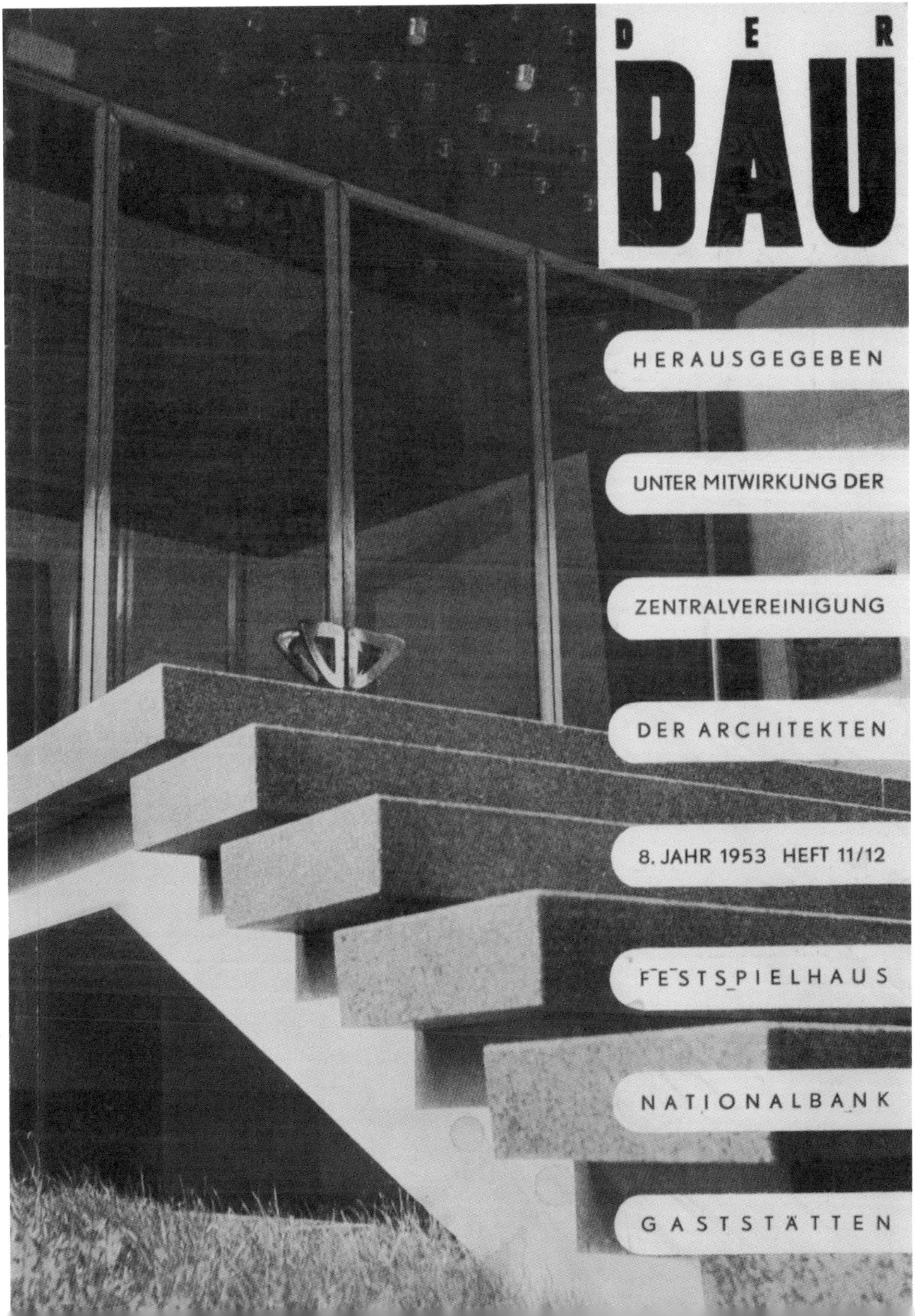
DER
BAU
HERAUSGEGEBEN
UNTER MITWIRKUNG DER
ZENTRALVEREINIGUNG
DER ARCHITEKTEN
8. JAHR 1953 HEFT 11/12
FESTSPIELHAUS
NATIONALBANK
GASTSTÄTTEN

Titelseite „Der Bau" 1953, Heft 11/12, Erich Boltenstern/Eugen Wachberger, Gebäude der Nationalbank in Linz, ARCHIV ERICH BOLTENSTERN

273 Arch. Dr. Karl Schwanzer, Autosalon in Wien/Am Hof. In der Mitte
des Verkaufsraumes steht ein zweiseitig
verspiegelter Pfeiler, der den großen
Beleuchtungskörper trägt. Graphiken
von Walter Hofmann

274, 275 Stiege zum 1. Stock mit
reizvoller Geländerwand und Büroraum. Kombination von Naturholz
und Anstrich, Möbel mit Plastik bezogen

PREISWERT, ZWECKMÄSSIG, SCHÖN
DIE FACHZEITSCHRIFT „DER BAU" ALS ZEITDOKUMENT, HERBST 1955

WOLFGANG KOS

Wer nach 50 Jahren aus einer Fachzeitschrift Zeitstimmung destillieren will, sollte zumindest einige mentalitätsgeschichtliche Koordinaten zur Verfügung haben, um gefundenes Text- und Bildmaterial überhaupt als zeittypisch erkennen zu können. Gerade die fünfziger Jahre oszillieren aus heutiger Perspektive: Manches erscheint uns nahe und vertraut, anderes wirkt fern und fremd, geradezu anachronistisch. Zum Beispiel überrascht die biedere Betulichkeit, mit der im „Bau" Neues präsentiert wird. Der Geist der Moderne, dem sich die Architektur jener Zeit verpflichtet fühlt, tritt uns quasi im mausgrauen Arbeitsmantel entgegen – und eben nicht im schwarzen Rollkragenpulli einer Avantgarde-Bewegung.

Ich beschließe, eine Annonce der Wertheim-Werke („Der Bau", Jahrgang 1955, Seite 237) als Zeitmarke und ersten Orientierungspunkt zu nehmen: Das Atomzeichen – der atomare Kern, umgeben von elliptischen Elektronenbahnen – wird als Leitsymbol eingesetzt, um Fortschrittlichkeit zu signalisieren und auf ein „zeitgemäßes elektronisches Antriebssystem" der neuen Aufzüge im Ringturm hinzuweisen. Das Zeichen „Atom" steht also für innovative Technik. Wir befinden uns in einem Umfeld, in dem Technokraten ebenso wie Politiker von der „friedlichen Nutzung der Atomkraft" schwärmten, als suggestives Gegenbild zum destruktiven Image der Atombombe. Hiroshima lag erst zehn Jahre zurück, der Kalte Krieg war weltpolitischer Rahmen. Die friedliche Atomkraft war Synonym für die Hoffnung auf eine harmonische Zukunft und auf Produktivität ohne Schmutz und Mühsal. Drei Jahre später, 1958, wurde das Atomium, ein riesiges begehbares Atommodell aus Stahl und Aluminium, zum Wahrzeichen der Weltausstellung in Brüssel und zu einem Superzeichen der Epoche.

Zusatzfrage: Was stellten sich Leser einer Fachzeitschrift für Architekten anno 1955 unter dem Wort „elektronisch" vor?

* * *

Adjektive sind verräterisch. Sie scheinen zeithältiger und somit modischer zu sein als Substantive oder Verben. Sie klappern im Sound der Zeit. Das belegen Floskeln, mit denen Firmen der Baubranche im „Bau" 1955 ihre Produkte anpreisen: „wirtschaftlich" (mehrmals), „dezent", „modern" (mehrmals), „günstig", „zweckmäßig" (mehrmals), „formschön", „dauerhaft" (mehrmals), „raumnutzend", „dekorativ", „vielseitig", „preiswert", „liebenswürdig". Als Dreiklang: „billiger-dauerhafter-schöner". Als Charakterisierung von Gussglasornamenten: „schafft eine intime Stimmung". „Modern" wird mitunter durch ein Synonym ersetzt: „für den neuzeitlichen Portalbau".

* * *

Hier handelt es sich um eine Recherche auf extrem begrenztem Beobachtungsfeld. Als Quelle dient ausschließlich das im Herbst 1955 erschienene Heft 9/10 des 10. Jahrgangs der Zeitschrift „Der Bau". Es handelt sich um eine relativ spektakuläre Nummer. Das

Titelseite „Der Bau" 1955, Heft 9/10,
Marmorbild in der Wiener Staatsoper
von Heinz Leinfellner
ARCHIV ERICH BOLTENSTERN

Karl Schwanzer,
Autosalon in Wien/Am Hof
DER BAU 9/10 1955

Titelblatt verweist auf die im Oktober 1955 wiedereröffnete Staatsoper und zeigt ein spät-kubistisches Marmorbild, das der Künstler Heinz Leinfellner für den „ruhigen und vornehmen" Buffetsaal in der Oper entworfen hat. Bezeichnend ist, dass der Kunstkritiker Alfred Schmeller in seiner Erläuterung kaum auf die ästhetische Dimension des Werkes eingeht, dafür aber ausführlich auf Leinfellners herstellungstechnischen Erfindergeist, nämlich auf ein neuartiges und besonders präzises Marmorschneideverfahren, hinweist.

Der längste Beitrag im Heft gilt dem „Ringturm", also einer weiteren wichtigen Premiere der Nachkriegsjahre, bei der Erich Boltenstern Regie führte. „Der Bau" war das Organ der Zentralvereinigung der Architekten. Im Sinn einer „best practice" werden neue und bei-spielhafte Projekte präsentiert, darunter auch ephemere Bauten wie ein verglaster „Auto-verkaufspavillon" von Artur Perotti in Linz oder ein Herrenmodengeschäft von Karl Mang. Fast immer stammen die Texte von den planenden Architekten, eine kritische Wertung ergibt sich fast ausschließlich aus der Auswahl der Beispiele. Einflussnahmen von außen wird es wohl gegeben haben.

„Der Bau" war eine von zwei relevanten Architekturzeitschriften der Zeit nach 1945. Das Pendant, der „Aufbau", war das Organ des Wiener Stadtbauamts und gab grundsätzli-chen und diskursiven Beiträgen – etwa zur Stadtentwicklung – mehr Raum. Beide Zeit-schriften strahlen hohe Kompetenz und so etwas wie professionelle Offenheit aus und widerlegen das Vorurteil, die Informationslage in Architekturfragen sei damals provinziell und engstirnig gewesen. Man bewegte sich im Sog einer neuen Zeit. Die nationalsozia-listische Erfahrung verbarg sich hinter Chiffren wie „Krieg" oder „Zerstörungen". Oder sie blieb ausgespart.

* * *

Ein Special gilt dem Wettbewerb für den Sitz der Arbeiterkammer in der Prinz-Eugen-Straße. Neben dem Siegerprojekt von Max Fellerer und Eugen Wörle – geplant im Be-streben, keinen „Verwaltungspalast", sondern einen „soliden und zweckmäßigen Bau" zu errichten – wird vor allem der gemeinsame Wettbewerbsbeitrag von Erich Boltenstern und Roland Rainer ausführlich vorgestellt. Dieser sah ein „auf Stützen stehendes Büroge-bäude" mit „beiderseits verglaster Eingangshalle" vor. In seinem Text weist Rainer darauf hin, wie wichtig ihm die Beziehung des Gebäudes „zu dem in diesem Stadtteil besonders kostbaren Garten" sei.

Warum der Garten mit dem „schönen Baumbestand" so „kostbar" war, wird nicht er-wähnt: Hier befand sich das Stadtpalais von Albert von Rothschild, das von den Nazis beschlagnahmt worden war, die es 1939 – eine grimmige Ironie der Geschichte – zum Sitz der so genannten „Eichmann-Behörde" machten, der „Zentralstelle für jüdische Aus-wanderung". Nach 1945 wurde das historistische Palais für Dienststellen der russischen Besatzungsmacht genutzt.

1954 ließ der Bund als Eigentümer das Gebäude abreißen, nur der schöne Garten blieb. Auf die Geschichte des Areals wird nicht einmal zwischen den Zeilen hingewiesen. Man kann annehmen, dass zumindest die Wiener Leser dennoch Bescheid wussten. Diese Leerstelle ist übrigens der einzige „Hinweis" auf die NS-Zeit, der mir im Heft 9/10 des Staatsvertragsjahres aufgefallen ist. Ein Negativabdruck sozusagen.

* * *

Immer wieder drängen sich Topfpflanzen ins Bild, zumeist Gummibäume. Im Stiegenhaus des Bürohauses ebenso wie im Verkaufsraum oder im Ausstellungspavillon. An Thesen über die Allgegenwart des Immergrüns in Räumen des „international style" bieten sich

DER BAU 9/10 1955

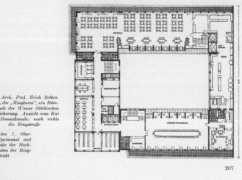

Roland Rainer/Erich Boltenstern
(veröffentlich unter Roland Rainer)
Wettbewerb Arbeiterkammer, Wien, Prinz-Eugen-Straße
DER BAU 9/10 1955

Erich Boltenstern, Ringturm
DER BAU 9/10 1955

an: Verweis auf Vitalität; geordnete und gepflegte Natur als Abwehrzauber gegen unbere-
chenbaren Wildwuchs; das organische Denken als heimliche Unterströmung des kühlen
Funktionalismus. Oder, ganz banal: Rücksicht auf die Sehnsüchte der Benützer, die die
moderne Bauweise grundsätzlich als scheußlich und seelenlos empfanden und sich nach
einem kleinen Stück Grünidyll sehnten, um die Glätte ringsum zu kaschieren. In diese
Richtung argumentiert Tom Wolfe in seiner berühmt-berüchtigten Polemik „From Bauhaus to Our House". Höhnisch beschreibt er, wie das fundamentalistische Insistieren
von Walter Gropius auf spartanisch schmuckfreien Fenstern von der Alltagsrealität konterkariert worden sei. Kaum waren die Office Buildings vollendet, hätten die Angestellten
Vorhänge montiert und Blumentöpfe auf die Fensterbretter gestellt.

81

LADENBAUTEN

263 (links oben) Arch. Karl Mang, aus einem Herrenmode-geschäft

264—267 (links) Arch. Karl Mang, Mitarbeiterin Arch. Eva Frimmel, Filiale eines Optik-Geschäftes, bestehend aus: all-gemeiner Verkaufsraum, Raum mit Anpaßtischen, Unter-suchungsraum. Hölzer: Mahagoni, Buche und Akorn. Fuß-boden: blau und grau, Wände und Decken: weiß. Heizung: Elektrospeicheröfen mit gelben und blauen Kacheln. Im ersten Raum ein langer Kristalluster

268, 269 Arch. Roland Sturzen, Verkaufsfiliale. Um gleich-zeitig verschiedene Besprechungen durchführen zu können, sind die zwei Ausstellungsräume unabhängig benützbar. Boden-platten: blaue Marley-Platten mit schwarzen Streifen auf Asphalt. Auslagetische: rotes Linoleum. Einrichtung: Ru-sternholz matt. Ein Lichtbalken, über die ganze Breite des Lokales führend, beleuchtet die Auslage und durch Ausstrahlung der Decke indirekt das Geschäftslokal. Auf den Blechprofilen sind Neonschriften angebracht.

270 Grundriß: 1 Eingang und Windfang, 2 Ausgabe für Zu-behör, 3 Auslagen, 4 Ausstellungsraum, 5 Besprechungsraum, 6 Büro, 7 Werkstatt, 8 Waschraum, 9 WC, 10 Gang, 11 Büro, 12 Nebeneingang, 13 Garderobe, 14 Zwischendecke für Lüftung

212

213

* * *

Apropos Gropius: Vom hehren Meister können die „Bau"-Abonnenten eine zweiseitige Predigt lesen, einen „Kompaß für Architekten". Es handelt sich um den Nachdruck ei-nes 1954 in Deutschland gehaltenen Vortrags zur „Architekturerziehung". Gropius weist darauf hin, dass jenseits aller technischer Belange die „schöpferische Raumgestaltung" den wahren Architekten kennzeichne. Deshalb sollten sich diese mit der japanischen Zen-Raumkunst beschäftigen.

Ausdrücklich fordert Gropius eine „poetische Komponente" beim Bauen, als Gegen-mittel zur „ungesunden Hast" und einer „Überbetonung quantitativer Werte". Gropius ahnt offenbar, was Kulturpessimisten wie Tom Wolfe ebenso wie Normalbenützer der rigiden Moderne einmal vorwerfen werden, wenn er einmahnt, inmitten einer industriel-len Gesellschaft „unsere Umgebung schöner und einheitlicher zu gestalten". Wenn die Architekten diesen „Dienst am Menschen" nicht fertig bringen, „werden wir schwerlich Sympathien für die Leistungen des 20. Jahrhunderts erwecken können".

Durch perfekte Lichtregie werden sparsam gestaltete Räume für Fotos inszeniert
DER BAU 9/10 1955

Den Lesern des „Bau" waren die Leistungen internationaler Stars wie Walter Gropius, Ludwig Mies van der Rohe oder Alvar Aalto offenbar wohl bekannt. Dafür blieben lokale Neuerer wie Otto Wagner oder Adolf Loos vorerst unbekannte Größen.

* * *

Der Architekt als Bildungsbürger und Trendscout: Von diesem Idealbild des Architekten scheint Stephan Simony ausgegangen zu sein, der Redakteur des „Bau". Jedem Heft waren unter dem Titel „Berichte" kurze Streiflichter aus dem Kulturleben vorangestellt, pointierter und subjektiver geschrieben als die eigentlichen Architekturbeiträge. In der Ausgabe 9/10 von 1955 finden sich Kurzkommentare zu einer Kokoschka-Ausstellung in der Wiener Secession, zu einem Lexikon der Modernen Kunst oder einem Katalog des Grazer Malers Alfred Wickenburg. Diesem wirft Simony anlässlich einer Ausstellung in Wien mangelnde Großstadt-Tauglichkeit vor. In Graz hätten die Bilder „zweifellos ihre Bedeutung", in der „schärferen Luft Wiens" aber hielten sie dem Vergleich mit den „in der Großstadt kulminierenden Leistungen zeitgenössischen Schaffens" nicht stand. Die Luft in Wien war also welthältiger als die in der Provinz. Das war kulturelles Grundgesetz.

Auch wenn heute manche Formulierung altmodisch wirkt (die Albertina als „das berühmte Institut", Ausstellungen, die „liebevoll zusammengetragen" werden), zeigen die Kulturwegweiser verlässlich in Richtung Modernität. Auch zeitgemäße Gebrauchsgrafik war Teil eines sehr panoramatischen Kulturbegriffs. Besonderes Augenmerk gilt der Ausstellungsgestaltung. Eine aus Venedig übernommene stadthistorische Ausstellung, die in Salzburg gezeigt wurde, ist willkommener Anlass, um prinzipielle Kritik anzubringen: „Die italienische Ausstellungskunst ist viel einfacher, natürlicher und seriöser, als manche unserer Messegestalter mit ihren Stangerln, gespannten Zwirnsfäden und gestreiften Fußböden uns glauben machen wollen." Solche Spitzen gegen geschmäcklerische Epigonalität finden sich im „Bau" immer wieder. Nicht alles, was aus heutiger Retro-Perspektive als zeitgeistiger Fifties-Charme gilt, erschien den damaligen Meinungsbildnern als ästhetisch wertvoll. Nostalgiker, so könnte man folgern, adeln gerne das Stereotype, weil es zeithältiger zu sein scheint als das Herausragende. Epochen werden letztlich an ihrer Normalität gemessen, an den Konturen des Durchschnittlichen.

* * *

Heute erscheint uns der Ringturm mit seinen 21 Geschossen als Sonderfall. Doch Zeitgenossen sahen das 25 Jahre nach dem „Hochhaus" in der Herrengasse ganz anders. Für den Redakteur des „Bau", und nicht nur für ihn, war das Hochhaus am Ring ein „Signal": „Nun schießen allerorten, mehr oder weniger begreiflich, Hochhäuser aus Wiener Boden." Allerorten? Dieser Ruf nach Ordnung angesichts drohenden vertikalen Wildwuchses lässt geradezu eine Hochhauswelle vermuten. Die hat es jedoch, wie wir wissen, nie gegeben.

Adolph Stiller hat in seinem Katalogbuch zur Ausstellung „Der Ringturm" (1998) auf diesen Widerspruch zwischen intensiver Diskussion und Scheitern in der Realisierung hingewiesen. In der Weltstadt-Euphorie der fünfziger Jahre gab es tatsächlich eine große Anzahl von Entwürfen für bis zu 30-geschossige Gebäude. Vor allem für Verwaltungszwecke empfohlen etliche Experten Bürotürme. Sogar der spätere Hochhausgegner Roland Rainer führte 1955 die betrieblichen Vorteile von Hochhäusern gegenüber breit gelagerten Gebäuden ins Treffen. Das Projekt Ringturm ist, so Stiller, „sozusagen durchgerutscht" und ist heute „einziger Zeitzeuge der Diskussion dieses Jahrzehnts". Alle anderen Vor-

DER BAU 9/10 1955

83

haben seien an der Hochhaus-Aversion der Stadtplanungspolitik gescheitert. Die Wiener Städtische Versicherung hatte als SP-naher Bauträger beim Sonderfall offenbar Einfluss auf Machthebel hinter den Kulissen.

* * *

Boltensterns Ringturm ist im „Bau" eine mehrseitige Text-Bild-Strecke gewidmet. Hingewiesen wird auf das funktionalistische Planungsprinzip, bei dem von der „Organisation des Parteienverkehrs und des inneren Betriebssystems" ausgegangen worden sei. Es findet sich kaum ein Wort zu Form oder Fassade, dafür gibt es detaillierte Beschreibungen von optimalen Raumtiefen und dem Bemühen um Übersichtlichkeit. Aus dem Text, er stammt vom Architekten, ergibt sich ein Primat des Inneren über das Äußere.

Erich Boltenstern hat sich offenbar mit modernen Büro-Layouts gründlich auseinander gesetzt. Er verweist auf die aktuelle internationale Tendenz, „große Arbeitssäle einzurichten". Neben Kleinbüros hat er „Gruppenarbeitsräume" mit bis zu 30 Arbeitsplätzen mit großen sprossenlosen Fenstern vorgesehen. Die jeweiligen Maße werden im Sinn eines „klaren Konstruktionsschemas" strikt vorgegeben. Als Strukturelemente gibt es flexible Trennwände aus Glas, ähnlich, wie sie heute wieder von Büroplanern empfohlen werden. Doch anders als heute, wo Kommunikation als hohes Ziel gilt, sitzen in Boltensterns Versicherungsbüros die Mitarbeiter brav hintereinander, mit Blick auf den Rücken des Vordermanns.

Ähnlich penibel beschreibt der Architekt die Sozialräume, war doch dem Bauherrn das „Wohl der Angestellten" ein besonderes Anliegen: 1.000 Sitzplätze im Speisesaal, ein Gymnastikraum, eine Mitarbeiterbibliothek, ein Fotolabor. Das Erstaunlichste jedoch, aus heutiger Sicht: Der prominenteste Raum, der gläserne oberste Stock, galt noch nicht als Penthouse-Privileg der Bonzen, sondern war den Mitarbeitern zugedacht. Diese sollten die „großartige Aussicht auf Stadt und Land" genießen. Geradezu lyrisch die dazugehörende Bildunterschrift: Die Umfassungswände „bestehen aus Glas und Aussicht".

* * *

Blitzblank stellen sich die Interieurs auf den Fotos dar: So trocken die Motive auch sein mögen – „Korridor", „Büro", Sitzungssaal" –, so spürbar ist der Wunsch nach Bezauberung. Ständig spiegelt sich etwas, zumindest am Bodenbelag. Magischer Realismus mit Gruß von Meister Proper.

Vor allem die Fotos bezeugen, wie akribisch Innenräume inszeniert wurden. Wichtige Mitspieler sind dabei die rhythmisierten Muster der Böden und die abgehängten Decken mit markanten geometrischen Rasterungen. Diese werden oft für raffinierte Lichtwirkungen genützt – versenkte Spots werden zum Sternenhimmel, Lichtbänder bewirken subtile Kontraste zwischen hell und dunkel. Alles sehr theatralisch, egal, ob es sich um Autosalons oder Besprechungszimmer handelt. Es geht um Stimmung, den rationalistischen Planungsprinzipien zum Trotz. Verschleierte Moderne, mitunter geradezu schummrig. Verhangen wie die gedämpfte Trompete im Cool Jazz. Das Indirekte als hohe Kunst.

Dass die Lichtregie so ins Auge sticht, hat mit der Brillanz der verwendeten Schwarzweiß-Fotos (unter anderem von Lucca Chmel, Maria Wölfl und Otto Gibian) zu tun. Sie betonen Licht/Schatten-Kontraste und geben auch banalsten Raumsituationen einen Hauch von Geheimnis. Es ist kein Zufall, dass Lucca Chmel als Theaterfotografin begonnen hat. Ihr Ehrgeiz habe darin bestanden, so erzählte sie einmal, mit mitgebrachten Scheinwerfern gutes Licht zu setzen. Stunden habe sie dafür gebraucht.

* * *

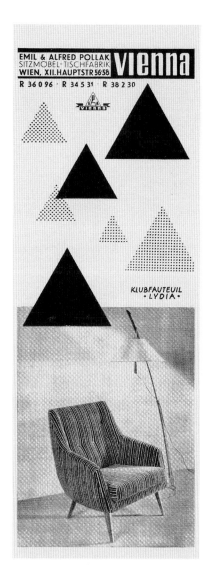

DER BAU 9/10 1955

Von „Wänden, die sich auflösen", ist einmal die Rede. Angestrebt wurden Räume mit möglichst immateriellen Begrenzungen und durchschimmernden Zwischenteilungen. Lamellen, Jalousiegehänge und Reihen von Stäben lassen die Räume ebenso atmen wie frei schwebende Treppen. Prä-Minimalismus. Vor allem Geschäfte und Pavillons präsentieren sich als Mini-Symphonien. In einem längst verschwundenen Autosalon von Karl Schwanzer wird auf einen „zweiseitig verspiegelten Pfeiler" verwiesen, der einen Ring mit Leuchtkörpern in Trompetenform trägt.

Erstaunlich ist die Adresse des Autosalons: Wien 1, Am Hof. Wir sind also in einer Zeit, in der Autos noch nicht an die Peripherie abgeschoben wurden. Sie waren exklusiv und wurden in innerstädtischen Chrom-Boutiquen angeboten.

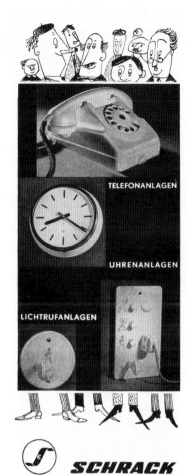

* * *

Wir kennen und schätzen die eklektischen Raumstimmungen und Show-Auftritte der fünfziger Jahre. Doch die oft simplen Tricks, mit denen sie evoziert wurden, sind uns kaum bewusst. Aus dem Fachblatt von 1955 erfährt man die Rezepte und das Vokabular, aus dem Raumtexte collagiert wurden. Es sind Rückübersetzungen von Wirkungen in banale Materie.

Zum Beispiel der Ausstellungspavillon von Artur Perotti: „Fußboden schwarz-weiß gestreifter Terrazzo mit Leichtmetallschienen, Wände oliv und zitronengelb, Decke dunkelbraun. Innenbeleuchtung durch Neonanlage hinter Plexiglasraster."

Zum Beispiel ein Portal eines Juweliers in Graz von H. K. Zisser: „Grauer Marmor und weißer Kunststein. Portalkonstruktion eloxiertes Aluminium."

Zum Beispiel eine Verkaufsfiliale für Geschäftskassen von Roland Starzen: „Boden: blaue Marley-Platten mit schwarzen Streifen auf Asphalt. Auslagenboden: rotes Linoleum. Einrichtung: Rustenholz matt. Fassade: Neonschriften auf Blechprofilen."

Aus solchen Rezepturen spricht die Freude an der Konstruktion von Imagination. So viel zur Nüchternheit der Nachkriegsarchitektur.

* * *

„Billiges Bauen, schnelles Bauen, rationelles Bauen, dauerhaftes Bauen, aber doch schönes und zweckmäßiges Bauen. Das sind Forderungen, die an Architekten und Baumeister der Gegenwart gestellt werden."

Eine Grundsatzerklärung? Ein Manifest? Nein, etwas viel Praktischeres, nämlich der Beginn eines Beitrags über neuartige „Stahlblechzargen". Diese seien „unbegrenzt haltbar" und würden auch in Österreich bald den hölzernen Türstock verdrängen. Prophezeit wird also ein Wandel von epochaler Dimension. Demnächst werde man bei der VOEST mit Großserien beginnen und die Gemeinde Wien sei bereits dazu übergegangen, bei „Großsiedlungen" Stahltürzargen einzusetzen.

„Versuche, die formale Sprache der klassischen Moderne als Sprache des Neubeginns im Österreich der Nachkriegszeit zu etablieren, waren zum Scheitern verurteilt. Welzenbacher scheint gespürt zu haben, dass eine Anknüpfung an den Optimismus der Vorkriegsmoderne formale Übung ohne gesellschaftliches Fundament geblieben wäre: Was er als Stunde Null zu interpretieren versuchte, war notwendigerweise der Anfang der Nachgeschichte des Faschismus. Die konservative Grundhaltung der Nachkriegszeit konnte daher wesentlich erfolgreicher von einer funktionalistischen Tendenz konterkariert werden, die in Österreich und Deutschland ihren Weg direkt aus den Planungsbüros der NS-Zeit in den Wiederaufbau fand."

Christian Kühn, Entweder, Oder. Oder dazwischen, in: Parnass, Sonderheft „Wegbereiter", Wien 2001, S. 97.

„In einer Zeit industriellen Bauens und beginnender Spekulation wird von ‚allgemeinen Regeln des Handwerks' gesprochen, werden ‚Feinformen gegen Trugformen' gestellt und die Abwegigkeit eines raschen Entwerfens angeprangert, bei dem ‚den Dingen willkürlich eine modische Form aufgezwungen' wird. Mit mönchischer Bescheidenheit wird an den Erfordernissen der Zeit vorbeisinniert, wird Ausgehungerten Entbehrung gepredigt, Armen Sparsamkeit propagiert, Sachlichkeit verlangt, wo Sinnenfreude begehrt ist. Die Chance des Jahrhunderts, für neue Bedürfnisse, für ein neues Leben, von der städtebaulichen Großaufgabe bis zum kleinsten Alltagsgegenstand die entsprechenden Formen zu finden, verendet in unfruchtbaren Skrupeln."

Angela Hareiter, „... Man sollte fleischfarben sein". Die Alltagskulisse bleibt, die Requisiten ändern sich, in: Liesbeth Waechter-Böhm (Hg.), Wien 1945 davor/danach, Wien 1985, S. 47.

DIE WIEDERAUFBAUÄRA IM RÜCKBLICK | EINE ZITATENSAMMLUNG VON GABRIELE KAISER

der BAU

Flughafen Schwechat
Siedlungen
Jugendheime

6 1960

Titelseite „Der Bau" 1960, Heft 6, Flughafen Schwechat, ARCHIV ERICH BOLTENSTERN

Feierliche Wiedereröffnung der
Wiener Staatsoper am 5. November 1955
FOTO VOTAVA

„VOM WIEDERAUFBAU DER STAATSOPER"
TEXTE DES ARCHITEKTEN AUS DEM JAHR 1955

ERICH BOLTENSTERN

Die Oper in ihrer alten Gestalt stand im Zeichen der Bauperiode, in welcher die Ringstraße geschaffen wurde. Wenn wir uns auch heute von den Ausdrucksformen, die damals die Grundlage allen Bauens waren, schon weit entfernt haben, so bewundern wir doch die Großzügigkeit dieser Anlage, die dem Stadtbild von Wien eine einschneidende und bestimmte Note gab. Von den Monumentalbauten, die die Akzente und Höhepunkte der Ringstraße bilden, haben wir immer die Oper am höchsten eingeschätzt. Sie ist ein Bau, der nicht nur das Zwiespältige des Stilchaos der damaligen Zeit am wenigsten verspüren läßt, sondern sie ist in ihrer Gesamtkonzeption so weit vorausschauend und genial angelegt, daß sie sämtliche Anforderungen, die ein derartiger Betrieb stellt, trotz aller Veränderungen im Laufe der Zeit erfüllt hat und sie nach der Katastrophe im Jahre 1945 beim Wiederaufbau innerhalb der erhaltenen Mauern alle Voraussetzungen für eine vollkommen neue Lösung aufwies. […]

Bei Kriegsende war das Haus eine schaurige Ruine. Die stark beschädigten Steinfassaden ragten mit leeren Fensterhöhlen in den Himmel, der Zuschauerraum und die Bühne waren völlig ausgebrannt. Aber wie durch ein Wunder waren die Eingangshalle und der anschließende, mit großem Ideenreichtum komponierte Stiegenaufgang, ferner das Foyer im ersten Stock und der kleine Vorsaal der Mittelloge fast unversehrt erhalten geblieben.

Als man an einen Wiederaufbau der Oper zu denken begann, zeigte sich alsbald die Problematik dieser Aufgabe. Wie sollte sie gelöst werden? Die Bevölkerung trug in ihrer Vorstellung ein Bild vom alten Zuschauerraum, und der Wunsch, diesen zu rekonstruieren, war begreiflich. Aber sollte man diesen Weg einschlagen, da doch vom alten Bühnen- und Zuschauerraum so gut wie nichts erhalten war? Wenn man aber eine ganz neue, freie Lösung anstrebte, wie war da wieder der Zusammenhang mit den erhalten gebliebenen Teilen der Eingangspartie herzustellen?

Ein allgemeiner und anschließend ein beschränkter Wettbewerb brachten keine Lösung. Schließlich entschlossen sich die maßgebenden Stellen, eine Lösung zu fordern, die das Erinnerungsbild des alten Zuschauerraumes in seinen wesentlichen Zügen bewahrte.

Mit der Aufgabe, den Wiederaufbau des Zuschauerhauses in diesem Sinne durchzuführen, wurde ich im Jahre 1948 beauftragt. Zwei neue Pausensäle im 1. Stock wurden von den Architekten Professor Ceno Kosak und Otto Prossinger geplant, und die Restaurierung der erhalten gebliebenen Räume besorgte das Bundesdenkmalamt.

Zunächst begann das Studium der alten Pläne. Nur mit größter Bewunderung kann ich hiebei der Erbauer des Hauses gedenken, die ein Werk von seltener Klarheit und Großzügigkeit schufen, das in seiner Funktion, in der Komposition und der fein empfundenen Detaildurchbildung vollkommen war. Je mehr ich aber in den Geist der Pläne eindrang, umso klarer wurde es mir, daß eine Nachbildung des alten Raumes gar nicht möglich war. Wenn man auch noch so gute Detailzeichnungen vom ursprünglichen Bau zur Verfügung

89

Zuschauerraum der Staatsoper 1938
FOTO LUCCA CHMEL, ARCHIV ERICH SCHLÖSS

**Zerstörter Zuschauerraum nach
Räumungsarbeiten 1945**
FOTO REIFFENSTEIN, ARCHIV ERICH BOLTENSTERN

Zerstörtes Operngebäude 1945
ARCHIV ERICH BOLTENSTERN

gehabt hätte, es wäre doch nur eine Schöpfung aus zweiter Hand geworden, die nicht hätte überzeugen können. Die Formen und Ornamente, die dem Geschmack der Menschen vor hundert Jahren entsprachen, hätten heute fremd gewirkt.

Welche Konsequenz war aus dieser Erkenntnis zu ziehen? Ließ sich eine Lösung finden, die auf einen Raum hinzielte, der ganz in den Formen unserer Zeit gestaltet wäre, ein Traum von Licht, Farbe und Form, ein Raum ganz frei von historischen Bindungen, rein funktionell durchgebildet? Manchen Versuch in diese Richtung habe ich unternommen. Alle diese Versuche scheiterten. Sie scheiterten nicht nur an der strikten Formulierung meines Auftrages, sie scheiterten auch, weil die Bindungen durch das Gegebene, durch die erhalten gebliebenen Teile des Gebäudes zu groß waren. Das hohe und verhältnismäßig enge Geviert der Umfassungsmauern des Zuschauerraumes erlaubte es nicht, eine amphitheatralische Anordnung der Plätze durchzuführen, wie man sie heute vielleicht bei einem Theaterneubau anstreben würde. Es verlangte hingegen ein Übereinanderstellen von Rängen, in diesem Falle noch fixiert durch die Niveaus der anschließenden, nicht zerstörten Stiegen, Räume und Gänge.

Bisher gibt es nur zwei vollkommene Lösungen im Theaterbau: das Amphitheater der Antike und das Logenhaus der Barockzeit. Die heutigen Versuche im Theaterbau tendieren

91

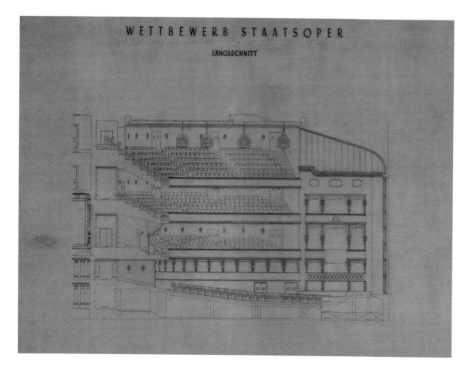

Erich Boltenstern, Wettbewerb Staatsoper,
Längsschnitt, 1947
ARCHIV ERICH BOLTENSTERN

Hilde Jesser, Entwurf Bühnenportal, 1953
ARCHIV ERICH BOLTENSTERN

Modell des Zuschauerraums mit Kammersänger A. Jerger, Anfang 1950er Jahre
FOTO HORAK, ARCHIV DER REPUBLIK

92

Blick auf die Ränge im Bau, 1953
FOTO REIFFENSTEIN, ARCHIV ERICH BOLTENSTERN

Modell des Zuschauerraums, 1955
FOTO PEZ HEJDUK 2005, MODELL IM BESITZ DER
WIENER STAATSOPER GES.M.B.H.

mehr zum griechischen Vorbild, unter besonderer Berücksichtigung des Zusammenhanges mit der Bühne.

Die Grundform des Logentheaters, das Hufeisen des Parketts mit übereinandergetürmten Rängen, wird heute weniger verwendet. Der Reiz dieser Gestaltung aber liegt in dem architektonisch geschlossenen Raumbild und darin, daß durch das Rund, in dem die Zuschauer angeordnet sind, eine Spannung erzeugt wird, die jenen Kontakt mit dem Geschehen auf der Bühne vermittelt und verstärkt, den die Darsteller zu einer gesteigerten Leistung brauchen.

Das alte Haus hatte die Form des italienischen Operntheaters, wenn auch durch das Einfügen der dritten und vierten Galerie das reine Prinzip des Logentheaters durchbrochen war. Alle vorgenannten Überlegungen führten dazu, bei dem Wiederaufbau des Zuschauerhauses die alte Grundform beizubehalten. So wurden denn für die Rekonstruktion der Ränge die alten Pläne von Van der Nüll und Siccardsburg verwendet. Die Kurvung der Hufeisenform war daraus ersichtlich, und sie wurde genau wiederhergestellt.

93

Montage des Deckenlusters, 1955
ARCHIV FIRMA LOBMEYR

Tageskassen, 1955
FOTO SCHERB, ARCHIV ERICH BOLTENSTERN

Wenn so das alte Prinzip wieder aufgenommen wurde, so hat sich im einzelnen doch vieles grundlegend verändert. Im alten Haus waren die Baumaterialien des Zuschauerraumes Stein, Eisen und Hohlziegel, die Brüstungen waren mit Blech verkleidet. Nach der Katastrophe zeigte es sich, daß diese Konstruktion dem Feuer nicht gewachsen war. Die Steinpfeiler waren geborsten, das Eisen verbogen, als ob es aus Draht gewesen wäre. Heute sind die Konstruktionen aus Stahlbeton, der weitaus feuerbeständiger ist. Dieses Material erlaubte es auch, die vierte Galerie völlig freitragend auszubilden, so daß die Säulen, die ehemals die Sicht behinderten, entfallen konnten. Der Wegfall der Säulen bedeutet allerdings auch eine einschneidende Änderung im Raumbild, da nun auch der Plafond des Zuschauerraumes freischwebend gestaltet werden mußte.

Die größte Änderung liegt aber in der formalen Gestaltung des Zuschauerraumes. So großartig die Raumkonzeption der alten Oper war, so weit sind wir heute von dem Detail der damaligen Zeit entfernt. Das Makart-Bukett ist eben überholt und verstaubt. Wir leben heute anders und haben andere Anforderungen an unsere Lebensgestaltung.

Mein Ziel war, einen festlichen, beschwingten und befreienden Raum zu gestalten, der in gewissem Sinne zeitlos wirken soll. Ob ich dieses Ziel auch nur annähernd erreicht habe, das kann erst das Publikum entscheiden, das in diesem Raum heimisch sein wird.

Spiegel im Rauchsalon
FOTO LUCA CHMEL, ARCHIV ERICH BOLTENSTERN

Marmorsaal, 1955
ARCHIV FIRMA BAKALOWITS

Im Gobelinsaal am Eröffnungsabend, 1955
FOTO VOTAVA

Blick in die Ränge am Eröffnungsabend, 1955
FOTO SIMONIS, ARCHIV ERICH SCHLÖSS

Erich Boltenstern 1955
FOTO HAUSMANN, ARCHIV DER REPUBLIK

Wiederaufgebaute Staatsoper, 1955
FOTO HAUSMANN, ARCHIV ERICH BOLTENSTERN

Es ist mir bewußt, daß meine Lösung außerhalb des Zeitgeschehens in der modernen Architektur liegt. Ebensowenig aber ist sie eine historische Rekonstruktion. Am allerwenigsten jedoch ist sie ein Kompromiß zwischen alt und neu. Ich empfinde meine Arbeit als Neugestaltung innerhalb eines gebundenen Rahmens, bei der ich zwangsläufig eigene Wege gehen mußte.

Eine stärkere Abstrahierung des Ornamentalen, die ich anstrebte, wurde vom Auftraggeber abgelehnt. Alle Formen, die ich für Gliederung der Architekturteile und zur Belebung der Flächen verwendete, sind so entwickelt, daß nur wenige Grundelemente auftreten. Sie bestehen aus profilierten Stäben und einer Blattform, die im ganzen Zuschauerhaus verwendet wurden.

Die Entwicklung dieser Formen entstand in jahrelanger Arbeit, und ich muß hier meinen Dank an Professor Robert Obsieger aussprechen, der mir bei Beginn meiner Studien als Bildhauer helfend zur Seite stand, und an Frau Prof. Hilde Schmid-Jesser, von der die endgültige Fassung stammt. Alle ornamentalen Details wurden von den beiden genannten Künstlern naturgroß modelliert. Ferner stand mir noch Bildhauer Ludwig Franta mit einer Reihe von Mitarbeitern zur Seite. Von ihm wurden alle Architekturdetails ebenfalls in naturgroßen Modellen hergestellt und an Ort und Stelle ausprobiert. Die Farben der Pfeiler und Brüstungen sowie des Plafonds und des Proszeniums sind Weiß und Gold, die Stoffe der Wandbespannung, der Vorhänge und der Bestuhlung rot. Aus akustischen Gründen wurde an allen Oberflächen möglichst viel Holz verwendet. Alle Handwerker, Tischler, Tapezierer, Schnitzer, Vergolder und Stukkateure haben ihr Bestes geleistet, denn die Oper ist ein Haus, das alle Menschen, die dort arbeiten, in ihren Bann zieht, die Handwerker und die Arbeiter ebenso wie die Männer, die an der Planung und Leitung beteiligt sind. Alle fühlen die Bedeutung, die das Opernhaus für Wien besitzt. So hoffe und wünsche ich, daß dieser Bau im kulturellen Leben Wiens und Österreichs seine Bestimmung erfüllen möge.

Erich Boltenstern, Vom Wiederaufbau der Staatsoper, in: Der Aufbau, Nr. 11/1955, S. 429;
Erich Boltenstern, (ohne Titel), in: Festschrift zur Eröffnung des wiederaufgebauten Opernhauses,
hg. von Hermann Kralik, Bundestheater, Wien 1955, S. 27 f.; Erich Boltenstern, Wiederaufbau der
Staatsoper in Wien, Typoskript, undatiert, Archiv Erich Boltenstern.

Gestaltung des ersten Opernballs nach dem Zweiten Weltkrieg,1956
FOTO LUCCA CHMEL, ARCHIV ERICH BOLTENSTERN

Erich Boltenstern,
Planung neuer
Zuschauerraum,
ca. 1948
ARCHIV
ERICH BOLTENSTERN

„Aber es gibt gar keine ‚modernen' Opernhäuser!" erklärt Prof. Boltenstern, dem sich Prof. Kosak anschließt. Wohl sind in den vergangenen Jahrzehnten manche und darunter auch geniale Versuche, neue Wege zu gehen, bekannt, aber bisher ist davon wenig ausgeführt und erprobt worden. Alle Experimente, die von dem Schema der Guckkastenbühne und des Logen- und Rangtheaters loskommen wollten (wie auch Wagners Bayreuther Annäherung an das antike Amphitheater), sind daran gescheitert, daß sie sich für einen großen Teil des Opernrepertoires nicht eignen. Die Oper als Kunstform ist das Erbe einer anderen Zeit. Wenn man an neue Bauformen denkt, müßte gleichzeitig und unter Einwirkung des Regisseurs von dem Komponisten eine neue, zukunftweisende Opernform gefunden werden!

Die Guckkastenbühne ist veraltet, protestiert ein anderer Wettbewerber, Architekt Bakalowits, und kein Geringerer als Prof. Dr. Holzmeister hat sich mit seinem Projekt auf denselben Standpunkt gestellt. Seit Jahrzehnten, sagen sie, gehen ernstzunehmende Bestrebungen der modernen Musik dahin, sowohl die aus überholten sozialen Verhältnissen geborene barocke Form der Opernbühne als auch Wagners Illusionstheater zu überwinden, den „mystischen Abgrund" zwischen Publikum und Bühne aufzuheben und die letztere inniger mit dem Zuschauerraum zu verbinden. Der Wiederaufbau unserer Oper macht uns zur Pflicht, zu dieser Frage Stellung zu nehmen. Es war falsch, daß die Gestaltung des Bühnenhauses von der Bauleitung aus der Wettbewerbsaufgabe herausgenommen und rein technisch-praktischen Gesichtspunkten überantwortet wurde. Man hat über der Raumästhetik das Theater vergessen!

Was wird aus unserer Oper?, in: Film Nr. 23/April 1948

„Die in der Besatzungszeit geübte vorsichtige Zurückhaltung wich allmählich. Viele, die es zu Geld oder lukrativen Machtpositionen gebracht hatten, wünschten nun, Villenbesitzer zu werden. Geschäftstüchtige Architekten garnierten ihnen diese Einfamilienhäuser mit Stilelementen aus den Abfallkisten jüngst vergangener Epochen und gaben ihnen durch gelegentlich angewendetes blinkendes Metall den Anschein gepflegter Modernität. Kreditinstitute fanden ebenfalls für ihre Bauten und Filialen Architekten, die das durch Währungsreformen und -krisen erschütterte Vertrauen der Bevölkerung durch reichliche Verwendung von Marmor (auch Kunstmarmor) und respektable Fassaden wiederherzustellen suchten."

Sokratis Dimitriou, Die ersten Jahre nach 1945, in: Bau 1/1965, S. 15.

„Niemand kann behaupten, daß unser Wiederaufbau sehr phantasievoll in Szene gesetzt worden sei. Es gibt verschiedene berechtigte Entschuldigungen für diese Phantasiearmut. Nicht entschuldbar ist sie dann, wenn es eben bloß bequemer war, die angeblich bewährte Schablone anzuwenden."

Ferdinand Schuster, Architektur und Politik (Antrittsvorlesung, 1965), in: Ferdinand Schuster 1920–1972. Ein Gedenkblatt, Broschüre o. J., o. S.

DIE WIEDERAUFBAUÄRA IM RÜCKBLICK | EINE ZITATENSAMMLUNG VON GABRIELE KAISER

DER BAU

HERAUSGEGEBEN

UNTER MITWIRKUNG DER

ZENTRALVEREINIGUNG

DER ARCHITEKTEN

8. JAHR 1953 HEFT 5/6

WOHNHÄUSER

C · I · A · M

WOHNUNGEN

ÖSTERREICH IN DER WELT
EIN STAATSAKT 1955

HERBERT LACHMAYER

Die Wiener Staatsoper gehört zu den Fixsternen jenes kulturellen Planetariums „Österreich in der Welt", in dem die politischen, sozialen und künstlerisch-kulturellen Zeitenbrüche gleichsam zu einem Gewölbe von Traditionen zusammengewachsen sind – allen Einstürzen, Widersprüchlichkeiten und Paradoxien, welche die Kontinuität dieses Musiktheaters auch immer durchbrochen haben mögen, zum Trotz. Als *focus imaginarius*, als „geheimer Brennpunkt" gewissermaßen, von Herrschaftsrepräsentation, nationaler Identitätsstiftung, sozialer Hierarchie, aber auch von Gemeinschafts-Obsession höchsten Kunstgenusses bei Standing Ovations war und ist „große Oper" immer gesellschaftliche Inszenierung wie zugleich deren Selbstreflexion – vor und *hinter* dem Vorhang. Das Gebäude am Ring hat in der Aufeinanderfolge von Monarchie, Erster Republik, Ständestaat, Nazi-Regime, Nachkriegszeit und Zweiter Republik wesentlich zur nationalen Identitätsbildung wie auch zur Selbstdarstellung Österreichs nach außen beigetragen. Die Symbolkraft von Gebäude und Institution reicht noch immer weit über die Grenzen des Landes, genauso wie über den Kreis des eigentlichen Opernpublikums hinaus. Die repräsentative Fassade der Oper war mit ihrer Wieder-Errichtung nach dem Zweiten Weltkrieg auch zur „Fläche von Projektionen" österreichischer Kulturpolitik geworden und ist es geblieben. Im Grunde spiegelt die Symbolgeschichte des „Hauses am Ring" insgesamt die notwendige Identität Österreichs in ihrer nuancenreichen Vielfalt wider. Die Ideologiebrüche des 20. Jahrhunderts wurden in der hochdramatischen Geschichte des Hauses seit jeher mediatisiert und sind mit der „inszenierten Konstruktion" kollektiver Identitätsbewahrung und Werterhaltung verschmolzen – so, als wären die geschichtlichen Katastrophen gleichsam auf dem Spielplan gestanden. Kurz vor ihrem Ende noch setzte die habsburgische Monarchie – als könne man ihren absehbaren Zerfall aufhalten – auf die Oper als diplomatisches Instrument, indem plötzlich etwa das moderne tschechische Musikdrama forciert wurde: Durch die Wiener Erstaufführung von Leoš Janáčeks „Jenufa" im Februar 1918 wollte man offensichtlich ein gemeinsames Identitätsgefühl der Tschechen mit dem österreichischen Kernland aufrechterhalten.

Nach dem Ersten Weltkrieg musste die Wiener Oper als ehemalige k. und k. Institution um ihre neue Identität als „österreichische Oper" ringen. Mit der frischen Bezeichnung „Staatsoper" sollte sich der repräsentative Anspruch einer großen nationalen Kulturinstitution weiterhin behaupten – das Selbstbewusstsein der „Republik Österreich" sollte und wollte an der Bedeutung ihrer Kulturinstitutionen gemessen werden und nicht an ihrer vergangenen geopolitischen Relevanz. In diesem Umbruchsmoment österreichischer Geschichte mag die Legitimität der ehemaligen Hofoper als Brennpunkt für *gute Gesellschaft* schlechthin – zumindest für wenige „Geschichtssekunden" – in Frage gestanden sein.

Bei aller Repräsentation haben sich die Hofopern generell mit der sozialen Zusammensetzung ihrer jeweils angesprochenen wie schon etablierten Publikumsschichten seit ihrer

Aufräumungsarbeiten in der
Wiener Staatsoper, 1945
FOTO LUCCA CHMEL, ARCHIV ERICH SCHLÖSS

Entstehung sukzessive verändert. Fanden im 17. Jahrhundert die Vorstellungen noch in *geschlossener höfischer Gesellschaft* statt, öffneten sie sich seit der Mitte des 18. Jahrhunderts für ein zahlendes Publikum. Im 19. Jahrhundert bemächtigte sich schließlich das Bürgertum der Oper als eines Ortes profaner „Kunstreligion". In diesen „heil'gen Hallen" konnte das aufsteigende wie das aufgestiegene Bürgertum die „Pathosformeln" seiner Affektmodulationen und Erregungsstrategien *zusammen* mit einem adligen Publikum gleichermaßen exekutieren wie unterlaufen.

Der Antagonismus des Bürgers gegenüber dem Adel wie auch sein klassenspezifisches Autarkiebestreben waren in der *symbolischen Geborgenheit* der feudalen Institution „Hofoper" scheinbar egalisiert – schienen dem politischen Konfliktpotenzial enthoben, wenn nicht entrückt. Vor *oder* hinter dem Vorhang wurden traditionalistisch überkommene Wertvorstellungen als theatralische Inszenierung einer *realpolitischen Distanz* ausgetragen. Es herrschte ein „Geschmackskrieg" im Publikum – um die Akzeptanz konkurrierender ästhetischer Maßstäbe in Auffassungs- und Darbietungsmodi der Werke. Unmittelbar nach dem Ersten Weltkrieg wurde die Oper – wohl nicht nur in Wien – zur gesellschaftlichen Bühne für ein eher konservatives Publikum, das sich in der Rolle gefiel, den Gestus standesbewusster Identitätsfixierung repräsentativ auszuleben. Zugleich war die Wiener Oper, wie alle Hofopern und -theater, mit einer gravierenden Veränderung der Publikumsstruktur konfrontiert. Der Adel war substanziell geschwächt, das Bürgertum weitgehend verarmt – Opernbesuche konnten sich daher vor allem diejenigen leisten, welche von der Kriegswirtschaft zu profitieren gewusst hatten.

Am letzten Tag der Monarchie, am 10. November 1918, war Frank Schalk zum Direktor der „Noch-Hofoper" ernannt worden – auf dem Spielplan stand „Tristan und Isolde". Mit dem Fallen des Vorhangs ging buchstäblich szenisch die Monarchie unter. Tags darauf – Kaiser Karl hatte auf Krone und Reich verzichtet – wurde in der „Gerade-nicht-mehr-Hofoper" Gounods „Margarethe" gegeben. Am ersten Abend der neu ausgerufenen Republik, am 12. November 1918, hob sich der Vorhang für „Salome" von Richard Strauss, der im Jahr darauf zum Co-Direktor des Hauses berufen wurde. Schon am Spielplan lässt sich erkennen, dass der Krieg vorbei war: Es wurden die – ab dem Kriegsjahr 1915 verbotenen – Werke Puccinis wieder aufgeführt, und auch anderen, damals noch lebenden „Feindkomponisten" widerfuhr eine Renaissance. Die Uraufführungen konzentrierten sich auf die Werke lebender österreichischer Komponisten, die sich mit existenziellen Fragen einer sich demokratisch neu formierenden Gesellschaft auseinander setzten: sei es Franz Schrekers „Die Gezeichneten", Erich Wolfgang Korngolds „Die tote Stadt" oder „Der Zwerg" von Alexander Zemlinsky. Der nunmehr etablierte Richard Strauss spielte – ein verbreiteter Brauch unter komponierenden Theaterdirektoren – vor allem seine eigenen Werke: von „Feuersnot" bis zur „Frau ohne Schatten". Während seiner Direktionszeit schrieb der große Opernkomponist kein Musikdrama für die Staatsoper, er beschied sich mit Ballettmusik: „Josephslegende" und „Schlagobers". „Getanzte Religion" wie „Metaphysique à la carte" – vielleicht wollte Strauss mit dem Ballett „Schlagobers" die kulinarischen Nöte dieser Zeit apostrophieren.

Die extrem schwierigen wirtschaftlichen Verhältnisse führten zu einem Besucherschwund in Theater wie Oper. Politisch entgegengesetzte Interessengruppen der Ersten Republik gründeten „Besucherorganisationen", die ab Mitte der zwanziger Jahre erstmalig ein Publikum mittels kulturpolitischer Maßnahmen neu rekrutierten: Die „Kunststelle der Sozialdemokratischen Partei", die „Christliche Kunststelle", die „Deutsche Kunst- und Bildungsstelle", die „Volksbildungsstelle für die studierende Jugend", der „Zentralrat geistiger

Arbeiter" vergaben günstige Karten an ihre Klientel und organisierten auch eigene Opernabende. Das „Rote Wien" unterstützte Arbeitervorstellungen und aktualisierte gewissermaßen seinen eigenen Bezug zur Hochkultur – man denke nur an die zahlreichen lokalen sozialistischen Kulturvereine der zwanziger Jahre. Die Demokratisierung der ehemaligen Hofoper fand wieder als *geschlossene Gesellschaft* statt – wenn auch sozial neu formatiert. Allem voran standen die Arbeiterkonzerte unter Anton von Webern, die auch mit ihren konzertanten Opernaufführungen (jeweils in Ausschnitten) ihrer Zeit voraus waren.

Mit dieser Diversifizierung des Publikums wurden überkommene soziale Hierarchien relativiert und deren darin beanspruchte gesellschaftliche „Naturgegebenheit" vehement in Frage gestellt. Der *kultische Zauber* der Repräsentation einer spätfeudalen Gesellschaft, ihrer spezifischen Geschmacksallüre wich mitunter einer durchaus neuen republikanischen Haltung – gleichsam als profane Selbst-Transzendenz einer bürgerlichen Kulturgemeinschaft im individualisierten Kunstgenuss: Im opernhaften Repertoire der Selbstinszenierungen steht das Publikum unter dem Bann idolisierter Bühnenstars und unvergesslicher Maestros. Die Opernkultur der „Zwischenkriegszeit" reagierte nicht zuletzt auf ein gesellschaftliches Bedürfnis, sich der beengenden wirtschaftlichen Realität für die Dauer eines musiktheatralischen Abends zu entziehen. Doch waren es nicht nur eskapistische Sehnsüchte, denen das Publikum folgte. Ein auch über „schwere Zeiten" aufrechterhaltenes Ritual des regelmäßigen Opernbesuchs kann/soll die angeschlagene nationale Identität erneuern und wieder herstellen – zumindest in der Symbol-Pflege. Tatsächlich war das gedrückte, durch Arbeitslosigkeit und finanzielle Misere erschütterte und stark eingeschränkte Mittel- und Kleinbürgertum in vielerlei Hinsicht zur Innerlichkeit gezwungen. Daraus resultierte einerseits die Idealisierung nostalgischer Monarchiesehnsüchte, andererseits verleitete dies zur deutschnationalen „Flucht nach vorne". Die politischen Folgen sind bekannt.

Ernst Kreneks Wiener Erstaufführung von „Jonny spielt auf" zum Jahreswechsel 1927/28 führte zu massiven politischen Protesten – Deutschnationale mobilisierten mit Flugblättern gegen Kreneks Oper, Protestkundgebungen wurden organisiert. Als Nachfolger von Franz Schalk wurde der Dirigent Clemens Krauss 1929 Direktor der Staatsoper. In einem Jahr bürgerkriegsähnlicher Zustände in Österreich, 1934, unterzeichnete er seinen Vertrag zum Direktor der Oper „Unter den Linden", als Nachfolger Wilhelm Furtwänglers. Krauss zog es nach Berlin, verfügte er doch über beste Beziehungen zu den Nationalsozialisten. Bis Ende 1934 sollte er noch in Wien amtieren – es kam jedoch anlässlich einer „Falstaff"-Aufführung zur Konfrontation mit Teilen des Publikums, Zisch- und Pfeifkonzerte empfingen ihn. Die erbitterten Auseinandersetzungen im Februar 1934 waren auch hinter die Prunkfassade der staatlichen Oper gedrungen. Noch im selben Jahr wurde eine Aufführung der „Walküre" durch Stinkbomben von illegalen nationalsozialistischen Parteigängern gestört – Ziel des Angriffs war der jüdische Sänger Friedrich Schorr in der Rolle des germanischen Göttervaters Wotan.

Am 12. März 1938 erfolgte der „Anschluss" Österreichs an das „Dritte Reich". Schon zwei Wochen später, am 27. März, wurde die Staatsoper mit einem „Fidelio" unter Knappertsbusch wieder eröffnet – in bejubelter Anwesenheit von Reichsmarschall Hermann Göring. „Der Völkische Beobachter" beschrieb tags darauf die Programmwahl von „Fidelio" als ein „künstlerisches Symbol der Befreiung" wie folgt: „Fidelios Siegesfinale ist eine Prophetie, eine Vorahnung, fast möchte man sagen eine Vorwegnahme des Aufbruches der Nation im Deutschen Reich des 20. Jahrhunderts. Kein Wunder, daß sich die helle Begeisterung des festlich gestimmten Publikums gegen Schluß zu frenetischem

Jubel steigerte, wie ihn die schönsten Abende der Staatsoper nur ganz selten zu erleben in der Lage waren. Gleichlaufend mit der Handlung des Stückes erlebte man noch einmal die einzelnen Phasen und den endgültigen Sieg der nationalsozialistischen Revolution. Es war eine erhebende Befreiungsfeier, ein Gottesdienst zum Dank an den Schöpfer, der uns arme, kleine, gequälte Menschen mit dem Genie des Führers beschenkt hat." Auch das traditionsreiche Wiener „Neuigkeits-Welt-Blatt" stimmte am 29. März grundsätzlich in diesen nationalsozialistischen Grundton ein, sah jedoch in der Stoffwahl des „Fidelio" nicht – wie „Der Völkische Beobachter" – den „endgültigen Sieg", sondern die „unauflösliche Vereinigung" eines Volkes von Brüdern: „Er [Beethoven], der größte Freiheitskämpfer für Recht, Vaterland und Menschlichkeit, *am Rhein geboren und an der Donau gestorben*, er spricht es auch in Tönen und Worten aus, was die Sehnsucht unserer ganzen Heimat gewesen, die endliche, unauflösliche Vereinigung des ganzen Volkes." Sinnigerweise singt Rocco im Libretto von „Fidelio" die Zeilen: „Es sucht der Bruder seine Brüder, Und kann er helfen, hilft er gern."

Von der nationalsozialistischen Machtübernahme waren Personal- wie Repertoirepolitik der Staatsoper unmittelbar betroffen: Ihr künstlerischer Leiter Bruno Walter und viele andere Ensemblemitglieder wurden aufgrund der sofort in Kraft getretenen Nürnberger Rassengesetze gekündigt respektive fristlos entlassen. Von den zeitgenössischen österreichischen Komponisten waren für die Nazis nur mehr wenige aufführbar – etwa Wilhelm Kienzl, Franz Schmidt und Franz Lehár, dessen jüdischer Librettist Fritz Löhner-Beda am 4. Dezember 1942 in Auschwitz umgebracht wurde. Der von den nationalsozialistischen Machthabern aus Hamburg 1940 gleichsam abkommandierte neue Direktor Heinrich Strohm, ein Schulfreund von Goebbels, vertrug offenbar die „Wiener Luft" nicht, wurde deutlich „auffällig" und verfiel dem Größenwahn nach kurzer Amtsbetriebsamkeit – er wurde in der Städtischen Nervenheilanstalt „Am Steinhof" interniert.

In der Nazi-Zeit, als die Kunstkritik von der „Kunstbetrachtung" abgelöst wurde, gab es in der Regel nur zustimmende Kenntnisnahme der Aufführungen. Kritik in stärkerem Ausmaß war, wenn überhaupt, lediglich den unmittelbaren Publikumsreaktionen abzulesen – wie etwa bei der Ablehnung von Rudolph Wagner Regenys Oper „Johanna von Balk" (4. April 1941). Baldur von Schirach sah sich genötigt, die „Modernität" der von ihm protegierten Oper zu verteidigen. In einer „Kulturrede" – gehalten zwei Tag nach der Uraufführung – anlässlich einer Kulturtagung im Burgtheater wurde der Gauleiter deutlich: „Es ist beispielsweise falsch, zu sagen, die Tradition unserer Oper ist eine so gewaltige, daß es nicht angeht, ein junges, neues und damit umstrittenes Werk dort aufführen zu lassen. [...] Die Kunst ist eine zum Fanatismus verpflichtende Mission, sagt Adolf Hitler. Diese Mission erfüllen, heißt Dienst an jener großen Vergangenheit, die immer gegenwärtig ist, heißt aber erst recht Dienst an der Zukunft."[1]

Die Wiener Oper wurde vom Regime systematisch zum Kulturdienst an der nationalsozialistischen Eroberungsfront verpflichtet: 1939, nach dem Einmarsch in der damaligen Tschechoslowakei und ihrer partiellen Umwandlung in das „Protektorat Böhmen und Mähren", gastierte die Wiener Staatsoper zum „Tag des Großdeutschen Reiches" in Brünn und Prag; den jeweiligen militärischen Okkupationen von Holland (1940) und Ungarn (1944) folgte der Einsatz des Staatsopern-Ensembles als kulturelle Offensive. Der letzte Wiener Operndirektor während des Nazi-Regimes, Karl Böhm, trat im Frühjahr 1943 das Amt an – sein erstes Dirigat galt Wagners „Meistersingern von Nürnberg". Die letzte Vorstellung der Staatsoper im „Dritten Reich" fand wie die erste unter Knappertsbusch statt, Freitag, den 30. Juni 1944 – man gab Wagners „Götterdämmerung". Besonders wichtig ist, dass Wilhelm Furtwängler die Auflösung der Wiener Philharmoniker, durch persönliche Intervention bei Adolf Hitler, zu Kriegsende verhinderte – dadurch konnten auch die Partituren und das Orchestermaterial gerettet werden.

Die Staatsoper wurde am 12. März 1945 durch alliierte Brandbomben weitgehend zerstört. Nach der Befreiung am 30. April lautete der Aufmacher des „Neuen Österreich": „Die Oper beginnt". Schon am 1. Mai nahm das Ensemble der Wiener Staatsoper seinen Betrieb auf – zunächst in der Wiener Volksoper, mit Mozarts „Hochzeit des Figaro" unter Josef Krips. Am 6. Oktober übersiedelte die Staatsoper in das Theater an der Wien: Eröffnungsstück war wieder einmal Beethovens „Fidelio" – diesmal unter Josef Krips. Noch kurz zuvor wurden in der Unterbühne des Theaters an der Wien Champignonkulturen gezüchtet – eine wirtschaftliche Nutzung, die aufzugeben sich die Betreiber entschieden, doch vergeblich wehrten. Krips gelang es, dort ein einzigartiges und auch heute noch berühmtes Mozart-Ensemble aufzubauen, dem erst junge Sängerinnen und Sänger unserer Tage etwas Gleichwertiges entgegensetzen können. Die Wiener Staatsoper besaß gerade in Verbindung mit ihrem „Haus am Ring" einen derartig bindenden kulturellen Symbolwert, dass kaum etwas anderes die Rückkehr in die Normalität besser darzustellen geeignet war als ein funktionierender Opernbetrieb im angestammten Haus.

Wiederaufbau und geplante Eröffnung der Staatsoper für möglichst breite Publikumskreise war in der Zweiten Republik ein Anliegen aller politischen Lager. Die Oper als Hort traditioneller Hochkultur war auch den Mitgliedern der kommunistischen Partei ein *wirkungsvolles Symbol* für ein neu erstarkendes österreichisches Identitätsgefühl, wenn nicht gar Selbstbewusstsein. Der durchaus bürgerlich gebildete Wiener Stadtrat für Kultur und Volksbildung, Viktor Matejka, damals überzeugter Kommunist, hielt am 25. Juli 1945 einen Vortrag zum Thema „Was ist österreichische Kultur?". Darin trat er vehement für eine Öffnung der Kunstform Oper auch für die unteren sozialen Schichten ein. Der Beitrag, den gerade die Oper zur Neuformierung und Stärkung der viel zitierten „österreichischen Identität" leiste, rechtfertige den oft kritisierten hohen Aufwand des Opernbetriebs: „Aber es ist noch nicht österreichische Kultur, wenn diese Kulturgüter nur kleinen Minderheiten zugänglich sind. […] Ein Kunstwerk wie eine schöne Oper wird erst dann zur kulturellen Leistung eines Volkes, wenn aus der Minderheit der Besucher eine Mehrheit wird."[2]

Für die vier alliierten Besatzungsmächte bedeutete der Traditionalismus, insbesondere der der Wiener Oper – sowie ein damit verbundener Kultur-Konservativismus – im Nachkriegsösterreich ein erstes gesichertes Terrain für den kulturellen, aber auch sozialen Aufbau einer noch unbestimmten Zukunft. In den Programmheften der „Wiener Staatsoper im Theater an der Wien" wurde das Publikum dazu aufgerufen, für den Wiederaufbau der Oper, *unseres* „Hauses am Ring", zu spenden – mit nicht unbeträchtlichem Erfolg weit über die Hauptstadt hinaus. Den alten Glanz wiederherzustellen erschien weiten Kreisen nicht nur der Wiener Bevölkerung wichtiger und dringlicher als so manches andere – ja es kam fast einem existenziellen Bedürfnis nahe. Das „neue Österreich" sollte aus der Sicht seiner neuen Kulturpolitiker jedoch nicht so ganz nahtlos an die vergangenen Staats- und Gesellschaftsmodelle Monarchie, Erste Republik, Ständestaat und schon gar nicht an das Nazi-Regime anknüpfen, sondern zu seinem eigenen Stellenwert finden – aus dem geschichtlichen Befreiungs-Vakuum einer Stunde null. „Kultur" wurde unmittelbar nach Kriegsende als wichtiger Baustein zur „Konstruktion österreichischer Identität" erkannt – dem Zustandekommen derselben sollte mit dem politischen Beschluss gerade zum Wiederaufbau der Staatsoper nichts mehr im Wege stehen.

105

Das „Wiederaufbaukomitee – Oper und Burgtheater" vermerkte in einem Schreiben an die Finanzprokuratur vom 29. November 1946: „Der Untersuchung des juristischen Wesens des Komitees mag folgende Betrachtung als Grundlage dienen: Ausgangspunkt aller Maßnahmen zum Wiedererstehenlassen der zerstörten Häuser ist das Bestreben der zuständigen öffentlichen Dienststellen, diese Häuser möglichst bald wieder auf ihrem alten Platze spielfertig aufgebaut zu haben." Obwohl eine neue Oper trotz allen politischen Gerangels sehr schnell beschlossene Sache war, stand grundsätzlich eine wirkliche Neuorientierung des künftigen Betriebs nur bei wenigen der Verantwortlichen zur Debatte – im Zentrum des allgemeinen Interesses stand der Bau. Es sollte um einen möglichst originalgetreuen Wiederaufbau gehen, im Sinne einer Restaurierung zu „altem Glanz" und „alter Größe". Keine Experimente, wie etwa Erich Boltensterns demokratisierende Idee eines ausschließlich aus Rängen bestehenden Opernhauses; keine „neuen Wege" von architektonischer Modernität waren gefragt – in die „gute alte Zeit" sollte es gehen. Die „Wiener Zeitung" vom 3. August 1946 formulierte es amtlich: „Der Grundgedanke des Wiederaufbaues verfolgt die Ansicht, die Staatsoper ohne sklavische Nachahmung bis ins letzte Detail, doch in Anpassung an den früheren Bestand derart aufzubauen, daß der *alte Charakter* des Kulturbaues auch im Inneren tunlichst gewahrt bleibt." Das Vorhaben eines aus 19 öffentlichen Beamten bestehenden Opernbaukomitees wurde hingegen öffentlich kritisiert. Der Architekt Peter Kapsreiter, Präsident des Österreichischen Werkbundes, lehnte die Wiederherstellung der Oper im *alten Stil* als „ein Armutszeugnis für die schöpferischen Kräfte der österreichischen Künstlerschaft"[3] ab. Sein Kollege Friedrich Lehmann sah in der Frage eines „neuen Gesichts" der Oper „eine künstlerische, das heißt eine Weltanschauungsfrage. Sie von einem einzigen Standpunkt, dem konservativen, zu beurteilen, käme vielleicht in Betracht, wenn man imstande wäre, das Vergangene tatsächlich wieder herzustellen"[4].

Ab 1946 wurden mehrere Architekturwettbewerbe für den Wiederaufbau des Zuschauerraums ausgeschrieben. Schließlich erging der Auftrag an die Architekten Erich Boltenstern, Otto Prossinger, Ceno Kosak und Felix Cevela – sie wurden beauftragt, das Operngebäude in „seiner ursprünglichen Gestalt" zu renovieren und nur im Inneren behutsam zu modernisieren. Den Eisernen Vorhang sollte Rudolf Hermann Eisenmenger gestalten, der während der Nazi-Zeit unter anderem schon als rühriger „Präsident des Künstlerhauses" in Wien tätig gewesen war. Die Gesamtleitung des Wiederaufbaus oblag Boltenstern. Die Grundgestalt des Logentheaters, mit drei Logenrängen und zwei offenen Rängen (Balkon und Galerie) – nach den ursprünglichen Plänen von Sicardsburg und Van der Nüll – musste letztendlich beibehalten werden. Stiegenhaus und Schwind-Foyer wurden restauriert. Neu gestaltete Boltenstern den Zuschauerraum, die Stiegenaufgänge, die Publikumsgarderoben und die Pausenräume in den oberen Rängen (Balkon und Galerie). Da man sich für eine frei schwebende Deckenkonstruktion entschied, konnten die Säulen auf den Rängen weggelassen werden, für sie bestand keine statische Notwendigkeit mehr. Dadurch wurden die Sichtverhältnisse wesentlich verbessert. Kosak entwarf den Gobelinsaal, Prossinger und Cevela übernahmen die Gestaltung des Marmorsaals. Das Haus wurde dadurch verändert: Wo heute der Gobelinsaal ist, waren früher die einzelnen Direktionszimmer – auch das von Gustav Mahler. Im Marmorsaal auf der Operngassenseite befanden sich unter anderem die begehrten Dienstwohnungen. An den Auseinandersetzungen um die Entwürfe und Konzepte lässt sich der mentalitätsgeschichtlich gewachsene Konservativismus des „kulturellen Wien" gleichsam *empirisch* nachvollziehen, wenn es da heißt, der Architekt „habe ein Logentheater zu errichten und kein Rangtheater", welches eben Boltenstern als kulturbewusst sozial denkender Architekt in der Tat bauen wollte.

Der Wiederaufbau dauerte von 1948 bis 1955. Die Kosten waren gewaltig: Sie entsprachen fast einem Jahresbudget für den gesamten Wohnungswiederaufbau und betrugen an die 260 Millionen Schilling – nominell äquivalent zu 20 Millionen Euro. Die Gelder dafür wurden aus Steuermitteln und zu einem großen Teil aus privaten Spenden bestritten; finanzielle Unterstützung sowie Baumaterial lieferten auch die sowjetische sowie die amerikanische Besatzungsmacht. Im Dezember 1953 wurde für den Wiederaufbau eine Inlandsanleihe in der Höhe von 100 Millionen Schilling aufgelegt.

Nach langwierigen Verhandlungen wurde Karl Böhm mit 1. September 1954 die Leitung der wieder aufgebauten Wiener Staatsoper für zwei Jahre übertragen. Seine Bestellung war nicht unumstritten, war er doch nach Ende des Zweiten Weltkrieges mit einem zweijährigen Auftrittsverbot belegt worden. Allerdings hatte er sich schon ab 1948 erfolgreich um eine internationale Karriere bemüht. Es gab auch Bestrebungen, die Position des Operndirektors mit anderen Persönlichkeiten des internationalen Musiklebens zu besetzen, so etwa mit Erich Kleiber, der als großer Künstler schon immer auch erbitterter Gegner des Nationalsozialismus gewesen war. 1934 musste er aus Berlin fliehen, nachdem ihm verboten worden war, Alban Bergs „Lulu" herauszubringen.

Die große Eröffnungs-Gala warf ihre Schatten nicht nur in der österreichischen Presse voraus. Am „Tag davor" – dem 4. November 1955 – war unter anderem zu lesen: „Die Wiedereröffnung der Wiener Staatsoper wird auch im Ausland als kulturelles Ereignis von Weltbedeutung gewertet, dem z. B. die einflußreiche amerikanische Wochenzeitschrift Newsweek fast ihre ganze letzte Nummer gewidmet hat." Voller Stolz wurde der große Dirigent Dimitri Metropolous zitiert, der die Wiener Oper zur „vollkommensten Bühne" erklärte, welche die Welt je gekannt habe.[5] Am Vormittag des Eröffnungstages – des 5. Novembers – wurde in einem Festakt unter Mitwirkung des Bundespräsidenten Theodor Körner und der Bundesregierung sowie in Gegenwart zahlreicher ausländischer Ehrengäste aus Politik, Kultur und Wirtschaft die „Schlüsselübergabe" an Direktor Karl Böhm zelebriert; zu diesem Anlass dirigierte er das Vorspiel zu Wagners „Meistersingern von Nürnberg" sowie als Zugabe den „Donauwalzer". Und am Abend wurde die Staatsoper mit Beethovens „Fidelio" wiedereröffnet, in den Hauptpartien Martha Mödl und Anton Dermota. Böhm dirigierte eine Inszenierung von Heinz Tietjen mit Bühnenbildern von Clemens Holzmeister – die Kritik war in der Beurteilung des künstlerischen Ranges des Gebotenen recht geteilter Meinung. Diesmal hatte man Beethovens Oper „Fidelio" gewählt, weil deren Freiheitsbotschaft im Jahr der Unterzeichnung des österreichischen Staatsvertrages und des Abzuges der Besatzungstruppen besonders beziehungsvoll erschien. In der Figur des siegreichen „Ministers" wollte man möglicherweise die Politiker Raab/Figl wiedererkennen, war es ihnen doch gelungen, ein tragfähiges Abkommen mit den vier Siegermächten zum Vorteil Österreichs zu schließen. Das „brave" Österreich war exemplarisch verkörpert durch das redliche Ehepaar Florestan und Leonore. Herr und Frau Österreicher lauschten gebannt einer Geschichte von „Leiden", „Aufopferung" und „Befreiung" – *in Ergriffenheit vergessend*, von welch teuflischem Regime sie „erlöst" worden waren; sie gaben sich der Musik hin, die von einem dirigiert wurde, der gerade unter diesem Regime Karriere gemacht hatte.

Diese Feier einer kulturellen „Wiedergeburt Europas" war – und dies offensichtlich nicht nur in Österreich – begleitet von gewaltigen Verdrängungs- und Vergessensleistungen, zugleich versehen mit bestimmten Wiederholungszwängen. Dass gerade „Fidelio" an der

Wiener Staatsoper das Schreckensregime der Nazis für Österreich eingeleitet hatte und auch damals fast gleichlautend als „Symbol der Befreiung Österreichs"[6] gefeiert wurde, daran mochte sich nun niemand mehr erinnern. Sehr nachhaltiges Vergessen beschwor „Die Presse": „Vergessen und überwunden schien ihnen all das Tragische, das sich seit dem unseligen 12. März 1945 ereignet hatte, vergessen die Nöte bitterer und harter Jahre."[7] Das von der „Presse" beschworene „Tragische" meinte die Zerstörung der Oper und prononcierte damit diesen Zeitpunkt als den Beginn einer „schweren" Zeit für die Österreicher und Österreicherinnen: Das eigentlich Tragische vor dem Brand der Oper – Österreichs Okkupation durch das Nazi-Regime und die Schrecken des Zweiten Weltkrieges – war für die Journalisten der „Presse" nicht einmal erwähnenswert.

Nach dem großen Eröffnungserfolg gestaltete sich die Übersiedlung der Aufführungen vom Theater an der Wien in das „Große Haus am Ring" nicht besonders glückvoll. Karl Böhm dirigierte in dieser entscheidenden Zeit auffallend oft in Amerika. Die Wiener sagten: „Die einzig perfekte Aufführung der Staatsoper heißt ,Der Böhm in Amerika'." Nach seiner Rückkehr dirigierte er wieder einmal „Fidelio" und wurde mit Buhrufen und einem Pfeifkonzert empfangen – Böhm demissionierte am nächsten Tag.

Zurück zur Wiedereröffnung des Hauses. In der österreichischen Presse wurde sie als gleichsam *magischer Akt* beschrieben, in dem die „Tausende am Wiederaufbau Mitwirkenden" gemeinsam mit den „Hunderttausenden von Musikbegeisterten" in der ganzen Welt „jenen *imaginären schwingenden Körper* [bilden], zu dem sich Staatsakt und Aufführung, Kunstwerke und Wiedergaben materialisierten" – so die „Südost-Tagespost" vom 8. November 1955. Der Kommentator pries die „*ungreifbare Aura* von Beglückung, Freude, Genuß, Können und auch [sich] Gönnen [...]". Zwei Aspekte waren, in so gut wie allen Berichten, von eminenter Wichtigkeit: *Österreichs Weltrang* und die *Involvierung aller Schichten* am Eröffnungsereignis – beide Sichtweisen sind im Kern Entgrenzungsphantasien. Zum einen wurde also die „interkontinentale Bedeutung" des Eröffnungsereignisses betont, verkörpert auch durch die zahlreichen internationalen Besucher – ein Ereignis, das *per se* „Weltgröße" symbolisierte, die für das Land nur auf diesem kulturellen Weg zu erreichen war. „Ein kleiner Staat hat ein großes Theater gebaut. Das ist ein stolzer Festtag nicht nur der Musiker und der Musikalischen, das ist ein Triumph des Geistes über die Trägheit des Geldes und der Kulturphrase. Hier ist eine Tat, über die die ganze Welt spricht", schrieb die „Neue Zeit" am 6. November 1955. Zum anderen wurde diese „internationale Feier"[8] gleichsam auch als „Jubelfest des ganzen Volkes" zelebriert. Die Trennung zwischen den mondänen Festgästen und den Zaungästen um die Oper herum wie auch den Hörern und Hörerinnen an den Radios wurde gleichsam symbolisch aufgehoben, schien überwunden in der Verschmelzung zu einem *kulturellen Körper*. Die Wiedereröffnung der Staatsoper schien die Projektionen *aller* wirksam zu bündeln: vom „großartige[n] Denkmal einer aufbauwilligen Demokratie"[9] bis zum „Symbol" und der „Dokumentation erfüllten Freiheitsstrebens".[10]

Die Ära Holender, in der die Staatsoper nicht nur zum bestdotierten Opernhaus der Welt mit „globaler Aura" geworden ist, sondern sich als permanent bespieltes Repertoire-Theater unter den Top Five behaupten kann, wirkt als qualitätsvoll-künstlerische wie als solid-ökonomische Wertschöpfung, „wie bestellt" zum 50. Jahrestag ihrer Wiedereröffnung nach dem Zweiten Weltkrieg. Ein großer Bogen scheint 1955 mit 2005 zu verbinden, der janusköpfige Neuanfang der Oper lässt sich mit dem allgemein gelobten Zwischenresultat 2005 jubiläumsgerecht zelebrieren. Das affirmative Fluidum, dass man sich damit auf gesichertem Terrain befände, was die Zukunft der Oper angeht, mag täuschen: Vielleicht drückt sich gerade in der Absenz einer Polemik gegen die Oper die Gefährdung ihrer ursprünglichen Existenzberechtigung aus. Der beste Garant für die gesellschaftliche Lebendigkeit und künstlerische Intensität der Oper war immer die virulente Tatsache, dass sie eine heiß umstrittene Kunstform war – und hoffentlich auch bleiben wird, sonst wäre sie nur noch ein apart exklusives Versatzstück einer gleichförmig globalisierten Medienkultur, in der eben auch Museales seinen Platz haben muss.

Was der Oper heute möglicherweise eine Zukunft eröffnen kann, ist ihre ureigene, von den digitalen Medien kaum überbietbare originäre *Multi-Medialität* von einst – respektive ihre „imaginative" wie „sinnlich-faktische" *Virtualität*. Das eine wie das andere hat sich damals im kollektiven Opern-Erleben des Publikums abgespielt und nicht in einer technologisch scheinbar verfügbaren „Möglichkeits-Simulation" virtualisierender Computerleistung.

Dennoch: Es würde einiges Experimentieren lohnen, die schon einmal so erfolgreich erfundene und konstruierte Oper noch einmal, sozusagen ein zweites Mal zu erfinden – auf Grundlage einer neuen Zusammenführung der heute wie damals vorhandenen Kunstformen, eingedenk ihrer je eigenen Geschichtlichkeit. Die bei Giovanni Battista Castis und Antonio Salieris einaktiger Buffa „Prima la musica poi le parole" (Uraufführung in Schönbrunn 1786) proklamierte Hierarchie von Musik und Wort wird vielleicht zu Unrecht so oft beschworen. Es wäre den Versuch wert, sich die Priorität in umgekehrter Reihenfolge zu denken. Auf diesem Weg könnte man sich der ohnehin hoch instrumentalisierten „Stimm-Sprach-Text-Relation" mit dem Befreiungsgestus durch Sprech-Singen nähern, wie es etwa auch Rapper tun – kunstvoll agierend im performativen Medium des Darstellens. Damit sei kein Rezept verschrieben, sondern dem Reflexions-Fächer aller „Analyse-Lamentos" zur Opernkrise – genau genommen eine Kunstform für sich – ein grenzenlos optimistischer Versuch entgegengesetzt, es mit der Oper noch einmal zu versuchen. Vielleicht sollte man mit dem Sammelsurium von Kommunikationskürzeln und dem oft ärmlichen Reichtum an Content-Vorräten (beides wirkt dennoch und immer auch inspirierend) beginnen, die heute „wortschriftlich" und „sprechsprachlich" als Kommunikations- oder E-Mail-Routine exekutiert werden. Aus vokalistischer Expression von Emotionen, Sprach- und Handlungssinn, mit musikalisch aktualisierten „Pathosformeln" könnte eine neue Art Musiktheatralik entstehen, eine „Oper von heute" – *low budget*, einfach, doch komplex, kritisch, aber lebensfroh. Selbst Inhalte von Wissenschaft wären als „knowledge on stage" opernwürdig. Will man auf diesem Weg weiterkommen, ist es unsinnig zu fragen, worin sich das künstlerische, poetische, sprachtechnische und organisatorische Berufsprofil eines Librettisten, einer Librettistin von heute ausdrücken könnte. Ein gutes Libretto findet seine Musik allemal – und oft genug weisen Experten und Expertinnen darauf hin, dass der Erfolg vieler zeitgenössischer Opern nicht an der Vertonung, sondern an unzulänglichen Libretti scheitert. Oder, wie es der in diesen Fragen gewiss kompetente Da Ponte zugespitzt hat: „The success of an opera depends, FIRST OF ALL, ON THE POET."[11]

1 Zitiert nach: Staatsoper, Heft 14, 1940/41. Für den Inhalt verantwortlich: Chefdramaturg Dr. Wilhelm Jarosch.
2 Viktor Matejka, Was ist österreichische Kultur?, Wien [1945], Selbstverlag des Verfassers.
3 Der Abend, 14. Jänner 1949.
4 Die Furche, 9. April 1949.
5 Kleine Zeitung, 4. November 1955.
6 Südost-Tagespost, 6. November 1955.
7 Die Presse, 6. November 1955.
8 Südost-Tagespost, 6. November 1955.
9 Neue Zeit, 6. November 1955.
10 Südost-Tagespost, 6. November 1955.
11 Lorenzo Da Ponte, An Extract of the Life of Lorenzo Da Ponte, New York 1819, S. 18.

109

„Die kaum überschaubaren Bauprobleme gaben gerade jenen Architekten eine Chance, die fähig waren, mit handfesten Konzepten und einem trivialen Architekturvokabular zu arbeiten. Diese Tendenz, möglichst schnell wieder normale Verhältnisse herzustellen, schuf ein experimentier- und architekturfeindliches Klima, mit dem die jüngere Architektengeneration konfrontiert war."

Friedrich Achleitner, Besser als ihr Ruf. Zur Architektur der fünfziger Jahre (1982), in: ders. Wiener Architektur. Zwischen typologischem Fatalismus und semantischem Schlamassel, Wien-Köln-Weimar 1996, S. 111.

„Der vorherrschende Baustil bei Neubauten (auch jenen, die nur als Entwürfe für einen der zahlreichen großangelegten Wettbewerbe entstanden waren) war ein Mischstil: ein Verschnitt aus erstens: der austrofaschistischen Sachlichkeit (z. B. am Stephansplatz), zweitens: dem nationalsozialistischen Provinzialismus (Wohnbau) und drittens: der sozialistischen Großstadtsehnsucht (Kultur- und Verwaltungsbauten wie das Museum der Stadt Wien, die Stadthalle oder der Ringturm), wobei die Ingredienzien je nach Bauplatz oder Bauzweck schwerpunktmäßig verschoben wurden."

Jan Tabor, Eine neue Großstadt aus den Trümmern 1945–1955, in: Das ungebaute Wien, Ausstellungskatalog, Wien 1999, S. 369 f.

DIE WIEDERAUFBAUÄRA IM RÜCKBLICK | EINE ZITATENSAMMLUNG VON GABRIELE KAISER

der BAU

2 1960

Denkmalpflege
Ausstellungen

Titelseite „Der Bau" 1960, Heft 2; Erich Boltenstern, wiederaufgebaute Wiener Börse, ARCHIV ERICH BOLTENSTERN

„ZUR ERGÄNZUNG UND STEIGERUNG SEINES WERKES"

ZWEI MITARBEITERINNEN VON ERICH BOLTENSTERN

VERONIKA PFOLZ

Erich Boltenstern arbeitete mit einer Reihe von renommierten Künstlern und Künstlerinnen zusammen. Beispielhaft sollen hier zwei Künstlerinnen vorgestellt werden, deren Tätigkeit im Architektur-Kontext heute eher in den Hintergrund getreten ist: Hilde Jesser-Schmid (1894–1985) und Gudrun Baudisch (1907–1982). Beide werden meist im Zusammenhang mit der Wiener Werkstätte genannt, obwohl sie daneben und danach ebenfalls viel geleistet haben – nicht zuletzt auf dem Gebiet der Wandgestaltung wie der Baukeramik, Mosaikkunst und Stuckdekoration. Mit ihren Arbeiten haben sie das Stadtbild mitgeprägt, teilweise existieren ihre Arbeiten – wenn auch quasi anonym – heute noch.

Hilde Jesser wurde am 21. Mai 1894 im slowenischen Marburg (Maribor) geboren. Sie besuchte die Kunstschule für Frauen und Mädchen in Wien und absolvierte von 1914 bis 1917 die Wiener Kunstgewerbeschule bei Oskar Strnad und Josef Hoffmann sowie die Fachklasse Bildhauerei bei Anton Hanak.[1] Bereits ab 1916 war sie Mitarbeiterin der Wiener Werkstätte, für die sie in den folgenden sechs Jahren unter anderem Spitzen, Stickereien, Druckstoffe und Tapeten, Dekore für Glas, Porzellan, Lederwaren und Gebrauchsgrafik entwarf.[2] Daneben schuf sie in dieser Zeit ihre ersten Wandmalereien, zum Beispiel für ein Gästezimmer beim Kunsthändler Nebehay im 13. Wiener Gemeindebezirk[3] oder 1924 für das Café Palmgarten in Wien. Ab 1922 unterrichtete Jesser als Assistentin von Carl Witzmann und danach von Eugen Steinhof bzw. Wilhelm Müller-Hofmann an der Wiener Kunstgewerbeschule, 1935 erhielt sie den Professortitel.[4]

Während der Zeit ihrer Lehrtätigkeit an der Kunstgewerbeschule nahm sie an mehreren Ausstellungen teil. Sie war an der Gestaltung der „Ausstellung von Arbeiten des modernen Österreichischen Kunsthandwerkes" im Herbst 1923 beteiligt und erhielt in einer Besprechung für ihre Wandmalerei viel Lob: „[…] eine bemerkenswerte Leistung moderner Ausstellungsregie bildet […] der große Mittelsaal, den die Assistentin Prof. Witzmanns, Hilde Jesser, mit anmutigen, in Wasserfarben ausgeführten Wandmalereien geschmückt hatte, die mit ihren duftigen hellgelben Schein-Vorhängen und dem von allerhand niedlichem Getier belebten Rankenwerk dem ganzen Raum ein sommerlich-heiteres Gepräge verleihen."[5]

Seit den zwanziger Jahren kam es vermehrt zur Gestaltung von Wandbildern. Dabei handelte es sich um das Aufgreifen und Fortführen einer volkstümlichen Tradition, die besonders in Österreich und Süddeutschland verbreitet war. Zugleich war damit auch eine politische Haltung verbunden: Die große öffentliche Wirkung von Wandbildern wurde einerseits als Demokratisierung der Kunst verstanden, andererseits wurde die Wandmalerei gerade wegen ihrer enormen Reichweite besonders vom Faschismus für Propagandazwecke instrumentalisiert. Unabhängig davon dienten (öffentliche) Aufträge zur Wandgestaltung der Arbeitsbeschaffung und verhalfen den Künstlern zu Einkünften auch in der Wirtschaftskrise der Zwischenkriegszeit.[6] Oft waren es die Architekten selbst, die dringend nach Malern suchten, die die neuen Räume farbig (mit-)gestalten sollten.[7] Erich Boltenstern selbst

Erich Boltenstern,
Innsbruck, Tiroler Landestheater, 1965–1967
ARCHIV ERICH BOLTENSTERN

113

Hilde Jesser, Wandmalerei im Café Palmgarten
in Wien, 1924
BÄRBEL KOPPLIN, EXPRESSIVE KERAMIK DER WIENER
WERKSTÄTTE 1917–1930, MÜNCHEN 1992

Hilde Jesser, Wandmalerei im Damenschlafzimmer
der Villa Heriot, Wien 2, Architekt Fritz Reichl, 1930
INNENDEKORATION 1934

formulierte dies Jahrzehnte später so: „Als Architekt ist man immer glücklich, wenn man Künstler findet, die man zur Ergänzung und Steigerung seines Werkes heranziehen kann und die sich in eine solche Aufgabe richtig einfühlen können."[8]

Hilde Jesser führte verschiedenste Arbeiten aus: Tapeten und Druckstoffe für Kleider und Dekorationszwecke für in- und ausländische Auftraggeber, Entwürfe für Zimmermaler, Schablonen und Glasdekore für Lobmeyr und Porzellandekore für die Augarten-Manufaktur.[9] Ihr Hauptinteresse galt aber „den großen dekorativen Aufgaben, nämlich der Wandmalerei und dem frei aufgetragenen Stuck". In Zusammenarbeit mit bekannten Architekten entstanden zahlreiche Wandmalereien für Wohnungen und Villen, die wiederholt publiziert wurden.[10]

Sie selbst zählte den Feuervorhang des Wiener Cabarets Moulin Rouge (1932) und ein renommeeträchtiges Sgraffito am von Oswald Haerdtl entworfenen Österreich-Pavillon der Weltausstellung 1937 in Paris zu ihren interessantesten Arbeiten – beide existieren leider nicht mehr.[11] Heute noch zu sehen sind eine Stuckdecke und ein Sgraffito an der Decke über dem Eingang in der Kirche St. Josef Sandleiten im 16. Wiener Gemeindebezirk.

1937 wurde Jesser von Clemens Holzmeister für die Wandmalerei im kleinen Konzertsaal (damals „Musikstudio") des Funkhauses der RAVAG in der Argentinierstraße in Wien 4 vorgeschlagen. Der Entwurf wurde 1939 ausgeführt[12], obwohl sie gleich im März 1938 von der nationalsozialistischen Schulleitung der Kunstgewerbeschule unter dem Keramiker Robert Obsieger vom Dienst enthoben und im Juli 1938 in den Ruhestand versetzt worden war, mit der Begründung, ihr Unterricht sei „im kunsterzieherischen Sinn mit den Richtlinien der Kunstbewegung der NSDAP nicht vereinbar"[13]. Wegen ihrer Pensionierung konnte sie vorübergehend keine Aufträge erhalten und überbrückte diese Zeit mit Kostümstudien in den Sammlungen der Österreichischen Nationalbibliothek.

Ab 1941 erhielt Jesser wieder Aufträge.[14] Sie entwarf eine figurale Stuckdecke im Musiksalon des „Ständehauses" in Saarbrücken und führte diese anscheinend zur größten Zufriedenheit der Auftraggeber aus, da sie ein Jahr darauf mit einer Wandmalerei für den Wintergarten desselben Hauses betraut wurde. Ein weiteres Projekt 1942/43, eine große Wandmalerei mit Wiener Veduten für eine Hotelhalle in Krakau, blieb unausgeführt. Die Künstlerin hat dies auf eine Anordnung des deutschen Generals in Krakau zurückgeführt, aber keinen Hinweis auf die Hintergründe gegeben.[15] In den folgenden Jahren war sie sowohl in Wien als auch in Deutschland mit Wandmalereien und Stuckdekorationen wie zum Beispiel für das Café Heinrichhof oder für das Theater in Metz beschäftigt.

Am 5. November 1944 wurde sie völlig ausgebombt, wobei Entwürfe und Arbeiten von über 20 Jahren verloren gingen. Sie verlegte ihren Wohnsitz nach Tirol, wo sie bald nach dem Krieg vom Tiroler Bundesdenkmalamt mit der Sicherung und Restaurierung von bombenbeschädigten Stuckdecken betraut wurde, zum Beispiel im Vestibül des Stiftes Wilten in Innsbruck.

1945 wurde Hilde Jesser wieder in Dienst gestellt und unterrichtete als Professorin an der „Angewandten" bis zu ihrer Emeritierung 1966. Darüber hinaus etablierte sie sich als Expertin für Stuck. Neben den Restaurierungsarbeiten vor allem in Kirchen im Auftrag des Tiroler Landesdenkmalamtes und Dekorationsaufgaben in großen Hotels sind vor allem ihre Arbeiten in Wiener Theatern zu nennen. Einem großen Publikum sind die 1954/55 in einer von der Künstlerin entwickelten speziellen Stucktechnik entstandenen Logenbrüstungen in der Wiener Staatsoper, der Stuckdeckendekor im Zuschauerraum sowie im Pausenraum des zweiten Ranges im Burgtheater aus derselben Zeit oder der Stuckdekor

Hilde Jesser, Entwurf für die Logenbrüstungen des Tiroler Landestheaters Innsbruck, 1965, Architekt Erich Boltenstern
ARCHIV ERICH BOLTENSTERN

115

Gudrun Baudisch,
Stuckdecke im Festsaal des Palais Atatürk in Ankara,
Architekt Clemens Holzmeister
FOTO JULIUS SCHERB, IN: CLEMENS HOLZMEISTER, BAUTEN,
ENTWÜRFE UND HANDZEICHNUNGEN, SALZBURG-LEIPZIG 1937

Gudrun Baudisch,
Terrakottafigur für den Innenhof
des Palais Atatürk in Ankara,
Architekt Clemens Holzmeister
FOTO JULIUS SCHERB, IN: OTTO WUTZEL,
GUDRUN BAUDISCH, LINZ 1980

der Pausenräume im Theater an der Wien aus dem Jahr 1962 vertraut, auch wenn wohl kaum jemand die Künstlerin namentlich kennt. Die Oper war Jessers erste künstlerische Zusammenarbeit mit Erich Boltenstern, den sie spätestens 1932 an der Kunstgewerbeschule kennen gelernt hatte.[16]

Eine weitere Zusammenarbeit Boltenstern-Jesser kam erst 1963 zustande. Im Zuge der Renovierung des Tiroler Landestheaters in Innsbruck entwarf Jesser die mit einem Mosaik kombinierte Stuckdecke und die Logenbrüstungen.

Die letzte öffentliche Arbeit Jessers entstand 1967, als sie ein Mosaik für das Mädchengymnasium Krems entwarf und selbst ausführte. Nach ihrer Emeritierung von der Hochschule für angewandte Kunst in Wien beschäftigte sie sich bis zu ihrem Tod am 22. Juli 1985 in Wien hauptsächlich mit Tempera- und Hinterglasmalereien.

Jesser hat in ihrem Lebenslauf festgehalten, dass ihr gerade die Restaurierungsarbeiten am barocken Stuck kurz nach dem Zweiten Weltkrieg sehr wichtige Erkenntnisse zu dieser fast verschollenen Technik gegeben haben. Ganz ähnliche Erfahrungen hat Gudrun Baudisch gemacht.

Leben und Werk dieser Künstlerin sind bereits umfassend dokumentiert und einem breiten Publikum nahe gebracht worden.[17] Daher braucht hier nur ganz kurz an die wichtigsten Stationen erinnert zu werden, bevor auf die Zusammenarbeit mit Erich Boltenstern eingegangen wird.

Gudrun Baudisch
ARCHIV ERICH BOLTENSTERN

Gudrun Baudisch,
Stirnwand des Verbindungsganges im
Gebäude des Wiener Vereins, Gartentrakt,
Mosaik aus Keramikblättchen, 1963,
Architekt Erich Boltenstern
FOTO BARBARA PFLAUM, IN: OTTO WUTZEL, GUDRUN
BAUDISCH, LINZ 1980

Gudrun Baudisch, Schilling-Wettbewerb,
Entwurf 1-Schilling-Münze, 1934
FOTO MAX EIERSEBNER, IN: OTTO WUTZEL,
GUDRUN BAUDISCH, LINZ 1980

Gudrun Baudisch wurde am 17. März 1907 in Pöls geboren. Nach ihrer Ausbildung 1921–1925 an der Kunstgewerbeschule in Graz bei Wilhelm Gösser (Bildhauerei) und Hans Adametz (Keramik) arbeitete sie ab 1926 für die Wiener Werkstätte.[18] 1930 machte sie sich selbstständig – in diese Zeit fällt auch ihre erste Zusammenarbeit mit Clemens Holzmeister: Für das von ihm entworfene Palais Kemal Atatürk in Ankara schuf sie Stuckarbeiten und vollplastische Terrakottafiguren.[19] 1934 erlangte Baudisch mit einem Entwurf große Verbreitung und zumindest indirekt Bekanntheit: Beim Münzwettbewerb errang sie den ersten Preis für die 50-Groschen- und die 1-Schilling-Münze. Der Entwurf, der die Ziffer 1 gekreuzt von zwei stilisierten Kornähren zeigt, wurde zum „legendären österreichischen Alpendollar".[20]

1936 übersiedelte Baudisch nach Berlin, wo sie schon 1930 Arbeiten am Erzbischöflichen Palais und der Kathedrale St. Hedwig ausgeführt hatte.[21] Dort entstanden mehrere größere Stuckdecken in Gebäuden der Wehrmacht sowie in den Botschaftsgebäuden von Italien und Spanien.[22] Baudischs Beziehung zum nationalsozialistischen Regime ist ungeklärt. Es ist nichts Genaues darüber bekannt, wie die erwähnten Aufträge zustande kamen oder ob und in welchem Ausmaß Baudisch politisch aktiv war. Bekannt ist einzig die Tatsache, dass Karl Heinz Wittke, seit 1940 ihr zweiter Ehemann, bis 1945 Offizier der Deutschen Wehrmacht war.[23] Außer in Berlin arbeitete sie unter anderem auch in Ostpreußen, wo sie für das 1935 umgebaute Reichsehrenmal Tannenberg eine Terrakottawand mit Emblemen der Luftwaffe ausführte.[24]

Ab 1945 lebte Baudisch mit ihrem Mann ständig in Hallstatt, wo sie bereits 1937 ein Haus erworben hatte, und gründete das Unternehmen „Keramik Hallstatt". Neben kommerziellen Stücken entstanden auch künstlerisch anspruchsvolle Werke, vor allem Köpfe und weibliche Torsi, wobei Baudisch mit neuen Techniken und Formen experimentierte. Mit ihren Keramiken fand sie große Beachtung, sie erhielt Auszeichnungen anlässlich der Triennale in Mailand 1964 und der XXIII. Internationalen Keramikausstellung in Faenza 1965.[25] Daneben geriet ihre Tätigkeit im architektonischen Kontext ein wenig in den Hintergrund. Doch gerade mit diesen Arbeiten sicherte sie das wirtschaftliche Überleben der Keramik Hallstatt. Erste Aufträge Anfang der fünfziger Jahre kamen aus Gmunden, Bad Goisern und Obertraun.

Wegen gesundheitlicher Probleme gab Baudisch die aufwändige und mühsame Stuckarbeit 1954 auf. Den Auftrag, unter der Leitung des Architekten Michael Engelhart an der Wiedererrichtung des Burgtheaters in Wien mitzuarbeiten und den Zuschauerraum zu gestalten, legte sie zurück. An ihre Stelle trat Hilde Jesser-Schmid, die das Grundkonzept von Baudisch übernahm.[26] Baudisch schuf aber weiter Werke im architektonischen Kontext und beschäftigte sich nun mit der Baukeramik.

Gudrun Baudisch, Stuckdecke der Kaserne der Wehrmacht, Berlin, 1937/38
FOTO DORA BARLEBEN, IN: OTTO WUTZEL, GUDRUN BAUDISCH, LINZ 1980

Eine erste Zusammenarbeit mit Boltenstern fällt in das Jahr 1962 im Zusammenhang mit dem Urnenhain Hallstatt. Nachweisen lassen sich Kontakte schon für 1947: Aus diesem Jahr hat sich eine Korrespondenz bezüglich einer Kooperation bei einem Grabdenkmal für Anton Wildgans erhalten. Wahrscheinlich hatte Boltenstern die Künstlerin bzw. deren Arbeiten aber bereits in den dreißiger Jahren über das Atelier Holzmeister kennen gelernt. Die nächste Zusammenarbeit erfolgte 1963: Für den von Boltenstern umgebauten Gartentrakt des Bürohauses des Wiener Vereins im 3. Wiener Gemeindebezirk schuf Baudisch ein Mosaik aus Keramikblättern, die sie zu einem Baum zusammensetzte. Sie griff damit auf das Motiv des Lebensbaums zurück, das in ihrem Schaffen große Bedeutung hat und erstmals 1935 beim von Oswald Haerdtl entworfenen österreichischen Weltausstellungspavillon in Brüssel auftritt, wo die Künstlerin eine Wand in Mörtelschnitt gestaltete.[27] Beim 1974 von Boltenstern gebauten Urnenübergaberaum des Friedhofs Südwest in Wien-Meidling entschied sie sich für einen Blätter-Flammenbaum, der in eine kreisrunde Scheibe in Weiß-Grau und Gold eingraviert ist.[28] Es folgten weitere Kooperationen mit Boltenstern für den Wiener Zentralfriedhof 1970–1972 sowie für das dortige Krematorium 1976.

Gudrun Baudisch,
Trinkbrunnen im Kurhotel Jodschwefelbad,
Bad Goisern, 1951/52,
Architekten Heinzle/Simony
FOTO MAX EIERSEBNER, IN: OTTO WUTZEL, GUDRUN BAUDISCH, LINZ 1980

Von einer weitreichenden Wertschätzung ihrer Kunst auch auf dem Gebiet der Baukeramik zeugt ein Auftrag in Saudi-Arabien[29], bei dem sie für ein Regierungszentrum in Riad Entwürfe fertigte. Nach der Ermordung König Faisals und dem Tod seines Nachfolgers kam es zu Differenzen zwischen dem Architekten Rolf Gutbrod[30] und dem neuen Bauherrn. Das Projekt wurde schließlich von einem französischen Unternehmen ausgeführt[31], die Entwürfe von Baudisch, die 1982 in Hallein starb, wurden nicht realisiert.

Wandgestaltung ist eine öffentliche Kunst. Sie wird wie die Architektur selbst Teil der Umwelt und im Lauf der Zeit im Alltag ausgeblendet und oft nicht mehr wahrgenommen. Dazu ist Wandgestaltung besonders von Zerstörung bedroht: Unmodern gewordene oder als unmodern empfundene Bilder können abgehängt werden, Wandbilder dagegen werden oft unrettbar devastiert – meist gleich zusammen mit dem Gebäude selbst. Man darf jedoch nicht vergessen, dass die Wandgestaltung – wie die Architektur selbst – etwas über das geistige und materielle Umfeld, in dem das gesamte Werk entstand, aussagt.[32] Sie stellt somit ein wichtiges historisches Zeugnis der Gesellschaft dar, das der Nachwelt erhalten bleiben sollte.

1 Studiengang, Archiv Universität für angewandte Kunst Wien.

2 Lebenslauf, Archiv Universität für angewandte Kunst Wien, nicht datiert, wohl kurz nach dem Krieg verfasst. Ein weiterer Lebenslauf aus dem Jahr 1980 befindet sich im Nachlass. Ich danke Frau Therese Karner für Auskunft und Erlaubnis zur Einsichtnahme.

3 Lebenslauf, Archiv Universität für angewandte Kunst Wien.

4 Ebd.

5 Hans Ankwicz, Ausstellung von Arbeiten des modernen Österreichischen Kunsthandwerkes Wien 1923, in: Deutsche Kunst und Dekoration 1924, Bd. 54, S. 19 f.

6 Vgl. Irene Nierhaus, Adoration und Selbstverwirklichung. Künstlerische und kunstpolitische Schwerpunkte an der Akademie der bildenden Künste von den Dreißiger Jahren bis Ende der Vierziger Jahre, in: Hans Seiger/Michael Lunardi/Peter Populorum (Hg.), Im Reich der Kunst. Die Wiener Akademie der bildenden Künste und die faschistische Kunstpolitik (Österreichische Texte zur Gesellschaftskritik, Bd. 50), Wien 1990, S. 65–158, 96 f.

7 S(tephan) S(imony), Schadet der Architekt dem Maler?, in: Profil 4, 1936, Heft 4, S. 173.

8 Erich Boltenstern, 20. Februar 1980, zit. nach: Otto Wutzel, Gudrun Baudisch. Von der Wiener Werkstätte zur Keramik Hallstatt, Linz 1980, S. 44.

9 Lebenslauf, Archiv Universität für angewandte Kunst Wien.

10 Vgl. Iris Meder, Offene Welten – die Wiener Schule im Einfamilienhausbau 1910–1938. Dissertation Universität Stuttgart 2001: Helmut Wagner-Freynsheim: Haus Auspitz (1929/30), S. 199 ff.; Fritz Reichl: Haus Heriot (1930), S. 335 ff.; Haus Kann (1930–1932), S. 339 ff.; Mehrfamilienhaus von Josef Vytiska (1933/34), S. 524 f.

11 Lebenslauf, Archiv Universität für angewandte Kunst Wien.

12 Vgl. Friedrich Achleitner, Österreichische Architektur im 20. Jahrhundert, Bd. III/ 1: Wien 1.–12. Bezirk, Salzburg-Wien 1990, S. 149 f.

13 Gabriele Koller, Die bildenden Künste: Über die Lehrbarkeit des Nichtlernbaren, in: Kunst: Anspruch und Gegenstand. Von der Kunstgewerbeschule zur Hochschule für angewandte Kunst in Wien 1918–1991, Hochschule für angewandte Kunst in Wien (Hg.), Salzburg-Wien 1991, S. 180–258, hier S. 216.

14 Noch ungeklärt ist, weshalb sie wieder arbeiten durfte, obwohl sie die dafür notwendige Bedingung, nämlich die Mitgliedschaft in der Reichskunstkammer, sofern die Unterlagen vollständig erhalten sind, nicht beantragt hatte – vgl. dazu Archiv der Berufsvereinigung der bildenden Künstler Österreichs, die als Nachfolgerin der Reichskunstkammer deren Unterlagen übernommen hatte. Vgl. Wladimir Aichelburg, Die Kunst der Berufsvereinigung, in: BV-Informationen I/95, hg. von Berufsvereinigung der bildenden Künstler Österreichs, Wien 1995, S. 15. Ich danke Herrn Karl Nowak, dem Leiter des Archivs der Berufsvereinigung der bildenden Künstler Österreichs.

15 Lebenslauf, Archiv Universität für angewandte Kunst Wien. Es dürfte sich um das Parkhotel gehandelt haben; der Architekt war Oswald Haerdtl. Vgl. Adolph Stiller, Oswald Haerdtl. Architekt und Designer 1889–1959, Salzburg 2000, S. 75–77 sowie Werkverzeichnis Nr. 164. Möglicherweise ist damit der Kunsthistoriker und SS-Obergruppenführer Kajetan Mühlmann gemeint. Er wurde von Göring ab Herbst 1939 als „Sonderbeauftragter für die Erfassung und Sicherung der Kunst und Kulturschätze" im polnischen „Generalgouvernement" eingesetzt; seine Frau Poldi Wojtek arbeitete 1941 in Krakau an staatlichen Aufträgen für Wandgemälde in einem Hotel. Vgl. Barbara Wally (Hg.), Künstlerinnen in Salzburg (Monographische Reihe zur Salzburger Kunst, Bd. 13), Salzburg 1991, S. 51. Vgl. zu Mühlmann: Irene Nierhaus, Adoration und Selbstverwirklichung, in: Hans Seiger/Michael Lunardi/Peter Populorum (Hg.), Im Reich der Kunst, Wien 1990, S. 96.

16 Bezeugt ist dies durch ein Dokument in der Sammlung der Universität für angewandte Kunst. Darin wird bestätigt: „Herr Prof. Dr. Strnad ist damit einverstanden, daß Frl. Grete Weiss in seine Klasse übertritt." In Vertretung Strnads und von Prof. Steinhof haben die jeweiligen Assistenten bzw. Hilfslehrer, nämlich Boltenstern und Jesser, am 22. Jänner 1932 unterschrieben. Vgl. Schülerbogen Grete Weiss, Schuljahr 1931/32 (Fachklasse Prof. Dr. Strnad), Sammlung und Archiv der Universität für angewandte Kunst in Wien. Ich danke Frau Silvia Herkt.

17 Vgl. Otto Wutzel/Elisabeth Michitsch, Gudrun Baudisch. Wiener Werkstätte, Keramik Hallstatt, Baukeramik, in: Parnass, 17. Jg., 1997, Heft 2, S. 72–78.

18 Otto Wutzel, Gudrun Baudisch, Linz 1980, S. 13 f.

19 Sabine Plakolm-Forsthuber, Künstlerinnen in Österreich 1897–1938. Malerei – Plastik – Architektur, Wien 1994, S. 223.

20 Otto Wutzel, Gudrun Baudisch, Linz 1980, S. 22.

21 Ebd., S. 24; vgl. auch Clemens Holzmeister, Bauten, Entwürfe und Handzeichnungen, Salzburg-Leipzig 1937, S. 17 f., 448, Abb. 53.

22 Otto Wutzel/Elisabeth Michitsch, Gudrun Baudisch, in: Parnass, 17. Jg., 1997, Heft 2, S. 76.

23 Ebd.

24 Otto Wutzel, Gudrun Baudisch, Linz 1980, S. 24. Das Denkmal wurde 1926/27 von Walter und Johannes Krüger errichtet und 1935 zur Ruhestätte des Generalfeldmarschalls Hindenburg umgebaut.

25 Otto Wutzel, Gudrun Baudisch, Linz 1980, S. 35.

26 Ebd., S. 32.

27 Ebd., S. 127.

28 Ebd., S. 48.

29 Ebd., S. 46.

30 http://deu.archinform.net/arch/1465.htm?ID=0QUHNNpXpy2I1cA1, Juni 2005.

31 Siehe Margot Dongus, Rolf Gutbrod. Studien über das Leben und Werk des Architekten (Wasmuth Hochschulschriften, Architektur, Bd. 1), Tübingen-Berlin 2002, S. 52.

32 Siehe Herlinde Molling, Erich Torggler 1899–1938. Dissertation Universität Innsbruck 2000, S. 127.

„Erst nach dem Zweiten Weltkrieg stellte sich durch die Kriegseinwirkung und durch die zunehmende Überalterung der Bausubstanz aus der Jahrhundertwende das Problem, was mit den alten Stadtgebieten passieren sollte. Weiterhin blieb die alte Struktur erhalten, nur die Häuser wurden erneuert. In Wien hat im Grunde erst Roland Rainer den Impuls gegeben, mit neuen Bebauungsformen nicht nur die neuen Stadtgebiete, sondern auch die Sanierung der alten zu bewältigen. Zeugnisse dieses Bestrebens sind beispielsweise die vier scheibenförmigen Wohnhochhäuser in der Vorgartenstraße, die die umliegende Bebauung durch ihre abweichende, von der Besonnung bestimmte Richtung unterbrechen. [...] Die Forderung nach zusammenhängenden Grünzonen zwischen den Baublöcken, das heißt nach der ,Zeilenbauweise', hat nicht zur Durchgrünung der Stadtlandschaft geführt, sondern dazu, daß die Häuser mehr als bisher isoliert dem Lärm und Wind ausgesetzt sind, ohne daß der freibleibende Raum viele Vorteile brächte."

Hermann Czech, Für eine neue Großstadt (1966), in: Zur Abwechslung, Wien 1977 (²1996), S. 42.

„Doch auch Wohnbauten und Siedlungen aus den fünfziger und sechziger Jahren haben, neben ihren Nachteilen, ihre guten Seiten und versteckten Vorzüge. Freistehende Zeilen im ,Abstandsgrün', die genau nach Himmelsrichtung ausgerichtet sind, eignen sich hervorragend für neue Anbauten wie Balkone und Terrassen und für passive Nutzung der Sonnenenergie an den besonnten Fassaden. [...] Der Stil der fünfziger und sechziger Jahre wird zunehmend modern und beliebt, Retrowelle und Ostalgie sind wirksam, der Kultfaktor (camp) und somit das kulturelle Kapital steigen."

Maja Lobek, Bestand re-modernisieren. Baustelle: Nachkriegsmoderne, in: dérive 19, Wien 2005, S. 23.

DIE WIEDERAUFBAUÄRA IM RÜCKBLICK | EINE ZITATENSAMMLUNG VON GABRIELE KAISER

der BAU

Bildhauer
Altersheim
Hotel
Verwaltungsbau

1 1959

Titelseite „Der Bau" 1959, Heft 1, Roland Rainer, Böhlerhaus, ARCHIV ERICH BOLTENSTERN

DIE RINGSTRASSE IM WIEDERAUFBAU
REPRÄSENTATIONSGEBÄUDE, AUTOSALONS, FUSSGÄNGERPASSAGEN

BARBARA FELLER

Die Wiener Ringstraße, mehrheitlich zwischen 1860 und 1890 errichtet, umfasst mit ihren anschließenden Bereichen, der so genannten Ringstraßenzone, etwa 800 Objekte. Von diesem Bestand waren bei Kriegsende 1945 etwa 20 bis 25 Prozent beschädigt. Die Beurteilung, wie schwerwiegend diese Beschädigungen waren und welche Optionen es für die Zukunft gab, variiert abhängig von zeitlicher Distanz und persönlicher Schwerpunktsetzung. Diesen unterschiedlichen Einschätzungen soll im Folgenden nachgespürt werden.

Zuerst fällt auf, dass die Ringstraße als geschlossenes Ensemble bei allen Überlegungen der ersten Nachkriegsjahre fast keine Rolle spielte. Lediglich der Bereich des Donaukanals mit den flächenmäßig schwersten Zerstörungen – wo sämtliche Brücken vernichtet und auch die anschließenden Baublöcke auf beiden Seiten schwer beschädigt waren – wurde als Neugestaltungszone begriffen. Für diesen Bereich, ebenso wie für Stephans- und Karlsplatz, wurde schon 1946 ein städtebaulicher Ideenwettbewerb ausgelobt. Die dabei prämierten Entwürfe – den ersten Platz hatten die Architekten Matthäus Schlager und Hans Steineder errungen, das innovativste Projekt von Lois Welzenbacher war auf dem sechsten Platz gereiht – wurden jedoch nicht realisiert. Gebaut wurden an beiden Seiten des Donaukanals mehr oder (meist) weniger qualitätsvolle Einzelgebäude, die kein Ensemble bilden.

Das hat mehrere Gründe: Einerseits fehlte eine gesetzlich Handhabe, um wirkungsvoll in private Besitzverhältnisse eingreifen zu können – obwohl eine derartige Möglichkeit im Rahmen der Enquete für den Wiederaufbau[1] vehement gefordert wurde und auch der Österreichische Städtebund im Herbst 1946 einen entsprechenden Gesetzesentwurf beschlossen hatte[2], kam es nicht dazu. Hinzu kam der wirtschaftliche Druck, der rasche Realisierungen erforderte. In dieser Situation griffen die Bauherren, oftmals Versicherungen[3], auf bewährte Planer zurück, die durch ihre Kenntnisse und Beziehungen eine problemlose Durchführung mit einer maximalen Rendite gewährleisteten. Zentral in diesem Zusammenhang scheint aber, dass es in den Erörterungen des ersten Nachkriegsjahrzehnts nur selten Aussagen zum Schutz städtebaulicher oder architektonischer Ensembles, insbesondere kaum für jene der Gründerzeit, gibt. Nur vereinzelt finden sich derartige Überlegungen, etwa in einem Vortragsmanuskript von Architekt Theodor Hoppe vom Staatsdenkmalamt (um 1946)[4], in dem er auf den kunst- und kulturhistorischen Wert der Wiener Altstadt hinweist. Darin spricht er von „Altstadt-Inseln", Straßenzügen und Häusern, mehrheitlich des 18., teilweise noch des 19. Jahrhunderts, deren Schutz eine spezielle Aufgabe im Rahmen des Wiederaufbaus darstellen müsse. Für diese Gebiete, etwa den Stadtteil zwischen Kärntner Straße und Seilerstätte mit Churhausgasse, Blutgasse, Grünangergasse und Franziskanerplatz oder das Gebiet um den Heiligenkreuzer Hof mit Bäckerstraße, Universitätsplatz, Sonnenfels- und Schönlaterngasse[5], formulierte er Richtlinien für einen sensiblen Umgang. Darunter findet sich die Forderung nach Einhaltung der alten Baulinien sowie der alten Gebäudehöhen bei Neubauten, nach Vermeidung

Erich Boltenstern/Kurt Schlauss,
Gartenbau-Komplex, Parkring, 1960–1962
FOTOS LUCCA CHMEL, ARCHIV ERICH BOLTENSTERN

123

Carl Appel,
Autosalon im Steyr-Haus, Kärntner Ring, 1955/56
(1987 durch Brand zerstört)
CARL APPEL, ARCHITEKT ZWISCHEN GESTERN UND MORGEN,
WIEN 1988

Carl Appel,
Steyr-Haus, Kärntner Ring, 1955/56
(1987 durch Brand zerstört)
CARL APPEL, ARCHITEKT ZWISCHEN GESTERN UND MORGEN,
WIEN 1988

aller typisch neuzeitlichen Fassadentechniken – Neufassadierungen seien „keineswegs in historizierendem Formalismus, jedoch unter rücksichtsvoller Bedachtnahme auf die alte Umgebung und Unterordnung unter ihren Charakter" vorzunehmen –, nach „Wiederherstellung von zerstörten Haustoren [...] sowie Fenstern als Kopien der alten, [nach] Verzicht auf alle sogenannten ‚Regulierungen', sofern sie mittels Straßendurchbrüchen und -verbreiterungen die städtebauliche Struktur [...] zerstören"[6]. Diese Überlegungen trugen aber wohl nur am Rande dazu bei, die Wiener Innenstadt nach 1945 vor radikalen Eingriffen zu bewahren. Ausschlaggebend waren die schon erwähnten privatwirtschaftlichen Eigentumsverhältnisse, das Fehlen von Kapital für groß angelegte Bauführungen, die Priorität für Sofortmaßnahmen, vor allem aber der weitgehend unausgesprochene Konsens – jenseits aller Erneuerungsrhetorik – eines gefühlvollen Umgangs mit der Substanz der Inneren Stadt.[7]

Ein Fachmann, der sich intensiv und mit großer Wien-Kenntnis in Artikeln und Texten mit der gebauten Zukunft der Stadt auseinander setzte, war Erich Leischner.[8] Er war als Architekt seit 1911 im Stadtbauamt beschäftigt und nach 1945 Mitglied der Enquete für den Wiederaufbau und Leiter der Abteilung Architektur. Damit war er über lange Zeit in verantwortlicher Stellung mit Fragen des Stadtbildes befasst. Differenziert und kompetent entwarf er Strategien für den Umgang mit zerstörten Einzelgebäuden, Häusergruppen, Blöcken und Stadtteilen. Am Rande kommt in seinen Empfehlungen auch die Ringstraße vor, etwa in einem Manuskript um Ende 1946, wo er sich gegen das schon in den dreißiger Jahren in Mode gekommene Abschlagen von Fassadendekor[9] ausspricht: „Nur sei nachdrücklich gewarnt vor dem in den letzten Jahren so beliebt gewordenen Vereinfachen und ‚Ausrichten' der Schauseiten. Es ist damit nur in ganz seltenen Fällen etwas Gutes erzielt worden. Meist treten nur die schlechten Verhältnisse noch krasser zu Tage."

Er plädiert dafür, die Vergangenheit, wenn sie auch mit den aktuellen Architekturvorstellungen nicht mehr übereinstimmt, als Ausdruck ihrer Zeit anzuerkennen und etwa „die Ringstraße [als] eine einmalige Leistung und ein Denkmal ihrer Zeit"[10] zu respektieren. Derartige Aussagen waren jedoch selten und überhaupt die theoretische Reflexion auf einem höheren Niveau als die gebaute Realität.

Was die Ringstraße betrifft, war der Blick primär auf die Wiederherstellungsarbeiten an den herausragenden Symbolbauten (Oper, Burgtheater, Parlament, Universität) gerichtet bzw. wurde sie im Kontext mit ihren „modernen" Veränderungen wahrgenommen. Während für die zentralen Repräsentationsgebäude ein allgemeiner Konsens für die Wiederherstellung im alten Stil vorherrschte und lediglich Adaptionen im Innenbereich als zeittypische Architektur – beispielsweise der Plenarsaal des Parlaments oder die Pausenräume der Oper – möglich waren, wurde die Verbauung der Baulücken kaum diskutiert. Aufmerksamkeit erlangte die Ringstraße durch ihre neuartigen Verkehrsbauwerke – die heute schon wieder altmodischen Fußgänger-Unterführungen. Als erste und großstädtischste von insgesamt fünf derartigen Passagen wurde die Opernpassage – gestaltet von Architekt Adolf Hoch mit 19 Geschäften und dem eleganten Café in der Mitte – am 4. November 1955 durch Vizebürgermeister Honay eröffnet. In Anwesenheit zahlreicher Ehrengäste und vieler Schaulustiger pries er dieses „Schmuckstück im Herzen der Stadt" als „Beginn einer zukunftsfreudigen Entwicklung".[11] Im Lauf der nächsten zehn Jahre folgten vier weitere Passagen, wobei im Jahr 1960 die Bauarbeiten für die zeitgleiche Errichtung von drei Fußgänger-Unterführungen (beim Schottentor – damals als „Jonas-Grotte"[12] bezeichnet –, bei der Bellaria und der heute als attraktive Location für unterschiedliche Veranstaltungen genutzten Babenberger-Passage[13]) für die „größte Baustelle Wiens seit Ende des Krieges"[14] sorgten. Die daraus resultierenden Behinderungen wurden jedoch nicht beklagt, sondern mit hoffnungsfrohem Mut für eine bessere, weil sicherere Zukunft wahrgenommen. Thomas Chorherr schrieb dazu am 12. Februar 1960 in einem Kommentar unter dem Titel „Wien im Umbaufieber" auf Seite 1 der „Presse": „Es geht darum, eines der Grundprinzipien moderner Verkehrsplanung in die Tat umzusetzen: die vielzitierte Entflechtung des Straßenverkehrs, der für alle Teilnehmer gleichermaßen gefährlich ist."[15] In diesem Geist der Trennung unterschiedlicher Verkehrsströme entstanden etwa gleichzeitig auch die Straßenbahn-Unterführungen der „Zweier-Linie", die Neugestaltung

Josef Vytiska/Felix Hasenöhrl,
Meinl-Haus, Kärntner Ring, 1954–1956
DER BAU 4/1957, ARCHIV ERICH BOLTENSTERN

Adolf Hoch/Wiener Stadtbauamt,
Opernpassage, 1955
FOTO MEDIA WIEN

des Pratersterns sowie die unterirdische Führung mehrerer Straßenbahnlinien, Ustraba genannt, im Bereich zwischen Südtiroler und Matzleinsdorfer Platz. Von diesen Bauwerken, die als zukunftsweisende Maßnahme für die Wiener Stadtentwicklung gerne und stolz auch ausländischen Gästen vorgeführt wurden, versprach man sich mehr Sicherheit für Fußgänger und Autofahrer, darüber hinaus fungierten sie als wichtige Marksteine auf dem von Wien angestrebten Weg, neuerlich Weltstadt zu werden.

Hier fand eine zentrale Idee der Moderne Eingang in den stadtplanerischen Diskurs der Nachkriegszeit: die Funktionstrennung unterschiedlicher Bereiche – insbesondere zwischen Wohnen und Arbeiten, aber auch die „Entmischung" ungleicher Verkehrsströme. Unter Punkt 5 der 14 Punkte, die als Ergebnis der Enquete für den Wiederaufbau formu-

Bau der Opernpassage, ca. 1954
FOTO MEDIA WIEN

liert wurden, hieß es: „Die Stadt muß entmischt werden, [denn] Vermischung bedeutet Chaos des Verkehrs und des Stadtrhythmus. […] Entmischung bedeutet Ordnung,
klare Verkehrsformen, besseres Wohnen und Arbeiten […], kurz: bessere Lebensbedingungen."[16]

Die Erfordernisse des Verkehrs standen generell stark im Vordergrund. Da konnten selbst
die Eröffnungen neuer Kreuzungen zu einem Medienereignis werden, etwa am 20. August 1958, als „unter großer Beteiligung der Bevölkerung […] die neugestaltete Ring-
turmkreuzung von Bürgermeister Jonas und Vertretern der Wiener Stadtregierung dem
Verkehr übergeben"[17] wurde. Der Autoverkehr wurde für die Ringstraße bestimmend.
Die Fußgänger wurden unter die Erde ‚verbannt' und die Geschäftslokale als Standorte

127

mondäner Autosalons zunehmend begehrter. Fast alle Marken waren hier mit großzügigen Repräsentanzen vertreten. Das bemerkenswerteste Gebäude war zweifellos der Firmensitz von Steyr-Daimler-Puch am Kärntner Ring.[18] Carl Appel hatte dafür 1955/56 einen von sieben konischen Innenstützpfeilern getragenen und an den drei Straßenfronten sprossenlos verglasten Schauraum geschaffen, der ungehinderte Blicke auf die ‚Objekte der Begierde' bot. Fortschrittsglaube und die Sehnsucht nach Neuem spiegelten sich wider. Das Neue Wien, als Weltstadt der Gegenwart und von morgen, dominierte bis Mitte der sechziger Jahre die (stadt-)mediale Publizistik – mit „modernen, hellen Wohnungen, Häusern inmitten von Grünanlagen, […] staubfreien Straßen, Brücken aus Stahl und Beton".[19]

Das Neue stand hier allerdings auf tönernen Füßen. Denn mit dem zunehmenden Einfluss konservativer Strömungen und der beginnenden Emigration führender Architekten hatte bereits lange vor dem März 1938 die Erodierung der Moderne eingesetzt. Die schleichende Ausgrenzung der Avantgarde führte zu einer allgemeinen Verunsicherung und dem Verlust fortschrittlicher Konzepte. „Selbst Architekten wie Lois Welzenbacher, Hans Steineder und viele andere sind durch den herrschenden Zeitgeist und die ihn begleitenden Sachzwänge ins Trudeln gekommen und, was eigentlich noch viel schlimmer und trauriger ist, sie konnten nach 1945 ihren einmal so hoffnungsvoll begonnenen Weg nicht mehr fortsetzen."[20]

Denn durch die retrospektive (Kultur-)Politik des Austrofaschismus und insbesondere die Vertreibung des Geistigen mit Emigration und Ermordung war eine große Lücke entstanden, die erst ab Beginn der sechziger Jahre allmählich wieder geschlossen wurde. Fast zwei Jahrzehnte war man in Wien von den internationalen Entwicklungen abgeschnitten gewesen, es kam daher zunächst zu einem Rückgriff auf zentrale ideologische Aspekte und architektonische Leitbilder aus der Zeit vor 1938, die durch die Verfolgung führender Persönlichkeiten durch die Nationalsozialisten quasi unbelastet war. Daraus ergab sich „ein gewisser Hang zur einfachen Anknüpfung an die Zeit vor 1938, zur Wiederbelebung des Vorgestrigen, nur deswegen, weil es nicht das Gestrige ist".[21] So waren es oftmals die Vorstellungen des Austrofaschismus, die – in den kurzen Jahren vor dem Anschluss angedacht, ohne damals mehr als eine oberflächliche Wirkung entfalten zu können – sich nun zu den mentalitätsprägenden Leitbildern entwickelten. Zentrale ideologische Versatzstücke – etwa der Versuch einer Homogenisierung der Gesellschaft oder die Etablierung eines Österreich-Bewusstseins – kamen den Bedürfnissen im Nachkriegs-Österreich sehr entgegen. Konfliktvermeidung stand an oberster Stelle, Extreme sollten umgangen werden – eine Strategie, die für die Stabilität des Landes durchaus erfolgreich war, deren Kehrseite aber auch der Rückfall, insbesondere Wiens, in die Provinzialität war.

Auch in der Architektur, wie in anderen Bereichen der Gesellschaft, waren es jene Persönlichkeiten, die bereits im Austrofaschismus wichtige Prestigeprojekte realisiert und zentrale öffentliche Funktionen bekleidet hatten – wie beispielsweise Max Fellerer, Oswald Haerdtl, Franz Schuster oder Erich Boltenstern[22] –, die auch nach 1945 tonangebend waren.[23] Sie waren nicht emigriert und andererseits auch nicht allzu offenkundig als NS-Sympathisanten bzw. -Funktionäre in Erscheinung getreten. Sie hatten in der Zeit des Nationalsozialismus ‚überwintert' – sei es als beamtete Architekten im Wiener Stadtbauamt, sei es als Lehrer an Akademie, Kunstgewerbeschule oder Technischer Hochschule, sei es mit Aufträgen privater Bauherren und/oder im Industriebau. Das Fehlen von neuen und tragfähigen architektonischen und städtebaulichen Leitideen begünstigte nach 1945 diese erprobten Fachleute, deren etablierte, wenig provokante Architektursprache schon

Carl Appel/Georg Lippert,
Opernringhof, 1955–1959
100 JAHRE ÖSTERREICHISCHE ZIVILTECHNIKER, 1860–1960
ARCHIV ERICH BOLTENSTERN

Max Fellerer/Eugen Wörle,
Plenarsaal im Parlament, 1955/56
BAU-SONDERHEFT ÖSTERREICHISCHE ARCHITEKTUR
ARCHIV ERICH BOLTENSTERN

Erich Boltenstern,
„Felderhaus",
Verwaltungsgebäude
der Wiener Städtischen
Versicherung,
Rathauspark, 1963
FOTO LUCCA CHMEL,
ARCHIV ERICH BOLTENSTERN

allgemeiner Konsens und daher leicht durchzusetzen war. Mittlerweile als typisch öster-
reichisch akzeptiert, symbolisierte diese Architektur in ihrer Sachlichkeit nach wie vor
Aufbruch und Fortschritt – gerade genug, um das Bedürfnis nach einem Neubeginn zu stil-
len.[24] So schrieb die „Weltpresse" 1950 anlässlich des Neubaus am Opernring 1: „Nach
neuen Plänen wird das Eckhaus […] wiedererrichtet. Die Fassade, deren Entwurf bereits
die Billigung des Bundesdenkmalamtes fand, wird nicht wie früher mit Balkonen, Erkern
und Stuckverzierungen überladen sein. Auch in diesem Entwurf kommt der schlichte,
aber doch eindrucksvolle Baustil zur Geltung, der sich jetzt allgemein durchgesetzt hat."[25]
So wurde das Changieren zwischen Tradition und Moderne, zwischen Geschichte und
Gegenwart, zwischen Rekonstruktion und Neuformulierung, zwischen Radikalität und
Machbarem zur bestimmenden Maxime der Baupraxis der Nachkriegszeit.

Erich Boltenstern war ein prototypischer Vertreter dieser Generation. Dank guter Beziehungen zu unterschiedlichen Auftraggebern konnte er nach 1945 zahlreiche Projekte an
und im Umfeld der Ringstraße realisieren: Ringturm, Gartenbau-Gebäude (gemeinsam
mit Kurt Schlauss), die Innenraumgestaltung der Oper, das Felderhaus neben dem Rathaus, die Adaptierung der Universitätsbibliothek und den Umbau der Börse (gemeinsam
mit Erich Schlöss). Neben ihm ist insbesondere auch Josef Vytiska[26] zu erwähnen, der in
unmittelbarer Nachbarschaft zur Oper das Meinl-Haus (gemeinsam mit Felix Hasenöhrl)
und das Mercedes-Haus (gemeinsam mit Wilhelm Hubatsch) sowie den Leopold-Figl-
Hof (anstelle des von der Gestapo als Wiener Zentrale benützen Hotels Metropole) und
das Hotel Capricorno am Franz-Josefs-Kai plante. Andere Architekten, etwa Michael
Engelhar(d)t, Ladislaus Hruska, Siegfried Theiß und Hans Jaksch, konnten nur einzelne
Objekte realisieren.

Ein besonders umstrittenes – von der damals jüngeren Architektengeneration heftig ab-
gelehntes – Gebäude war der Opernringhof, direkt gegenüber der Staatsoper. Der dort
1861–1864 nach Plänen von Theophil Hansen errichtete Heinrichhof, ein großstädtisches
Wohn- und Geschäftshaus, war 1945 teilweise ausgebrannt. Für die Wiedererrichtung
gab es mehrere Überlegungen, darunter auch die einer Wiederherstellung im alten Stil,
die sich jedoch (noch) nicht durchsetzte. Für den Neubau hatte vorerst Oswald Haerdtl
1951–1953 eine einreichfertige Planung ausgearbeitet, die nach mehrmaligen Grund-
stücksverkäufen jedoch nicht ausgeführt wurde.[27] Die neuen Grundeigentümer, mit der
Allianz wiederum eine Versicherung, gaben den Planungsauftrag an die Architekten Carl
Appel und Georg Lippert – und damit an zwei um 1910 geborene Architekten, die mit
ihren ersten Bauten[28] gleichfalls wichtige Prestigeprojekte im Austrofaschismus realisiert
hatten und die mit ihren zahlreichen eigenständigen Projekten die Wiener Architektur von
den fünfziger bis zu den siebziger Jahren entscheidend bestimmten. Ihr Projekt für den
Opernringhof gewährleistete eine maximale Rendite und entstand zu einer Zeit (1954–
1959), als wirtschaftliche Überlegungen und verkehrstechnische Erfordernisse noch die
entscheidenden Parameter für Bauaufgaben waren – und das ‚Neue' noch mehr Stellenwert hatte als die Wertschätzung für die Substanz und das Ensemble.

Erst ab Mitte der sechziger Jahre setzte ein Umdenkprozess ein, der langsam zu einer
Neubewertung der Gründerzeit und auch des Jugendstils führte.[29] Ausstellungen wie die
im Herbst 1963 zu Otto Wagner[30], insbesondere aber die große Festwochen-Ausstel-
lung „Wien um 1900", die im Sommer 1964 an vier Standorten gezeigt wurde[31], und die
zeitgleich dazu von der Arbeitsgruppe 4 (Wilhelm Holzbauer, Friedrich Kurrent, Johannes
Spalt) im Österreichischen Bauzentrum gestaltete Präsentation „Architektur in Wien um
1900" markieren einen Wendepunkt. Darin wurde die Gründerzeit, bis dahin oftmals mit

Erich Boltenstern/Erich Schlöss,
Wiener Börse, Wiederaufbau nach einem
Brand, 1956–1959
DER BAU 2/1960, ARCHIV ERICH BOLTENSTERN

Oper/Kärntner Ring
Steyr-Haus ganz rechts im Bild
FOTO FRED HENNINGS, VIENNA FROM THE AIR, 1959
WIEN MUSEUM

der negativ konnotierten Bezeichnung „Ringstraßenarchitektur" und als Ausdruck für einen „oberflächlichen Prunkstil ohne Originalität und Qualität"[32] abqualifiziert, nicht mehr primär mit verfallenden Zinskasernen und elenden Wohnverhältnissen gleichgesetzt, sondern als „letzte große Blütezeit österreichischer Architektur"[33] präsentiert.

Im Zuge dieser Renaissance der Gründerzeit verlor das Neue Wien an Glanz, die Ringstraßenzone gewann an Aufmerksamkeit und Wertschätzung, und es begann ihre Neu-Entdeckung als städtebauliches Ensemble. In einem Artikel in der Zeitung „Die Presse" setzte sich Friedrich Achleitner im Jänner 1966 äußerst differenziert mit der „Via triumphalis"[34] auseinander. Er beschreibt den Wandel in der Einschätzung dieser Architektur und konstatiert, dass „es uns leichter [fällt], die positiven Kräfte zu erkennen, Original und Kopie, schöpferische Leistung und oberflächliche Nachahmung zu unterscheiden". Ausgangspunkt seiner Beschäftigung mit der Ringstraße war allerdings nicht (kunst-)historisches Interesse, sondern ein großes Unbehagen mit den damaligen Neubauten. „Wir empfinden die Einheitlichkeit der Ringstraße heute zunächst durch jene Einbrüche, die durch Neubauten in unserer Zeit gemacht wurden. Erst seit die Ringstraße durch

131

Objekte einer viel rücksichtsloseren zweiten Gründerzeit entstellt und in ihrem Konzept bedroht wird, sehen wir die Notwendigkeit, uns mit ihr gründlich auseinanderzusetzen." Achleitner kommt zu dem Schluss, dass „schon manches verdorben wurde, [aber noch] vieles zu retten" sei. Explizit führt er den Ringturm, den Opernringhof und das Gartenbau-Gebäude als jene Neubauten an, die den Charakter der Ringstraße zerstörten. Aber auch das Felderhaus neben dem Rathaus mit seinem Versuch der (halbherzigen) Einpassung in das historische Ensemble hält er für ein unbefriedigendes Ergebnis. Gelungene Beispiele kommen in dem Artikel nicht vor. Als Lösung sieht er nur die Möglichkeit, „ein ‚ehrliches' neues Haus zu bauen und die Anpassung, außer dem städtebaulichen Volumen, vor allem dem Material und dem Einfühlungsvermögen des Architekten zu überlassen". Um zu bestmöglichen Projekten zu kommen, dürften die Planungsaufträge nicht weiter hinter verschlossenen Türen vergeben werden, notwendig sei vielmehr „eine Lösung der noch offenen Bebauungsfragen durch gut vorbereitete, qualitätsvolle Wettbewerbe. Die Bauherren, die noch in diesen Punkten zu bauen gedenken, sollen sich mit dem Geist der Ringstraße vertraut machen."

Der Artikel ist ein Frontalangriff auf die damals dominante Architektengruppe – auf jene Pragmatiker, die das Baugeschehen in den vorangegangenen 20 Jahren bestimmt hatten. Die Kritik an Architektur und Vergabepraxis des „Zweiten Wiener Ringstraßenstils" – diesen heute kaum bzw. als selbstverständlich wahrgenommenen, oftmals ungepflegten, im Zuge der Renaissance der fünfziger, sechziger Jahre aber auch zunehmend geschätzten Objekten eines naiv anmutenden Fortschrittsglaubens – zusammen mit der Renaissance des Idyllischen hat zur heute sorgfältig behüteten Innenstadt geführt: zum Welterbe, das an seiner einseitigen Fokussierung auf dem Vertrauten und auf Silhouetten in Konservierung zu ersticken droht.

Erich Boltenstern,
Ringturm, Schottenring/Franz-Josefs-Kai,
1955
ARCHIV WIENER STÄDTISCHE VERSICHERUNG

1 Die „Enquete für den Wiederaufbau der Stadt Wien" war bereits im Sommer 1945 von Bürgermeister Körner einberufen worden, um Kriterien und Prioritäten für den Umgang mit den Zerstörungen auszuarbeiten. Im Rahmen der Enquete diskutierten Fachleute unterschiedlicher Disziplinen – freischaffend oder im Dienst der Stadt Wien bzw. anderer Behörden stehend – von Juli 1945 bis Jänner 1946 grundlegende Themen zur Zukunft Wiens.

2 Mit diesem Gesetz hätte Gemeinden das Recht eingeräumt werden sollen, Grundflächen, die im Rahmen städtebaulicher Planungen für eine Verbauung in der bisherigen Form nicht mehr vorgesehen waren, zu enteignen, um sie diesen neuen höheren Zwecken zuzuführen; siehe dazu: Wien baut auf. Katalog zur gleichnamigen Ausstellung, Wien 1947, S. 136.

3 Die Wiener Städtische Versicherung beim Ringturm, etwas weiter stromaufwärts die Pensionsversicherungsanstalt der Arbeiter, die Bundesländer- und die Donauversicherung am anderen Donaukanalufer oder die Nordstern-Versicherung gegenüber der Urania.

4 „Die Denkmalpflege in der Anwendung auf das Altstadt-Straßenbild Wiens. Von Architekt Dr. Theodor Hoppe, Staatsdenkmalamt." Typoskript ohne Datum, etwa 1946, wahrscheinlich im Kontext der Enquete für den Wiederaufbau entstanden. Im Nachlass von Erich Boltenstern.

5 Insgesamt führt er sechs „Altstadt-Inseln" an.

6 „Die Denkmalpflege in der Anwendung auf das Altstadt-Straßenbild Wiens. Von Architekt Dr. Theodor Hoppe, Staatsdenkmalamt", Sperrungen im Original.

7 Ein erstes, wichtiges Projekt in diesem Zusammenhang war die Sanierung des Blutgassenviertels (Wettbewerb 1955, Realisierung ab 1960). Bis sich Sanierung und Revitalisierung auch außerhalb der Inneren Stadt durchsetzten, dauerte es bis Mitte der siebziger Jahre. Marksteine waren die Diskussionen um die Rauchfangkehrerkirche, den Erhalt der Stadtbahnstationen von Otto Wagner, die „Rettung" des Spittelbergs.

8 Zu seiner Person und seiner Zeit siehe: Amt Macht Stadt. Erich Leischner und das Wiener Stadtbauamt, Katalog zur gleichnamigen Ausstellung, hg. vom Architektur Zentrum Wien, Wien 1999. Mit der Neuorganisation des Magistrats wurden am 1. März 1946 wieder „Magistratsabteilungen" eingeführt, wobei die Abteilung Architektur nun die Nummer 19 erhielt. Siehe dazu: Das Wiener Stadtbauamt, Sonderdruck der Zeitschrift „der aufbau", Heft Jänner/Februar 1965, mit einem detaillierten Gliederungsschema der Dienststellen und der leitenden Persönlichkeiten.

9 Dieses Vereinfachen der Fassaden war durch den 1934 von der austrofaschistischen Wiener Stadtverwaltung geschaffenen Hausreparaturfonds finanziell gefördert worden; siehe dazu: Wien im Aufbau. Hausreparaturfonds, Wien 1937.

10 Erich Leischner, Wiederaufbau, Stadtbild und Bauberatung. Typoskript, im Nachlass von Erich Leischner bei Frau Dr. Jedina-Palombini.

11 Siehe http://www.wien.gv.at/ma53/45jahre/1955/1155.htm.

12 Die Presse, 11. 2. 1960, S. 5 f.

13 Als letzte Passage im Verlauf des Rings folgte im Jahr 1964 die gerade in Abbruch befindliche Albertina-Passage.

14 Die Presse, 11. 2. 1960, S. 5 f.

15 Die Presse, 12. 2. 1960, S. 1 f.

16 Zitiert nach: Wien baut auf. Katalog zur gleichnamigen Ausstellung, Wien 1947, S. 121.

17 http://www.wien.gv.at/ma53/45jahre/1958/0858.htm.

18 Das Gebäude wurde 1987 bei einem Brand zerstört.

19 Ausstellung „Unser Wien“, Rathaus 1954.

20 Friedrich Achleitner, Wiederaufbau in Wien, Innere Stadt, in: Liesbeth Waechter-Böhm (Hg.), Wien 1945 davor/danach, Wien 1985, S. 109.

21 Bystander (das Pseudonym war nicht auflösbar), Wiedersehen mit Wien, erstmals erschienen in: Österreichisches Tagebuch, Nr. 34, 23. 11. 1947, nachgedruckt in: Ursula Seeber (Hg.), Ein Niemandsland, aber welch ein Rundblick. Exilautoren über Nachkriegs-Wien, Wien 1998, S. 42.

22 Von Oswald Haerdtl stammten u. a. die Entwürfe für die österreichischen Pavillons auf den Weltausstellungen 1935 (Brüssel) und 1937 (Paris), seit 1936 war er Leiter einer Fachklasse an der Wiener Kunstgewerbeschule. Max Fellerer war 1934–1938 Direktor der Wiener Kunstgewerbeschule, Franz Schuster Anfang der zwanziger Jahre Chefarchitekt des Österreichischen Verbands für Siedlungs- und Kleingartenwesen und ab 1937 Leiter der Fachklasse für Architektur an der Wiener Kunstgewerbeschule.

23 Ein wesentlicher Vertreter dieser Kontinuität war Clemens Holzmeister, der einflussreichste Architekt aus der Zeit des Austrofaschismus, der nach seiner Rückkehr aus dem türkischen Exil 1948 wieder als Lehrer an der Akademie wirkte.

24 Die noch lebenden Vertreter der internationalen Moderne wurden in Österreich nach 1945 mit keinen wesentlichen Bauaufgaben mehr betraut, vielleicht aus Furcht, dass ihr kritisches Potenzial Diskussionen entfachen könnte, die einerseits den Verdrängungsprozess in Frage stellen, andererseits den schnellen Wiederaufbau behindern könnten.

25 Weltpresse, 24. 2. 1950

26 Josef Vytiska (1905–1986) war Schüler von Peter Behrens an der Akademie. Sein erstes großes Projekt war 1936 die Pfarrkirche St. Josef in Sandleiten. In der Folge realisierte er einige Wohnbauten für den gehobenen Mittelstand.

27 Die detaillierte Baugeschichte findet sich in: Adolph Stiller, Oswald Haerdtl. Architekt und Designer 1899–1959, Salzburg 2000, S. 129 ff.

28 Der Heinrichhof ist das einzige mir bekannte Projekt, bei dem die beiden Architekten zusammengearbeitet haben. Ihre Biografien weisen jedoch interessante Parallelen auf: Beide hatten Anfang der dreißiger Jahre bei Clemens Holzmeister an der Akademie studiert. Appel (geb. 1911), von der Kunstgewerbeschule kommend, von 1933 bis 1936, Lippert (geb. 1908) nach der Technischen Hochschule von 1931 bis 1934. Appels Debüt war die Errichtung des österreichischen Industriepavillons auf der Pariser Weltausstellung 1937, Lipperts erster Auftrag (gemeinsam mit Kurt Klaudy) die Pfarrkirche St. Hubertus und St. Christophorus im 13. Wiener Gemeindebezirk (1935/36). Beide waren in der Zeit des Nationalsozialismus mit Planungsaufträgen für Industrieanlagen und Werksiedlungen beschäftigt. Und beide konnten in der Nachkriegszeit mit ihren Entwürfen – pragmatisch und renditeorientiert waren – wichtige Planungsaufträge realisieren, zahlreiche davon an bzw. im Weichbild der Ringstraße. Da beide bis ins hohe Alter sehr aktiv waren – Lippert starb 1992, Appel 1997 –, lässt sich an ihren Werken auch die Wiener Architekturentwicklung 1945–1980 ablesen.

29 Das ambivalente und tendenziell negative Verhältnis zur Gründerzeit spiegelt sich sehr gut in den ersten Schutzzonen wider, die 1972 festgelegt wurden. Dabei wurden fast ausschließlich Ensembles aus dem 18. Jahrhundert bzw. dem Biedermeier als jene Bereiche definiert, in denen die „Erhaltung des charakteristischen Stadtbildes entsprechend seiner natürlichen Gegebenheiten, seiner historischen Strukturen, seiner prägenden Bausubstanz und der Vielfalt der Funktionen zu gewährleisten“ (siehe: http://service.wien.gv.at/wien-grafik/cgi-bin/legende?layer=15&tmpl=wo). Bei der Überarbeitung bzw. Neubewertung der Schutzzonen, die die Stadt Wien seit Ende der neunziger Jahre von Expertenteams und begleitet von einem Schutzzonen-Beirat durchführen lässt, sind zahlreiche Ensembles aus der Gründerzeit als Schutzzonen hinzugekommen, was die sich verändernde Wertschätzung dieser für Wien so entscheidenden Epoche der Stadtgeschichte zeigt.

30 12. Sonderausstellung des Historischen Museums der Stadt Wien.

31 Die Ausstellung „Wien um 1900“ gliederte sich in vier Abteilungen: „Malerei und Plastik“ (Secession), „Zeichnungen und Aquarelle“ sowie „Kunstgewerbe“ (Künstlerhaus) und „Druckgraphik – Buch – Plakat“ (Historisches Museum).

32 Friedrich Achleitner, Das Ende der Via triumphalis. Versteht Wien seine Ringstraße und was hat es mit ihr vor?, in: Die Presse, 29./30. 1. 1966.

33 Architektur in Wien um 1900. Sonderausstellung, Österreichisches Bauzentrum 1964, o. S.

34 Friedrich Achleitner, Das Ende der Via triumphalis, in: Die Presse, 29./30. 1. 1966.

„Ich glaube, daß die unmittelbaren Nachkriegsbauten sehr interessant sind. Die Mangel-erscheinungen dieser Zeit haben die Architektur geformt. Das Problem für mich sind eher solche Gebäude, wie z. B. der Heinrichhof, wo also Geld offenbar schon vorhanden war, aber der Mut zum Risiko gefehlt hat. Man wollte eigentlich international sein, aber man traute sich nicht recht. Ich empfinde es als Kompromiß-Architektur, nicht zu provo-kant, sondern ein bißchen lieblich."

Margherita Spiluttini im Gespräch mit Wolfgang Kos, in: Die Form der Zeit. Architektur der 50er Jahre, Ausstellungskatalog, Wien 1992, S. 5.

„Warum lebt eigentlich kaum noch jemand in einer echten, einer stilistisch typischen Wohnung der fünfziger Jahre? Ja, vielleicht jetzt wieder, vom Flohmarkt und dem Sperr-müll gerettete Einzelstücke, die archäologisch schick präsentiert werden. Darin liegt vielleicht die heute modische Entdeckung dieser Zeit begründet. Daß man wissen will, welche Träume und Formen die junge Zeit am Anfang hatte. […] Aber bei vielen bis heu-te die Ideen des Jahrzehnts umhüllenden und ausdrückenden Bauten wird zunehmend Geschichte vernichtet – und immer nur bei den architektonisch Besten von ihnen; weil man diese Architektur der fünfziger Jahre verdrängt, nicht zur Kenntnis genommen hat. Mit ‚Armut' stigmatisiert, wollte das reiche Österreich der späteren Jahrzehnte nichts mehr von ihr wissen."

Dietmar Steiner, Träume und Wirklichkeit, in: Die „wilden" fünfziger Jahre. Gesellschaft, Formen und Gefühle eines Jahrzehnts in Österreich, hg. von Gerhard Jagschitz/Klaus Dieter Mulley, St. Pölten-Wien 1995, S. 133 f.

DIE WIEDERAUFBAUÄRA IM RÜCKBLICK | EINE ZITATENSAMMLUNG VON GABRIELE KAISER

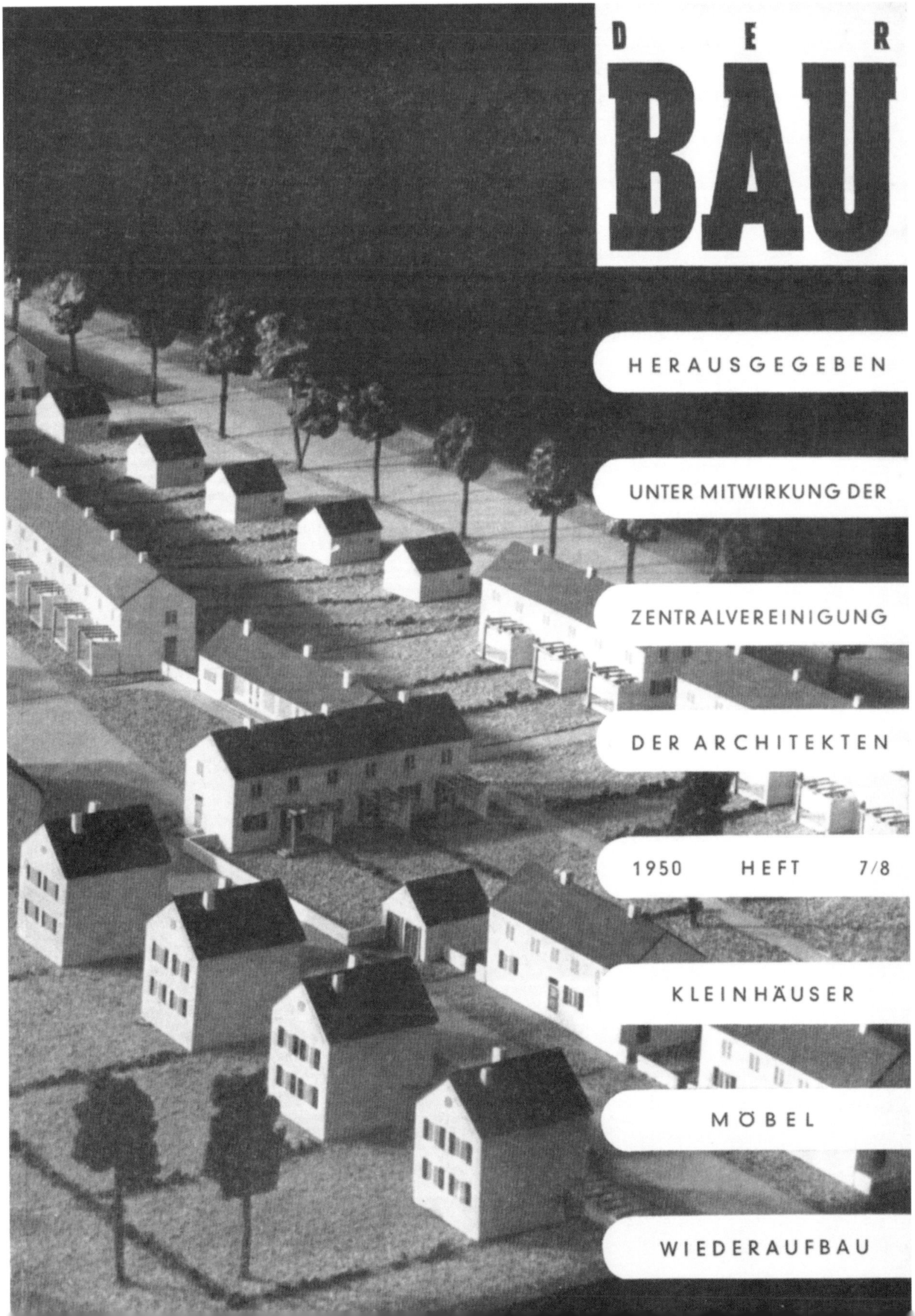
DER
BAU
HERAUSGEGEBEN
UNTER MITWIRKUNG DER
ZENTRALVEREINIGUNG
DER ARCHITEKTEN
1950 HEFT 7/8
KLEINHÄUSER
MÖBEL
WIEDERAUFBAU

Titelseite „Der Bau" 1950, Heft 7/8, Otto Mayr, Giessenbach-Siedlung, Innsbruck, ARCHIV ERICH BOLTENSTERN

Stefans-
platz

Erklärung der Zeichen zum Ciam-Austria-Plan (Eigentum Prof. Haerdtl):

A Singerhaus
B Haashaus

C Westfront

D Grabenvorbau   (der als Alternative gedacht ist)

E Thonetecke

F Innenhof

G Equitablehaus

H ~~Kurhaus~~ Churhaus

I Ueberbauung Goldschmidgasse

II Ueberbauung Jasomirgottstrasse

III Ueberbauund Brandstätte

IV Graben

V Kärntnerstrasse

VI Singerstrasse

VII Rotenturmstrasse

VIII Seilergasse

IX Churhausgasse

CIAM AUSTRIA
EINE CHRONOLOGISCHE SPURENSUCHE

MAJA LORBEK

CIAM: INTERNATIONALE POLITIK DES NEUEN BAUENS

CIAM – Abkürzung von „Les Congrès Internationaux d'Architecture Moderne" und mit dem deutschen Namen „Internationale Kongresse für Neues Bauen" – wird heute vorwiegend mit dem vermeintlichen Scheitern der „funktionellen Stadt" assoziiert und über das konfliktreiche, durch das Team X herbeigeführte Ende rezipiert. Dabei ist CIAM vor allem in Hinblick auf die spezifische kollektive Arbeit in Form eines „working congress" interessant, aber auch als eine Form politischer Bewegung von Architektinnen und Architekten. Das gesellschaftspolitische Engagement der meisten ihrer Protagonisten stellt ein konstitutives Element der klassischen Moderne dar. Wenn eine Vereinigung von Planenden Konzepte entwickelt, um Probleme des Urbanismus, des Wohnbaues und des öffentlichen Raumes zu lösen, und wenn diese Konzepte öffentlich vorgestellt und propagiert werden, so ist das politisches Handeln. Und dieses Prinzip ist bei CIAM von Anfang an präsent.

Die Rolle der österreichischen Architekturschaffenden blieb vom Gründungskongress in La Sarraz 1928 bis zum Ende des CIAM, dem letzten Kongress in Otterlo 1959, marginal, sowohl in der Assoziation selbst als auch beim Durchsetzen der Prinzipien des neuen Bauens im eigenen Land. Diese Randlage ist einerseits bedauerlich – als Resultat gibt es in Österreich sehr wenig spannende Architektur der klassischen und der Nachkriegsmoderne. Andererseits kann aber der Blick aus der Randlage auf die Zentren der Nachkriegsentwicklung durchaus aufschlussreich sein.

In der ersten Epoche des CIAM von 1928 bis zum Zweiten Weltkrieg überwog in Österreich die Skepsis. Die Partizipation der Österreicher vor dem Zweiten Weltkrieg war beschränkt auf einmalige Teilnahmen einzelner Architekten und Architektinnen. In der Nachkriegszeit wurde ein nationaler Verein gegründet – „CIAM Austria. Österreichische Gruppe der Internationalen Kongresse für Neues Bauen". Dessen Mitglieder waren auf dem internationalen Parkett zwar stets aufmerksame, interessierte Teilnehmende, aber keine Akteure an vorderster Front.

Welchen Einfluss hatte CIAM Austria auf die Planungs- und Städtebauideologien in der Nachkriegsmoderne? Welche Positionen innerhalb des „Neuen Bauens" vertraten österreichische Architekten und Architektinnen im Laufe des 20. Jahrhunderts? Diese Fragen könnte eine genaue Untersuchung über CIAM Austria klären. Alle Gegenbewegungen zum Modernismus im 20. Jahrhundert – von der Postmoderne bis zum Dekonstruktivismus – waren im philosophischen Sinne einfache Negationen. Sie blieben in relevanter Abhängigkeit von dem, was kritisiert wurde. Wenn wir also immer noch und immer wieder in der Moderne verfangen sind, dann kann man nicht wie Sam Jacob (fat architects, London) sagen: „I look in the mirror in the morning and I want to kill the modernist inside." Stattdessen sollte man sich diesen inneren Modernisten, diese innere Modernistin näher ansehen.

Wilhelm Schütte, Oswald Haerdtl,
Karl Schwanzer,
CIAM-Projekt für den Stephansplatz, 1948,
NACHLASS OSWALD HAERDTL, ARCHITEKTURZENTRUM
WIEN, SAMMLUNG

137

DIE „HEROISCHE PERIODE"

Als die Geschichte der Moderne in der Architektur gemacht wurde, am Anfang des 20. Jahrhunderts, waren Otto Wagner, Adolf Loos und Josef Frank wesentliche Impulsgeber der neuen Bewegung.

Alison und Peter Smithson publizierten 1965 „The Heroic Period of Modern Architecture". In diesem Artikel der Zeitschrift „Architectural Design" stellten sie einen Kanon relevanter Bauten auf, die in Europa zwischen 1910 und 1929 entstanden waren. Die Smithsons proklamierten, dass die heroische Zeit der Moderne in der Architektur 1929 geendet habe. Das erste Gebäude in der Publikation, datiert mit 1910, ist das Haus Steiner von Adolf Loos. Abgesehen von zwei Bauten von Lois Welzenbacher nahmen die Smithsons keine weitere moderne Architektur aus Österreich in die Liste auf. Natürlich stellt diese Publikation eine subjektive Auswahl dar. Dennoch ist das Fehlen österreichischer Architekturschaffender symptomatisch. Ähnlich ist es, wenn man die Organisation und die Kongresse der CIAM aus der österreichischen Perspektive untersucht.

1928–1937: SKEPSIS UND DISTANZ

Josef Frank und Adolf Loos waren zum ersten Treffen der CIAM im Schweizer La Sarraz 1928 eingeladen. Frank nahm am Gründungskongress teil und unterschrieb trotz einiger Skepsis die „Erklärung von La Sarraz". In Österreich organisierte er eine kleine Gruppe engagierter Modernisten: Oswald Haerdtl, Ernst Plischke und Walter Sobotka.[1] Josef Frank, der nicht an die Möglichkeit der kollektiven und konstruktiven Zusammenarbeit von Architekturschaffenden verschiedener Generationen, Nationen und Ansichten glaubte, verließ nach dem zweiten Kongress in Frankfurt am Main die Vereinigung. Die Tatsache, dass keine Gruppe zur Durchsetzung des architektonischen Programms des Neuen Bauens gebildet wurde, sowie eine „verfrühte Funktionalismuskritik"[2], gepaart mit der politischen Entwicklung der „finsteren Zeiten" führten in den dreißiger Jahren zu einer weiteren Marginalisierung und Provinzialisierung in der österreichischen Architektur. Julius Posener diagnostiziert für diese Epoche „eine Internationale des Nationalismus"[3].

An der Vorbereitung des zweiten CIAM-Kongresses in Frankfurt am Main zum Thema „Die Wohnung für das Existenzminimum" war auch Grete Schütte-Lihotzky beteiligt. Gemeinsam mit dem Architekten Eugen Kaufmann bereitete sie die Kongress-Ausstellung vor. Dafür sandten sie umfangreiche Fragebögen an die nationalen Gruppen der CIAM aus, mit Fragen nach dem Einkommen der Bewohner bis hin zu den Standards in Wärmedämmung und Schallschutz.[4] Die teilnehmenden Gruppen schickten Planungsvorschläge ein, diese wurden in Frankfurt bearbeitet. „In der Darstellung waren wir bemüht, das Problem stark herauszuarbeiten. Wir verzichteten bewusst auf alles, was vom eigentlichen Zwecke, nämlich vergleichbares Studienmaterial zu bieten, ablenkte – deshalb keine Ansichten, keine Fotos, keine Modelle oder eingerichtete Wohnungen, wie das bisher auf Ausstellungen üblich war. Wir zeichneten nur die Grundrisse […], Schnitte und Lagepläne, alle in möglichst einfacher Darstellung und in gleichen Maßstäben".[5] Der Versuch, eine effiziente Form der Kommunikation in der Darstellung zu finden, ist für CIAM typisch und von besonderem Interesse. Grete Schütte-Lihotzky und Wilhelm Schütte wurden 1928 CIAM-Mitglieder. Ihre Bekanntschaft mit Le Corbusier, Alfred Roth, Karl Moser, Sven Markelius und anderen führte 1947 zur Gründung einer österreichischen Gruppe.

Mit der Problematik der planlichen Darstellung befasste sich ein weiterer „österreichischer" Teilnehmer. Bei der bekanntesten CIAM-Tagung, dem vierten Kongress „Die Funktionelle Stadt" 1933, präsentierte Otto Neurath zusammen mit Marie Reidenmeister

Titelseite Alison und Peter Smithson, „The Heroic Period of Modern Architecture", Rizzoli, New York 1981

Erster CIAM-Kongress in La Sarraz, 1928
Josef Frank stehend ganz rechts
ARCHIV GTA, ETH ZÜRICH

seine „Wiener Methode" der Bildstatistik, die später als „Isotype" wesentlich die Entwicklung der modernen Grafik bzw. der Piktogramme beeinflusst hat. Am letzten Kongress vor dem Zweiten Weltkrieg, zum Thema „Wohnung und Erholung", nahm 1937 Walter Loos teil.

1947–1959: ENGAGIERTE PROVINZ

Die zweite CIAM-Periode, bald nach dem Kriegsende, begann für die österreichische Gruppe viel versprechend. Grete Schütte-Lihotzky fuhr bereits 1947 zum ersten Nachkriegskongress in Bridgwater in Großbritannien. Ein Jahr später konstituierte sich die österreichische Gruppe „CIAM Austria" als Verein. Zum Vorsitzenden wurde Oswald Haerdtl, zum Generalsekretär Wilhelm Schütte und zum Kassier Karl Schwanzer gewählt. Die Mitgliederliste umfasste die meisten Protagonisten der Nachkriegsmoderne in Österreich, darunter auch Erich Boltenstern – jedoch mit einigen Ausnahmen. Franz Schuster

139

beobachtete und wartete ab. Er erklärte, er habe „gewisse Hemmungen, der CIAM anzu-
gehören, da ich zu einigen ihrer Mitglieder in starkem Gegensatz stehe. Soweit sie in der
Gefolgschaft CORBUSIERS und anderer Architekten-Ästheten steht, vermehrt sie nur die
Verwirrung, die auf unserem Gebiete herrscht, und verhindert den Durchbruch zu einem
wahrhaft zukunftsvollen und sozialen Bauen"[6]. Diese Auffassung entspricht Schusters
Bewertung der modernen Architektur (und einiger ihrer kanonischen Werke) in seinem
1948 erschienenen Buch „Der Stil unserer Zeit". Darin findet man das „Falling Water
House" von Frank Lloyd Wright und das Haus Schröder-Schräder von Gerrit Rietveld in
der „wirren Welt der Trugformen".[7]

Die Gründung des österreichischen CIAM ging auf die Initiative des Ehepaares Schütte/
Schütte-Lihotzky zurück. Es waren ihre internationalen Kontakte und ihre persönliche Er-
fahrung mit dem Arbeiten im Kollektiv, die CIAM Austria hervorbrachten. Eine der ersten
Initiativen war das Projekt zur Gestaltung des Stephansplatzes, gedacht als kritischer
Nachtrag zu Planung der Stadt Wien bzw. zu den Wettbewerbsergebnissen. Es handel-
te sich um eine gemeinsame Arbeit von Oswald Haerdtl, Karl Schwanzer und Wilhelm
Schütte, die allerdings weitgehend auf die Autorenschaft Wilhelm Schüttes zurückging.
Mit diesem Projekt, publiziert 1949 in der Zeitschrift „Film", wurde bei CIAM die Praxis
der kollektiven Arbeit aufgenommen. Doch das Projekt blieb der einzige Versuch einer
Gruppenarbeit in der etablierten Kerngruppe.

In den frühen fünfziger Jahren veranstaltete die Gruppe einige Vorträge, Treffen und Ausstellungen. So fand zum Beispiel 1951 eine öffentliche CIAM-Tagung statt. Dabei erschien
auch ein Sonderdruck der „Charta von Athen". Erich Boltenstern war ein aktives Mitglied;
aus einem Brief von 1951 geht hervor, dass er bei einer CIAM-Tagung ein Referat über
Wohnungsbau halten sollte.[8] 1953 veranstaltete CIAM Austria im Wiener Museum für
angewandte Kunst eine Ausstellung „Neues Bauen in Österreich".

In der Korrespondenz des Vereins können immer wieder pessimistische und leicht resig-
native Anmerkungen über den Stellenwert des Neuen Bauens im Nachkriegsösterreich
nachgelesen werden, etwa bei Karl Schwanzer in einem Brief an den Österreichischen

Brief von Sigfried Giedion an Grete Schütte-Lihotzky mit der Einladung zur Teilnahme an der Delegiertenversammlung in Zürich (Vorbereitungstreffen für den ersten CIAM-Nachkriegskongress in Bridgwater, 1947)

NACHLASS WILHELM SCHÜTTE, ÖSTERREICHISCHE GESELLSCHAFT FÜR ARCHITEKTUR

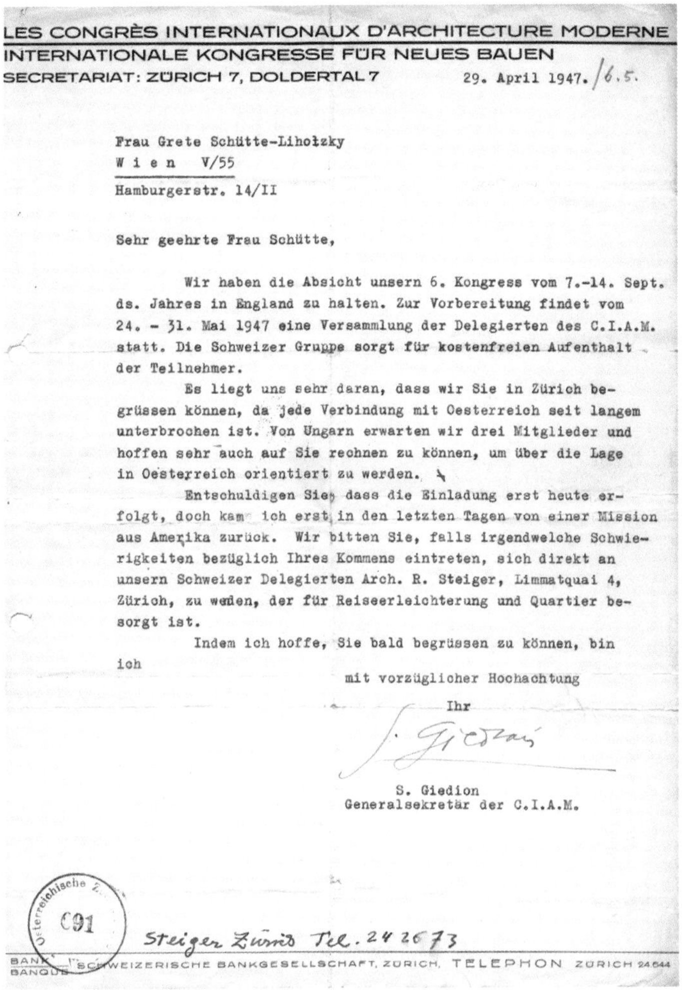

LES CONGRÈS INTERNATIONAUX D'ARCHITECTURE MODERNE
INTERNATIONALE KONGRESSE FÜR NEUES BAUEN
SECRETARIAT: ZÜRICH 7, DOLDERTAL 7   29. April 1947. /6.5.

Frau Grete Schütte-Lihotzky
W i e n   V/55
Hamburgerstr. 14/II

Sehr geehrte Frau Schütte,

          Wir haben die Absicht unsern 6. Kongress vom 7.–14. Sept. ds. Jahres in England zu halten. Zur Vorbereitung findet vom 24. – 31. Mai 1947 eine Versammlung der Delegierten des C.I.A.M. statt. Die Schweizer Gruppe sorgt für kostenfreien Aufenthalt der Teilnehmer.
          Es liegt uns sehr daran, dass wir Sie in Zürich begrüssen können, da jede Verbindung mit Oesterreich seit langem unterbrochen ist. Von Ungarn erwarten wir drei Mitglieder und hoffen sehr auch auf Sie rechnen zu können, um über die Lage in Oesterreich orientiert zu werden.
          Entschuldigen Sie, dass die Einladung erst heute erfolgt, doch kam ich erst in den letzten Tagen von einer Mission aus Amerika zurück. Wir bitten Sie, falls irgendwelche Schwierigkeiten bezüglich Ihres Kommens eintreten, sich direkt an unsern Schweizer Delegierten Arch. R. Steiger, Limmatquai 4, Zürich, zu wenden, der für Reiseerleichterung und Quartier besorgt ist.
          Indem ich hoffe, Sie bald begrüssen zu können, bin ich

                              mit vorzüglicher Hochachtung

                                        Ihr

                              S. Giedion
                              Generalsekretär der C.I.A.M.

Steiger Zürid Tel. 24 26 73

SCHWEIZERISCHE BANKGESELLSCHAFT, ZÜRICH, TELEPHON ZURICH 24644

Werkbund im August 1949: „Sehr geehrter Herr Vizepräsident, nach der Gründung des Österreichischen Werkbundes ist dieser bedauerlicherweise noch nicht mit wesentlichen Taten an die Öffentlichkeit getreten. Statt dessen erfreut sich die reaktionäre Baugesinnung in Wien und Österreich größter Blüte. […] Beim Wiederaufbau von Wien trifft man immer wieder auf die Ansicht hoher Behördenleiter, dass die Wiener Häuserfassaden im Sinne barocker Vergangenheit möglichst historisierend aussehen sollen, da dies dem Charakter Wiens am besten entspräche. Auch in der Provinz (Steiermark) werden Bücher publiziert, die der Ansicht der jüngsten Vergangenheit das Wort reden. Österreich sieht sich der Gefahr gegenüber, vollends verprovinzialisiert zu werden, und Wien, zum Charakter einer Kleinstadt herabzusinken."[9]

Ordentliches Mitglied	Mitglied seit	Beitritts-gebühr	Beiträge				
			1948	1949	1950	1951	1952
1. Prof.Haerdtl	1948						
2. Prof.Schütte	1948						
3. Arch.Sch.-Lih.	1948						
4. Dr.Schwanzer	1948						
5. Prof.Fellerer	1948			–	–	–	–
6. Arch.Wörle	1948						
7. Prof.Niedermoser	1948						
8. Prof.Boltenstern	1948						
9. Prof.Wachberger	1948						
10. Arch.Euler	1949						
11. Arch.Thurner	1949						
12. Arch.Legler	1949						
13. Dr.Rainer	1950						
14. Prof.Zotter	1948						
15. Prof.Lorenz	1949						
16. Arch.Aduatz	1949						
17. Arch.Aubück	1951						
18. Prof.Hager	1952 °)						
19. Dr.Sekler	1952 °)						
20. Arch.Hofmann	1952 °)						
21. Arch.Steinböck	1952 °)						

°) = vorbehaltlicher Zustimmung der Mitgliederversammlung

Mitglieder der CIAM Austria,
Liste aus dem Jahr 1952
NACHLASS WILHELM SCHÜTTE,
ÖSTERREICHISCHE GESELLSCHAFT FÜR ARCHITEKTUR

Schon bald konzentrierte sich die Aktivität der Gruppe auf die Vermittlung von Studierenden zu den Seminaren und den Treffen der internationalen CIAM. Diese so genannten Juniormitglieder bearbeiteten im Vorfeld der Treffen und Kongresse konkrete Projekte nach der kollektiven Arbeitsmethode der CIAM (Arbeitsgruppe 4: Projekt Taxham, Prader/Fehringer: Projekt Wien Lichtental, und Freyler/Gabriel/Potyka/Schiebel: Projekt Wien Südstadt). Diese Projekte wurden beim Vorbereitungstreffen für den zehnten Kongress der CIAM 1955 in La Sarraz präsentiert.

Im Unterschied zu den offen ausgetragenen Konflikten zwischen der jungen und alten Generation im internationalen CIAM entsprach die Beziehung zwischen den Junioren und den Etablierten in Österreich eher einer Mentor-Protégé-Relation.

In der Zeit des Kalten Krieges war die Vereinigung gezwungen, ihre Position als „absolut unpolitisch" zu deklarieren, da sie als „trojanisches Pferd" oder „kommunistisch"[10] diffamiert wurde. Unter der Annahme, dass CIAM im Grunde eine politische Vereinigung der Architekturavantgarde war, ist für die Untersuchung der CIAM Austria genau die versteckte politische Haltung von Interesse.

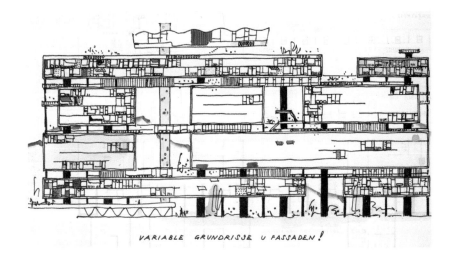

VARIABLE GRUNDRISSE U FASSADEN!

Projekt Wien-Lichtental, Juniormitglieder
„blaue gruppe" Herbert Prader, Franz Fehringer,
präsentiert 1953 beim 9. CIAM-Kongress in
Aix-en-Provence
NACHLASS WILHELM SCHÜTTE, ÖSTERREICHISCHE
GESELLSCHAFT FÜR ARCHITEKTUR

Was CIAM Austria unternahm, um die Popularität der modernen Architektur zu steigern, ähnelt den heutigen Aktivitäten der Architekturvermittlung. In der Spätphase organisierte man Baustellenbesuche; ein Beispiel dafür war eine Führung durch den Ringturm, zu der es in einer Aussendung hieß: „Herr Professor Boltenstern hat sich liebenswürdigerweise bereit erklärt, im Sinne der Absprache am gleichen Tage, also am Donnerstag 2. Feber 1956, nachmittags 14 Uhr, eine Führung durch den Ringturm durchzuführen."[11]

Die Korrespondenz des Vereins endet 1956, kurz vor dem vorletzten Kongress in Dubrovnik. Eduard Sekler nahm am letzten Kongress in Otterlo teil.

Auf den ersten Blick sieht es so aus, als hätten die Planungsprinzipien und die politische Umsetzungsstrategie des CIAM in Österreich wenig Spuren hinterlassen. Dem ist jedoch nicht so. Schon beim flüchtigen Lesen von historischen Publikationen der Stadt Wien über Städte- und Wohnungsbau findet man immer wieder Bezüge zu CIAM-Ideen und -Konzepten. Selbst in Roland Rainers Planungskonzept für Wien gibt es Strukturen, die auf Prinzipien des CIAM beruhen.

1 Christopher Long, Josef Frank. Life and Work, Chicago-London 2002, S. 112.
2 Friedrich Achleitner, Wiederaufbau in Wien, Innere Stadt, in: Wiener Architektur. Zwischen typologischem Fatalismus und semantischem Schlamassel, Wien-Köln-Weimar 1996, S. 123.
3 Julius Posener, Kritik der Kritik des Funktionalismus, in: ders., Was Architektur sein kann. Neuere Aufsätze, Basel-Berlin-Boston 1995, S. 70.
4 Fragebogen I: „Hygienische und wirtschaftliche Grundlagen der Minimalwohnung", in: CIAM Dokumente 1928–1939, hg. von Martin Steinmann, Basel-Stuttgart 1979.
5 Margarete Schütte-Lihotzky, Warum ich Architektin wurde, Salzburg 2004, S. 187.
6 Franz Schuster, Brief an Grete Schütte-Lihotzky, 14. 6. 1948, Nachlass Wilhelm Schütte in der Österreichischen Gesellschaft für Architektur.
7 Franz Schuster, Der Stil unserer Zeit, Wien 1948, Abbildungen S. 21, S. 74; Collage S. 78.
8 Persönlicher Brief an Boltenstern von Oswald Haerdtl als CIAM-Präsident vom 23. 3. 1951, Boltenstern-Archiv, Wien.
9 Karl Schwanzer, Brief an den Österreichischen Werkbund, Herrn Vizepräsident Dir. Jalkozy, vom 23. 8. 1949, Nachlass Wilhelm Schütte in der Österreichischen Gesellschaft für Architektur.
10 Oswald Haerdtl, Einladung zur Mitgliederversammlung vom 28. 10. 1952, Boltenstern-Archiv, sowie Wilhelm Schütte, Brief an Sigfried Giedion, September 1952, Nachlass Wilhelm Schütte in der Österreichischen Gesellschaft für Architektur.
11 Brief von CIAM Austria an die Mitglieder vom 26. 1. 1956, Archiv Erich Boltenstern.

„VON UNS VERACHTET, VON UNSEREN KINDERN GELOBT"
ZUR BEWERTUNG DER NACHKRIEGSMODERNE

FRIEDRICH ACHLEITNER IM GESPRÄCH MIT WOLFGANG KOS

KOS: Wenn man die knappen Bewertungen von Bauten aus der Nachkriegszeit in Achleitners Architekturführer liest, fällt auf, dass du, um der „erzwungenen Bescheidenheit" jener Jahre einigermaßen gerecht zu werden, in der Wortwahl zurückhaltend bist. Dafür operierst du nuancenreich mit Begriffen, die neben der eigentlichen architektonischen Qualität auch die Haltung der Architekten im Rahmen beschränkter Möglichkeiten verständlich zu machen versuchen. Ich meine Worte wie „schlicht" oder „solide" einerseits und „halbherzig" oder „hilflos" auf der anderen Seite. Es ist eher ein Bemühen um Relativierung als ein Loben oder Abwatschen.

ACHLEITNER: Es ist eben alles irgendwie auf halbem Weg stecken geblieben.

KOS: Einige dieser Begriffe möchte ich in einem Art Word-Rap abfragen. „Ehrlich"?

ACHLEITNER: Immerhin etwas, garantiert aber keine Qualität, manchmal ähnlich wie „gut gemeint".

KOS: „Arm" und „ärmlich". Bei der Beschreibung einer Erweiterung des Finanzministeriums durch Max Fellerer und Eugen Wörle im Jahr 1958 sprichst du davon, dass die schlichte Fassade „Würde" zeige: „Armut, wenn man will, aber nicht Ärmlichkeit."

ACHLEITNER: Ärmlichkeit hat mit Ärmlichkeit im Kopf zu tun, Armut jedoch mit Zeitumständen. Arm im Gegensatz zu ärmlich – so sind die guten Arbeiten der 1950er Jahre. Solche Bauten sind o.k.

KOS: „Sparsam"?

ACHLEITNER: Effizienz – mit möglichst wenig Aufwand ein Ziel erreichen.

KOS: „Elegant"?

ACHLEITNER: Kommt aus der Mathematik. Ohne Umweg eine Lösung finden.

KOS: „Gediegen"?

ACHLEITNER: Hat mit Handwerk zu tun. Ist das Gegenteil von Auftrumpfen.

KOS: „Konventionell"?

ACHLEITNER: Muss nicht negativ gemeint sein, wenn auf Tradition beruhend. Wird von Architekturkritikern oft unterschätzt.

KOS: „Banal"?

ACHLEITNER: War sicher negativ gemeint. Das Gegenteil von einfach.

KOS: „Großzügig"?

ACHLEITNER: Setzt Gelassenheit voraus. In einer Zeit der Einschränkung „großzügig" zu sein war eine bewundernswerte Leistung.

KOS: „Puristisch"?

ACHLEITNER: Auch „konsequent" mag ich nicht. Das sind Begriffe aus der orthodoxen Moderne, die mit doktrinär und stur zu tun haben. Mir ist das etwas Schlitzohrige lieber.

KOS: Du hast in einem Aufsatz den Begriff „Wiederaufbaufunktionalismus" verwendet. Was könnte das sein?

ACHLEITNER: Die Sparprogramme nach dem Krieg verlangten ein Bauen unter extremen ökonomischen Bedingungen und mit einer klar vorgegebenen Wohnungstypologie – etwa A-, B-, C-, D-Wohnungen, auf den Quadratzentimeter genau ausgetüftelt. Man berief sich auf wissenschaftlich erarbeitete Wohnungsgrundrisse, für die sogar die Schritte der Frau vom Herd ins Bad gezählt wurden. Und daraus hat man dann sehr funktionale Wohnungen entwickelt. Dazu kam das Schnellbauprogramm, die Duplexwohnung, eine Kleinstwohnung, die später durch Zusammenlegung verdoppelt werden konnte. Dieser Wiederaufbaufunktionalismus führte später zu einem starken Schematismus, der nur mehr ökonomisch ausgebeutet wurde.

KOS: Am 10. November 1962 erschien dein erster Architektur-Artikel in der „Presse", für die du dann zehn Jahre lang geschrieben hast. Es ging in diesem Beitrag um den Umgang mit der Ringstraße. Ich zitiere: "… war schon der Ringturm ein arger Eingriff, so drückt die Anlage Gartenbau wie ein steinernes Geschwür in die Silhouette der Stadt." Da spürt man förmlich, es wäre im Wiederaufbau mehr möglich gewesen entlang des Rings.

ACHLEITNER: Na ja, das war eine prinzipielle Frage. Bis heute hat sich in Bezug auf den Komplex Gartenbau meine Meinung nicht geändert, was die plumpe städtebauliche Einfügung und die Höhe angeht, die die Gesimskante der Ringbebauung ignoriert. Das Gartenbau war ein exemplarischer Fall. Ich glaube nach wie vor, dass solche Massen, die über die Hauptgesimskante hinausdrängen, das eigentliche Übel der

Erich Boltenstern/Kurt Schlauss, Gartenbau-Komplex, 1960–1962
ARCHIV ERICH BOLTENSTERN

innerstädtischen Bauentwicklung sind und nicht die Türme. Insofern würde ich heute die Ablehnung des Ringturms zurücknehmen und sagen, das ist eine mögliche Akzentuierung eines bestimmten Punktes im Stadtgrundriss.

KOS: Aber zurück zur Bebauung der Gartenbaugründe: „Steinernes Geschwür" ist ein ziemlich hartes Wort.

ACHLEITNER: Als junger Kritiker ist man halt so. (lacht)

KOS: Ein paar Zeilen später heißt es in deinem Artikel zum Gartenbau: „... Prof. Boltenstern ist als äußerst kultivierter und besonnener Architekt bekannt." Du hast auch hinzugefügt, dass Boltensterns Umbauten bei Oper und Börse zeigen, dass er durchaus auch ein Anwalt der Ringstraße sein kann.

ACHLEITNER: Das hat ja auch gestimmt. Boltenstern war eben eine ambivalente Figur. Er hat bei uns an der Akademie, in der Meisterschule, Clemens Holzmeister vertreten. Er war nicht sehr präsent, denn er war Professor an der „Technik". Man hat ihn eigentlich gar nicht bemerkt, die wirkliche Arbeit hat sein Kompagnon Eugen Wachberger gemacht. Der machte die Knochenarbeit der Projektkorrekturen. Boltenstern ist so darüber geschwebt. In dieser Situation haben wir, Johannes Spalt,

Friedrich Kurrent, Wilhelm Holzbauer und viele andere, unsere kritische Sicht auf das damalige Baugeschehen entwickelt.

KOS: Wenn du 1962 Boltenstern anlässlich des Gartenbau-Komplexes angreifst und zugleich auf seine Qualitäten hinweist, so spürt man, dass du nicht unfair sein wolltest. Andererseits klingt die Formulierung „ein kultivierter und besonnener Architekt" nicht gerade so, als hättest du Architekten vom Typus Boltenstern aufregend gefunden.

ACHLEITNER: Boltenstern war für uns immer eine ferne Figur. Er hat ja in Wirklichkeit wenig riskiert, auch politisch. Er galt als ein eher roter Architekt, aber man wusste natürlich nicht genau, wie seine Verbindung zur SPÖ war. Und er war eher jemand, so schien es uns, der schnell nachgegeben hat gegenüber dem Zeitgeist oder gegenüber den Bauherren. Er konnte sich halt anpassen. Er hatte aber zugleich als Person – und auch als Architekt – eine bestimmte Noblesse. Für uns war er ein Sir, sehr groß und mit dem Kopf immer irgendwie in den Wolken. Außerdem hatte er einen guten Ruf aus den 1930er Jahren, vor allem durch das Restaurant auf dem Kahlenberg.

KOS: Wir haben den Ringturm angesprochen und seine Position am Ring. Im zitierten Artikel von 1962 vertrittst du die

146

Erich Boltenstern,
Entwurf Selbstbedienungsrestaurant
Hauswirth, 1953
ARCHIV ERICH BOLTENSTERN

Meinung, dass er eine unlogische städtische Dominante sei. Du hast damals also Boltensterns Intention, wie er sie 1953 in einem Interview formuliert hat, wonach der Ringturm einen „markanten Abschluss" der Ringstraße bilden sollte, negativ beurteilt. Später, zum Beispiel 1990 im Wien-Band deines Architektur-Führers, schreibst du, der Turm stehe gar nicht so schlecht und passe einigermaßen dorthin. Er sei zwar nicht allzu inspiriert, aber in der Struktur ehrlich. Das ist doch ein typischer Achleitnerischer Gegensatz, der in deinen Beurteilungen von Nachkriegsbauten immer wieder vorkommt: kaum Risiko, aber ehrlich.

ACHLEITNER: Es gibt eine Art solider Konvention des Bauens, wo die Struktur (oder Tektonik) sichtbar ist und wo man auch bis zu einem gewissen Grad ablesen kann, was drinnen ist. Dafür gibt es keine formalen Experimente und Entgleisungen schon gar nicht. Ein solches Bauen wurde nach dem Krieg als typisch schwedisch oder schweizerisch empfunden. Eine skandinavische Noblesse, bei der eigentlich noch der Klassizismus im Hintergrund stand. Das war ja überhaupt ein großer Konflikt für uns Junge: Wir wollten die richtige Moderne, nicht die abgebremste skandinavische. Wir wollten das Radikale,

und das war damals Gropius, Mies van der Rohe, Le Corbusier, in Amerika Frank Lloyd Wright oder in Italien Gio Ponti, obwohl der auch schon wieder eher ein „Kavalierarchitekt" war. Der Inbegriff des wilden schöpferischen Menschen war für uns Alvar Aalto, der natürlich auch eine ungeheure Disziplin hatte, weil es auch in Finnland den deutschen Klassizismus als Hintergrund gab. Aber Aalto war dynamisch. Daher haben wir seinen Entwurf für die Wiener Stadthalle mehr geschätzt als den von Roland Rainer.

KOS: Es hat also neben der radikalen Moderne, die für Wien keine Option war, eine abgemilderte Moderne gegeben. Man könnte auch von einer angewandten Moderne sprechen, die sich der Moderne verdankt, diese aber nur in adaptierter Form im Repertoire hat.

ACHLEITNER: Ja, die ist uns an der Akademie vermittelt worden, von Eugen Wachberger, der Details virtuos beherrschte und mit dem man Nächte lang streiten konnte, wie Spalt es tat. Johannes Spalt, der zehn Jahre älter war als die anderen, war im Krieg bei der Luftwaffe und hatte als Flugzeugbauer die neuesten Technologien mit Sperrholz kennen gelernt, er wusste also, wie man möglichst leicht baut.

147

Roland Rainer,
Stadthalle, 1953-1958
FOTO MARGHERITA SPILUTTINI, AUS DER SERIE „DIE FORM DER ZEIT", UM 1990

KOS: Auf der einen Seite also das Leichte, auf der anderen Seite das Solide und schwer Gemauerte.

ACHLEITNER: Schwer und gemauert, das war die Geschichte, das war die Vergangenheit. Buckminster Fuller hat sich bei einem Vortrag in Wien die Dummheit erlaubt, zu sagen, dass der Stephansdom viel zu schwer sei. (lacht) Darüber haben wir schon damals gegrinst. Das war ein extremer futuristischer Funktionalismus, wonach alles ganz leicht sein müsse. Fuller hätte den Stephansdom vielleicht mit Aluminium gebaut statt mit Stein.

KOS: Wie verliefen damals die Fronten in der Architektur-Szene, aus der Sicht der Jüngeren?

ACHLEITNER: Es gab damals, obwohl uns das noch nicht so klar war, zwei Möglichkeiten. Die eine war die des Fortschritts, also das gierige Nachholen der durch das Dritte Reich versäumten Zeit. Es ging um das Überwinden der Informationsblockade. Dieser forcierte Fortschritt kam von außen und sollte nach Wien hereingeholt werden. Es gab in Wien immer den Komplex, man sei hinten nach. Die Secessionisten haben ja nicht anders argumentiert, wenn sie sagten: München rennt uns davon und in Paris sei es so und so und bei uns passiert gar nichts. Also machen wir endlich etwas Modernes! Auch wir waren in den fünfziger Jahren von diesem Aufholsyndrom geprägt und wollten das Neueste und Beste in den hiesigen Mief hereinholen.
Doch die Leute, mit denen wir gehadert haben oder die unsere Lehrer waren, haben eine Tradition vertreten, die wir da-

mals nicht verstehen und schätzen konnten. Sie wurden zum Teil noch vor dem Ersten Weltkrieg ausgebildet, Holzmeister war ja schon 1914/15 Assistent an der Technischen Hochschule. Das waren alles Leute aus dem 19. Jahrhundert. Und sie standen für eine Komponente, die in Wien sehr stark ist und von der auch die Vertreter der ersten Avantgarde gezehrt haben. Vor allem hatten sie einen soliden Bildungshintergrund. Ich meine Leute wie Haerdtl, Boltenstern oder Holzmeister. Beschäftigt man sich mit ihrer Arbeit, erkennt man, dass sie auf dem Fundament einer großen Tradition standen. Auch die Architekten, die bei uns in den dreißiger Jahren eine neue Sachlichkeit vertraten, hatten noch diesen Hintergrund. Das führte möglicherweise zur auffallenden Konzilianz ihrer Architektur, zu jener schaumgebremsten Moderne, die nach dem Krieg so dominierte. Heute kann man das mit Abstand sehen, weil man in diesem Konflikt nicht mehr mitten drinnen ist. Man kann besser beurteilen, was damals wirklich neu war.

KOS: In einem in den späten sechziger Jahren geschriebenen Essay hast du von einer mittleren Generation gesprochen, an der man sich abarbeiten musste. Es gab damals doch auch noch alte Meister wie Lois Welzenbacher oder Josef Hoffmann?

ACHLEITNER: Hoffmann war zwar noch als Person präsent, aber nicht als Architekt. Spalt hat Kontakt zu ihm gehabt und auch Kurrent, ich habe mich aber nie hingetraut. Josef Hoffmann war damals ein über allen Wolken schwebender, eindrucksvoll nobel gekleideter alter Herr.

KOS: Und die mittlere Generation? Waren das Architekten wie Carl Appel oder Max Fellerer?

ACHLEITNER: Fellerer gehörte schon zu den Älteren. Karl Schwanzer und natürlich auch Roland Rainer – das waren die unmittelbaren Figuren der Szene. Sie waren präsent und hatten, wie wir glaubten, alle Fäden in der Hand. Schwanzer hatte beispielsweise internationale Kontakte über die Union Internationaler Architekten, er war auch international ein Zampano.

KOS: Welche Fäden musste man in der Hand haben? Du hast bei Boltenstern erwähnt, dass er als der SPÖ nahe stehend galt. Hat man von allen namhaften Architekten gewusst, wo sie hingehörten? War die Einbettung in politische Netzwerke eine unumgängliche Voraussetzung, um zu wichtigen öffentlichen Aufträgen zu kommen?

ACHLEITNER: Genau gewusst hat man es nicht, aber es war offenbar wichtig. Eigentlich waren es nicht so sehr die Parteien, die entscheidend waren, sondern deren jeweiliges Umfeld: Kammern, Verbände, Banken. Die waren ja alle politisch eingefärbt, wodurch sich automatisch auch Parteinähe ergab. Wir haben damals alle gewusst, dass Hannes Lintl Karriere gemacht hat, weil er mit Leopold Figl tarockierte. Aus solchen Beziehungen ergab sich die kulturelle Szene. In diesem Ausmaß gibt es die Verhaberung heute zum Glück nicht mehr.

Oswald Haerdtl,
Volksgarten-Dancing, 1958
FOTO LUCCA CHMEL,
NACHLASS OSWALD HAERDTL,
ARCHITEKTURZENTRUM WIEN, SAMMLUNG

Erich Boltenstern,
Hotel Europa, Lobby, 1956/57
FOTO LUCCA CHMEL,
ARCHIV ERICH BOLTENSTERN

KOS: Der Qualitätsspielraum für Architektur hing also eng da-mit zusammen, dass es in Österreich, tief in die Kultur hinein, ein System der obrigkeitlichen Kontrolle gab, einen genau regulierten gesellschaftlichen Innenraum.

ACHLEITNER: Ja, auch die Gewerkschaften und der BSA waren solche Bereiche. Wir kritischen Jungen sind außen gestanden. Wir waren weder beim CV noch beim BSA. Das gilt auch für Gegenmilieus wie die Wiener Gruppe in der Literatur oder „die reihe" um Friedrich Cerha, die Konzerte mit neuester Musik organisierte. Da entstand ein kulturelles Klima, bei dem man so gut wie kein Parteikolorit bemerkte. Schon die Hochschülerschaft an der Akademie war nicht parteipolitisch, sondern von einer Namensliste dominiert.

KOS: Wie wichtig war, um erfolgreich zu sein, ein Talent für Kompromiss?

ACHLEITNER: Natürlich war das wichtig. Es gab eben Archi-tekten, die sich handsamer oder windschlüpfriger verhielten und damit auch beweglicher. Im Gegensatz dazu konnte die Arbeitsgruppe 4 nie einen Wohnbau in Wien machen.

KOS: Du hast 1965 im Sammelband „Österreich – Geistige Provinz?" den Beitrag zur Architektur übernommen. Schon im Buchtitel klingt wieder diese Angst an, nicht voll dabei zu sein.

ACHLEITNER: Da ist wieder dieser Minderwertigkeitskomplex und andererseits der Anflug von Größenwahn. Beides gehört zu Wien.

KOS: „Provinziell". Das ist ein Wort, das du als Kritiker damals oft verwendet hast – als Synonym von Kleinmütigkeit.

ACHLEITNER: Das hat damit zu tun, dass man langsam ent-deckte, dass die ganze jüdische intellektuelle Schicht und das Großbürgertum verjagt worden sind. Und dass wirklich Provinzler in Österreich zurückgeblieben sind. Das hat schon nach dem Ersten Weltkrieg begonnen. Dass alles so beklem-mend eng wurde, hatte auch etwas mit der Lage von Wien zu tun. Dieses gewisse Blinddarmsyndrom, am Ende der Welt zu sein, wo alles vermauert ist. Man hatte das Gefühl, die Enns schneide einen vom Westen ab. Und es war ja auch so. Den Politikern fehlte jegliche Weite, vor allem in kulturellen Dingen. Erst mit Kreisky war wieder ein Politiker da, der nicht das Pro-vinzielle verkörperte und nicht kleinbürgerlich dachte, sondern ein Mensch mit Horizont war.

KOS: Es gehört doch inzwischen zur standardisierten Erzählung der Zweiten Republik, dass der Geist vertrieben und deshalb nach 1945 großzügiges und fundiertes modernes Denken unmöglich war. Deshalb ist ein Hinweis interessant, den du in einem Beitrag zum Katalog „Wien 1945 – davor/danach" gibst, der sich mit dem Wiederaufbau in Wien beschäftigt. Da schreibst du, dass das jähe Abreißen der Moderne über-schätzt werde, „denn in Wien war schon lange die Moderne in die Defensive gedrängt". Schon vor 1938 und auch vor 1934 habe es eine Allianz gegen die Moderne gegeben. Das heißt doch, dass gar nicht mehr viel da war, wo man hätte anknüp-fen können?

Carl Appel,
Gewerbehaus, 1952–1954
FOTO MARGHERITA SPILUTTINI,
AUS DER SERIE „DIE FORM DER ZEIT", UM 1990

ACHLEITNER: Da muss man zwei verschiedene Ebenen unterscheiden. Einerseits gab es um 1930 die sehr intelligente und feinsinnige Kritik an der Moderne durch Josef Frank, der eigentlich gegen das Bauhaus und den internationalen Funktionalismus argumentiert hat. Er warf den Bauhäuslern vor, dass sie neue ästhetische Systeme erfinden wollten, die dann wieder zu einem Stil führten. Damit war man, so Frank, wieder im 19. Jahrhundert. Das war eine sehr intelligente Kritik der doktrinären Moderne, die von links kam.

Und dann gab es eben den Antimodernismus der Konservativen – Heimat und Handwerk. „Befreites Handwerk" hieß eine Ausstellung Mitte der 1930er Jahre, mit Hoffmann, bei der es unglaublich dekorativ zuging und wo Österreich als barocke Alpenrepublik präsentiert wurde. Das waren die beiden Ebenen der Kritik der Moderne. Die massivere ist natürlich von rechts gekommen, das ist keine Frage. Aber für mich ist es immer noch ein Rätsel, warum so profilierte Architekten wie Lois Welzenbacher oder auch kleinere Figuren wie Hans Steineder nach 1945 so total mutlos waren. Die haben fast verleugnet, was sie früher gemacht haben. Steineder hat sich völlig distanziert von seinen schönen Schulen aus den dreißiger Jahren und hat dann in Grinzing in Form von Gemeindebauten

Heurigenidyllen gebaut. Der war kein Nazi, sondern ein konservativer Kulturpessimist. Vor allem war er dann ein stockkonservativer Architekt. Und Welzenbacher hat sich auch nicht mehr gefangen. Bei diesen Architekten hat der Zweifel an der Moderne offenbar schon früher eingesetzt. Es wäre eine große Vereinfachung, zu sagen, das Neue Bauen sei nur durch die rechte Ideologie unter Druck geraten. Vom „Sozialistischen Realismus" unter Stalin gar nicht zu reden.

KOS: In der Mitte war also viel leerer Raum nach 1945. Ist das ein Grund für den Hang zum Pragmatismus?

ACHLEITNER: Ja, das mag geistige Gründe gehabt haben. Aber man darf nicht vergessen, wie groß der wirtschaftliche Zwang war. Es hieß bauen, bauen, bauen! Das ergab einen ungeheuren Druck auf die Architekten. Die hatten damals keine Zeit, über Grundsätzliches nachzudenken. So kam es einem zumindest vor. Doch es gab sehr wohl auch interessante Diskussionen. Als ich an meinem Artikel über den Wiederaufbau schrieb, habe ich mir einige Jahrgänge der Zeitschrift „aufbau" angeschaut und war sehr erstaunt, welch hohe Qualität etwa die urbanistischen Überlegungen hatten. Und wie sensibel man mit der Geschichte umgegangen ist. Da muss man den Hut ziehen. Aber die Baurealität war eben anders, da gab es den unheimlichen Druck. Die, die gebaut haben, hatten wenig Zeit zum Nachdenken.

Es gab auch durchaus engagierte Baubeamte: Ich erinnere mich zum Beispiel an den Wiener Senatsrat Rudolf J. Böck, Chefredakteur des „aufbau". Der wollte unbedingt der Arbeitsgruppe 4 einen Gemeindeauftrag verschaffen. Er hat auch mich gefördert, indem er mir den schönsten Auftrag gab, den ich je bekommen habe. Ich musste für ihn Loos, Wagner, Strnad und andere lesen, von denen man damals kaum eine Ahnung hatte, um für ihn Zitate herauszusuchen. Er war ein gebildeter „Plauderer" und hielt gerne Vorträge, in denen immer tolle Zitate vorkamen. Ich war sozusagen sein Zitaten-schatzmeister.

KOS: Wann war das ungefähr?

ACHLEITNER: Das muss um 1958 gewesen sein. Und ich wurde wirklich fürs Lesen bezahlt. (lacht)

KOS: Im bereits erwähnten Aufsatz „Die Situation der Architektur" aus dem Provinzialitäts-Sammelband von 1965 geht es gleich im ersten Absatz voll los: Um das tiefe Niveau der Architektur seit 1945 zu belegen, führst du eine lange Liste von Bauten an, wie eine Fürbitten-Litanei. Daraus Wiener Beispiele: Stephansplatz- und Ruprechtskirchenverbauung, Ringturm, Heinrichhof, Gartenbaugründe, Universitätsinstitu-te, Westbahnhof, Südbahnhof, Verkehrsbau Hietzing – also die heutige Kennedybrücke –, Bundesländerversicherung, Vienna Intercontinental, Donauturm usw. Und dann, nach dieser Liste des Schreckens, steht die bange Frage: „Ist das Niveau tatsächlich so schlimm, oder kann man diesen Bauten nicht ebenso viele gute gegenüberstellen?" Du hast dich zwar redlich bemüht, aber nennst dann doch nur das Freibad Gänsehäufel, die Stadthalle, das Domes-Lehrlingsheim und ein paar andere Sachen. Ist die Negativliste für dich heute noch gültig?

ACHLEITNER: Eigentlich schon, natürlich mit Abstrichen, siehe Ringturm. Aber ich weiß heute, dass es sich manchmal lohnt, genauer hinzuschauen. Zum Beispiel der Heinrichhof vis-à-vis der Oper: Der ist natürlich so eine Geschichte. Er hätte wieder voll aufgebaut werden können, er war ja nur ausgebrannt. Was wäre besser: der alte Heinrichhof von Hansen oder der heu-tige Bau? Damals gab es eine harte Diskussion, die vor allem über die Zeitschrift „Die Furche" gelaufen ist. Es ging um die Frage, ob man den Heinrichhof überhaupt neu bauen sollte. Ein Artikel hieß: „Wien braucht keinen Opernplatz". Wir waren hingegen für das Projekt von Welzenbacher, der vorsah, dass an der Stelle des Heinrichhofs ein Opernplatz entstehen sollte, falls er wegkommt. Die Idee war, eine Verbindung zwischen Oper und Karlsplatz zu schaffen, mit schönen Kolonnaden.

KOS: Der Karlsplatz wäre dann ein noch größeres Areal gewor-den.

Max Fellerer, Carl Appel und Eugen Wörle,
Gänsehäufel-Bad, 1948–1950
FOTO MARGHERITA SPILUTTINI,
AUS DER SERIE „DIE FORM DER ZEIT", UM 1990

ACHLEITNER: Und das Wien Museum würde dastehen wie der Vatikan! (lacht) Um auf die Beurteilung des Heinrichhofs zurückzukommen: Der heutige Bau ist ein typischer Zeitzeuge der 1950er Jahre, mit diesem gewissen Niveau, geprägt von einem verkappten Klassizismus und auch ein bisschen von der Ringstraßenarchitektur. Die Maße stimmen ungefähr, es gibt ein Sockelgeschoss, es gibt eine Attika. Es handelt sich eben um diese sehr gemäßigte Moderne, eher ein stark verein-fachter Historismus, der überall passt. Diese sanfte Moderne passt noch besser, seit sie selbst historisch geworden ist. Dann steht so ein Bau wie der Heinrichhof halt da und fällt niemandem auf. Das muss kein Nachteil sein.

KOS: Auch vom Ringturm hast du einmal geschrieben, er sei inzwischen zu einem Zeitzeugen geworden. Meinst du damit, dass sich Bauten, sobald sie im Rückblick als zeittypisch emp-funden werden, der eigentlichen architektonischen Qualitäts-frage entziehen?

ACHLEITNER: Ja, es gibt dieses eigenartige Phänomen, dass ein Bau, sobald er ein gewisses Alter hat, völlig in seine Zeit eingebunden ist. Er verliert seine Individualität und bekommt die Aura seiner Zeit. Er vermittelt das Denken einer Zeit in einer Weise, die Zeitgenossen nicht erkennen können. Die registrieren vor allem jene Faktoren, die stören oder neu und

Heinrich Hrdlicka,
Wiener Südbahnhof, 1955–1960
FOTO MARGHERITA SPILUTTINI AUS DER SERIE „DIE FORM DER ZEIT", UM 1990

ungewohnt sind. Doch mit der Zeit entsteht nicht nur eine Patina im herkömmlichen Sinn, sondern auch eine Art Zeitpatina. Dadurch bekommt ein Bauwerk im Rückblick eine andere Qualität, weil sich die Relationen ändern. Alterung ist auch ein Phänomen der sich ändernden Betrachtung.

KOS: Und der Architekturkritiker muss dann zurücktreten angesichts dieser Dynamik?

ACHLEITNER: Der Architekturkritiker verschwindet ja selber in der Zeit. Er wird selber ein Faktum der Zeit, in der er Stellung genommen hat. Wenn er heute zu damaligen Bauten Stellung nimmt, ist er in einer ganz anderen Situation, nicht nur durch das Wissen, das sich über die vergangene Zeit angesammelt hat.

KOS: Wenn wir auf deine eigenen Revisionen zu sprechen kommen, so fallen mir zwei Beispiele ein. Zwei ganz unterschiedliche Bauten. Das eine ist das Kaufhaus Steffl von Carl Appel, das ursprünglich Kaufhaus Neumann hieß. In deinem Architekturführer steht anno 1990, das sei „... einer der interessantesten Bauten der Nachkriegszeit". Hätte sich der knapp über dreißigjährige Achleitner gewundert, dass er das 20 Jahre später schreibt?

ACHLEITNER: Sicher. Ich erinnere mich noch, wie wir als Studenten von Appel eine Führung bekommen haben. Er hat uns erklärt, warum er die Fassade als konkave Glasfläche gemacht hat. Er hat so argumentiert: Man geht in einen Tunnel und plötzlich ist auf der Seite eine Lücke und da kommt ein Licht herein. Genau so sollte das Haus durch die Fassade auffallen.

Er wollte im „Tunnel Kärntner Straße" eben durch diese leichte Delle für sein Haus einen Auftritt inszenieren.

KOS: Das Steffl hat bis heute eine gewisse Präsenz und hält irgendwie.

ACHLEITNER: Ja, es hat aber damals schon einen Stellenwert bekommen, durch die freien Geschosse und die totalen Verglasungen. Obwohl man wissen sollte, dass das Kaufhaus von Otto Wagner, das vorher dort stand, auch eine gläserne Vorhangfassade von oben bis unten hatte.

KOS: Mir ist aufgefallen, dass du gegenüber sehr stark ausgespieltem Glaseinsatz in deinen frühen Artikeln eher skeptisch warst. Einmal sprichst du von Opportunismus, um der modernen Warenwelt zu entsprechen. War Glas zu modisch?

ACHLEITNER: Natürlich. Bei diesem totalen Glaseinsatz habe ich mich immer gegen die Behauptungen der Architekten gewehrt, Glas sei kein Baustoff. In Wirklichkeit ist Glas genauso ein Baustoff wie Ziegel oder Marmor. Es ist nur eine Frage des Lichts: Ich sehe das Glas dann nicht, wenn es dahinter heller ist, ob von außen oder innen gesehen.

KOS: Aber Transparenz war doch damals ein Symbol für Öffnung und Demokratie?

ACHLEITNER: Das war das Schlagwort dieser Zeit. Transparenz war ein Synonym für Ehrlichkeit, was natürlich eine Dummheit ist. Denn wenn ich durch etwas durchsehe, ist das noch lange nicht durchschaubar. Mir ist diese puristische Ehrlichkeit jedenfalls bald auf die Nerven gegangen.

KOS: Als das Kaufhaus Steffl pleite gemacht hat und ein Abriss im Raum stand, gab es längst eine gewisse Fifties-Sentimentalität. Und viele Leute hatten Angst, ein signifikanter Bau könnte verschwinden. Hat es dich überrascht, dass viele der Bauten, denen du einst ratlos bis skeptisch gegenüber gestanden bist, zu Symbolbauten geworden sind? Handelt es sich um eine Verklärung durch Leute, die alles unschuldiger sehen können, weil ihnen die damalige Realität fern ist?

ACHLEITNER: Ja, ich glaube, das ist es, und es ist ein altes Phänomen. Wenn man in Salzburg zur Zeit von Wolf Dietrich gelebt hätte, dann hätte man die Festung sicher nicht als schön empfunden, weil dort oben ein Mensch herrschte, der Teile der Stadt niedergelegt hat und arg mit den Bürgern umgegangen ist. Wenn man das alles nicht mehr weiß, wenn das alles keine unmittelbare Gefahr mehr ist, dann wird das nur noch ästhetisch wahrgenommen und plötzlich kann man das Gebaute ganz anders rezipieren. Bei den Flaktürmen ist es ähnlich. Ästhetisierung heißt doch, dass man viele andere Kriterien ausblendet.

KOS: Reduziert man die fünfziger Jahre auf ästhetische Zeichen, so wird das Espresso mit geschwungener Theke, Terrazzoboden und Nierentisch zum Zeitsymbol.

ACHLEITNER: Und alles, was wir verachtet haben, ist später von unseren Kindern geliebt worden.

KOS: Du hast darauf hingewiesen, dass euch Akademieabgängern das von Mailänder Vorbildern geprägte moderne Design zu modisch war, allzu schick und bemüht dynamisch.

ACHLEITNER: Das war natürlich sehr ambivalent. Auf der einen Seite war es ein Modeimport, also etwas „Banales". Auf der anderen Seite hat man aber durchaus gewusst, dass ein Haerdtl, der sich sehr für den neuen Stil aus Mailand interessiert hat, kein dummer Architekt war. Solche Vater-Sohn-Konflikte sind ja irgendwie irrational. Vielleicht hing das auch mit dem Dekorativen zusammen, durch das die Wiener Kultur sehr geschädigt worden war. „Kunstgewerbe" etwa war eines der schlimmsten Schimpfwörter.

KOS: Darum hat es mich überrascht, dass du im Architekturführer – und das wäre das zweite Beispiel für interne Revision – das Tanzcafé Volksgarten von Oswald Haerdtl als „einen der schönsten Bauten der 1950er Jahre" bezeichnest.

ACHLEITNER: Wörter wie „schön" sollte man nicht in den Mund nehmen. Aber beim Volksgarten-Pavillon passt's. Der hat etwas mit „schön" zu tun. Und er ist immer besser geworden im Lauf der Zeit, vor allem auch im Zusammenhang mit diesem Ort, mit Kornhäusel und dieser fast biedermeierlichen Erholungslandschaft und sehr wienerischen Flaniergegend. Der Bau hat etwas von diesem Flair. Vielleicht hat man im Alter für das Atmosphärische einen besseren oder milderen Blick.

KOS: Wenn du Bauten der Nachkriegszeit kritisierst, so scheint dich vor allem zu ärgern, dass damals Architekten nicht ihr Potential ausgeschöpft haben, dass sehr gute Leute unter ihren Möglichkeiten geblieben sind.

ACHLEITNER: Heute stellt sich die Frage, ob sie sich wirklich so leicht angepasst haben oder ob nicht doch sehr harte Kämpfe und Zwänge die Qualität bedrohten. Da hat man keinen Einblick. Manche haben es ein wenig leichter gehabt, zum Beispiel Carl Appel, ein burschikoser Typ, Jäger, Lebemann, der sich in der Gesellschaft bewegen konnte. Er war, wie man behauptete, mit der CA „verheiratet" und wurde damit Teil einer potenziellen Bauherrenschicht, etwa in der Industrie. Appel hat sich beim Durchziehen seiner Projekte wahrscheinlich leichter getan als viele andere.

KOS: Wie stand man als Kritiker des alten Architektur-Systems zum Wiederaufbau historischer Symbolbauten wie Parlament, Burgtheater oder Oper?

ACHLEITNER: Meine Tätigkeit als Kritiker begann erst Jahre nach der Fertigstellung der großen Symbolbauten. Aber als Studenten haben wir sehr genau unterschieden. Das Parlament mit dem neuen Plenarsaal von Fellerer und Wörle hat immer als eine gute Arbeit gegolten, Rainer hat schon 1956 geschrieben, der Saal sei „ernst und klar". Die Oper mit Bol-

Oswald Haerdtl,
Volksgarten-Dancing, 1958
FOTO MARGHERITA SPILUTTINI, AUS DER SERIE „DIE FORM DER ZEIT", UM 1990

tensterns Innengestaltung galt als zwiespältig, das Burgtheater als schlecht. Michael Engelhart, der beim Burgtheater den Wettbewerb gewann, passte sich irgendwie, aber halbherzig, dem Historismus an und blieb dem Neuen gegenüber unentschieden. Boltenstern hat, im Gegensatz zu Engelhart, bei der Oper wirklich gerungen. Das war eine Gratwanderung zwischen Anpassung und Neuansatz. Grundsätzlich waren wir dezidiert dagegen, dass diese Symbolbauten mit teurem Geld sofort wieder so hergestellt werden sollten, wie sie früher waren. Preiswerte Wohnungen für Obdachlose schienen uns dringender und angemessener zu sein.

KOS: Heute operiert man, wenn Museen oder Hochhäuser gebaut werden sollen, gerne mit großen Namen. Die Berühmtheit von Architekten wird als Imagewert benützt. Gab es auch beim Bauen in den Nachkriegsjahren einen Promi-Faktor?

ACHLEITNER: Es hat nur einen Architekten gegeben, den alle Österreicher kannten, das war Clemens Holzmeister. Er war das Äquivalent zu Karajan. Ansonsten war die Architektur anonym. Als ich 1959 in Finnland war, habe ich mich gewundert, dass die Leute von jedem Gemeindezentrum und von jeder Kirche sofort den Architekten nennen konnten. Und wie allgegenwärtig Alvar Aalto war. Der hatte einen Bekanntheitsgrad wie bei uns nur die Skifahrer. Es gab bei uns eher ein Vorurteil: Der Architekt ist ein Künstler, und Künstler sind Spinner. Diese pauschale Intellektuellenfeindlichkeit gab es bei Rot und Schwarz. Mit dieser hirnlastigen Bagage wollten sich handfeste Politiker gar nicht erst einlassen.

„WIR BAUEN EIN HOCHHAUS"
ERICH BOLTENSTERN UND DIE WIENER STÄDTISCHE VERSICHERUNG

ADOLPH STILLER

„Das ist nicht Amerika, das ist Österreich …": So begeistert berichtete die Wochenschau über die Eröffnung des Ringturms am 14. Juni 1955. Der Hauptsitz der Wiener Städtischen Versicherung war das erste Bürohochhaus von Wien, wurde als „höchster Profanbau Österreichs" gepriesen und zu den „höchsten Häusern Europas" gezählt.

An diesem, den kurzen Filmdokumentationen der Wochenschau eigenen propagandistisch-euphorischen Tonfall lässt sich nicht nur die öffentliche Meinung über ein erfolgreiches Duo in der Baubranche der fünfziger Jahre – einen Versicherungsdirektor und „seinen" Architekten – erahnen, es zeigt auch die Akzeptanz von neuen Bauten, auch wenn sie in der historischen Altstadt lagen. Würde Architektur am Bekanntheitsgrad gemessen, wäre der Ringturm Boltensterns Hauptwerk.

DIE WIENER STÄDTISCHE ALS BAUHERRIN

Erich Boltenstern hatte 1931/32 einen gewonnenen Wettbewerb für ein Krematorium in Graz realisieren können. Auslober des Wettbewerbs und Bauherr war der Feuerbestattungsverein „Die Flamme" gewesen, der spätere „Wiener Verein". Dieser Verein stand der Wiener Städtischen – zumindest zeitweise – durch die Personalunion von Vorstandsmitgliedern, aber auch durch eine Rückversicherungsklausel bei größeren Todesfall-Summen nahe. Heute ist der Verein eine Abteilung im Konzern.

Aus dieser Zeit dürfte auch Boltensterns Bekanntschaft mit dem damaligen Direktor der Wiener Städtischen Versicherung, Norbert Liebermann, stammen; eine Äußerung in einem Gespräch mit ihm lässt darauf schließen: „Die Beziehungen zu einem meiner treuesten Bauherren konnten durch den Glücksfall eines Wettbewerberfolges geknüpft werden."[1]

Architekt und Bauherr kamen aus durchaus unterschiedlichen Gesellschaftsschichten. Während Boltenstern dem gehobenen Wiener Bürgertum entstammte, kam Liebermann aus bescheidensten Verhältnissen in Galizien, der entlegensten und rückständigsten Gegend der Monarchie.[2] Als 17-Jähriger zog er in die Reichshaupt- und Residenzstadt, fristete zunächst mit Gelegenheitsjobs (unter anderem als Zeitungsverkäufer) sein Dasein und kam wenig später als Fremdsprachenkorrespondent bei der Lebensversicherung Atlas unter, wo er sich rasch hocharbeiten konnte. Liebermann war Gründungsmitglied der Gewerkschaft der Versicherungsangestellten, für die er publizistisch und als Funktionär tätig blieb. Hugo Breitner, Stadtrat für Finanzen im sozialdemokratischen Wien, holte ihn 1922 an die Spitze der Städtischen Versicherung, die zu diesem Zeitpunkt kurz vor einem Zusammenbruch stand. Liebermann gelang in den folgenden zwölf Jahren nicht nur der Turnaround, sondern er konsolidierte das Unternehmen derart, dass es zu den führenden Gesellschaften in Österreich wurde. Nach dem 12. Februar 1934 wurde Liebermann als Repräsentant der sozialdemokratischen Elite Wiens zwangspensioniert. Er ging nach London ins Exil, kam aber, um offene Pensionsfragen zu klären, im März 1938 wieder nach Wien. Nach dem

Ballettvorführung auf der Baustelle
FOTO HENISCH

155

Novemberpogrom wurde er ins KZ Dachau deportiert. Dank des anwaltlichen Beistandes von Adolf Schärf, der Hilfe seiner bereits emigrierten Kinder und nach Überlassung seiner gesamten Abfertigung gelang es ihm, über Kuba in die USA einzureisen, wo er später unter anderem an einem Entwurf für eine nationale Krankenversicherung der Roosevelt-Administration mitarbeitete. Als er 1947 von Bürgermeister Theodor Körner persönlich eingeladen wurde, die Leitung der Wiener Städtischen wieder zu übernehmen, zögerte Liebermann trotz seiner 66 Jahre nicht, um, wie er es in Briefen an Freunde ausdrückte, „aus dieser trostlosen Situation des Nichtstuns" ausbrechen zu können. Aus den USA mitgebracht zu haben scheint er auch seine Bewunderung für Wolkenkratzer.

Für Erich Boltenstern ergab sich 1949 eine erste Arbeit für die Wiener Städtische: Die Kundendiensträume im Erdgeschoss des Geschäftssitzes an der Tuchlauben waren zu adaptieren. Im gleichen Jahr baute Boltenstern auch Liebermanns private Wohnung im 19. Bezirk um – Beweis für die Verbundenheit zwischen Bauherrn und Architekten. Kurz darauf scheint diese vertrauensvolle Beziehung zum Direktauftrag für den Ringturm geführt zu haben.

DER RINGTURM – EIN SYMBOL IM DOPPELTEN SINN

„Wir bauen ein Hochhaus", mit diesem Leitspruch begann der Generaldirektor der Wiener Städtischen Versicherung nicht nur seine Rede anlässlich der Eröffnung des Ringturmes; schon zuvor war dieser Satz zur Motivation seiner Umgebung immer wieder gefallen. Es gelang dem Kommunikationstalent, den Boltenstern-Entwurf von Anfang an und ganz gegen die allgemein verbreitete Hochhausskepsis zu einem Wiener Wahrzeichen zu machen, so dass nach seiner Fertigstellung so mancher Journalist überschwänglich berichtete: „… es steht im Mittelpunkt des Interesses der Bevölkerung. Seine moderne Bauweise findet überall Bewunderung."[3] Mit verschiedenen Aktivitäten wurde versucht, das Bauwerk den Wienern quasi als Geschenk zu überlassen: In einem Wettbewerb sollte sich die Bevölkerung einen Namen einfallen lassen,[4] ein Wienerlied im Takte des gerade modernen Foxtrott entstand, und der Chefredakteur der Pressestelle der Stadt Wien verfasste zur Eröffnung des Hauses ein Gedicht, dessen Schlussvers schon die Qualität einer Landeshymne hatte: „Wiener Landschaft, gepriesen. Heimatbild für Ewigkeiten."

Diese euphorische Inbesitznahme wird durch den zeithistorischen Kontext verständlich: In der Planungsphase des Hochhauses, die im Sommer 1952 begann, war Wien – ausgenommen die Innenstadt, die von den Besatzungsmächten gemeinsam verwaltet wurde – noch in vier Sektoren geteilt. Gedacht war der Turm zu dieser Zeit als Zeichen der aufstrebenden Kapitalwirtschaft der westlich besetzten Bezirke, als deren erhobener Zeigefinger in Richtung der rückständigen, russisch besetzten Zone auf der anderen Seite des Donaukanals. Im Jahr der Fertigstellung, 1955, ist der Bau – nicht zuletzt durch die Koinzidenz mit dem Abschluss des Staatsvertrags und dem Ende der Besatzung – zum Symbol für vollendeten Wiederaufbau und beginnenden Wohlstand geworden. Im selben Jahr wurde auch die Wiener Staatsoper wieder eröffnet, die Stadthalle war im Bau und stand kurz vor ihrer Fertigstellung, die Passage unter der Opernkreuzung wurde eröffnet, kurzum: In Wien wurde an allen Ecken gebaut und modernisiert. Man glaubte, den „Aufstieg zur Weltstadt", einem Gipfelsturm gleich, geschafft zu haben. Aus heutiger Sicht stellt sich das Bild anders dar: Zaghaftigkeit und konservative Restriktionen, die das Klima im Nachkriegs-Österreich prägten, bleiben die bestimmenden Eindrücke.

Müsste man ein Bild für dieses Klima, in dem Österreich seinen Anschluss an die Moderne suchte, wählen, für den Bereich der Architektur würde man es im Ringturm von Erich Boltenstern finden: integer, schlicht, ohne großen Gestus.

Der Ringturm, 1958
Im Hintergrund Baustelle des Wohnbaues
der Gemeinde Wien, Schottenring 28
LANDESBILDSTELLE WIEN, MA 13

Ganz vorsichtig schimmert in diesem Bau bereits ein – wenn auch verhaltener – Blick
nach Amerika durch: Ein Blick über die Grenzen der kleinen, wieder erstandenen Republik
Österreich war nach diesen acht Jahren Gleichschaltung von größerer Bedeutung, als wir
das heute nachempfinden können. Im Archiv Boltensterns haben sich zwei Entwurfsva-
rianten für das Hochhaus in Stahlkonstruktion erhalten, auf denen die Absicht, ein möglichst „amerikanisches Hochhaus" zu bauen, deutlich zur Geltung kommt.
Mitbestimmend für die Errichtung eines Hochhauses an dieser Stelle mag die Diskussion
um einen architektonischen Abschluss der hier städtebaulich unvollendeten Ringstraße
gewesen sein. Obwohl keine Straßenflucht auf den Ringturm direkt zuweist, bildet der
Turm am Scheitel einer Krümmung des Donaukanals den Zielpunkt der Blickachse, besonders von der Roßauer Lände oder von der Schwedenbrücke aus. Die lobenden Urteile
zweier Architekten, Clemens Holzmeister und Roland Rainer (quasi der etablierte und der

157

aufgehende Stern am Wiener Architekturfirmament), die von einer „städtebaulich aner-
kennenswerten Leistung, die zu begrüßen ist", sprachen, wurden im Mitteilungsblatt der
Wiener Städtischen zitiert.

Diese städtebaulichen Fragen zur Essenz des Zeichenhaften in der Stadt haben durch
die in Wien heute geführte Hochhausdebatte mit mehreren Realisierungen, aber auch
Verhinderungen an Aktualität gewonnen.

EIN BAUPLATZ AN DER RINGSTRASSE

Nach den großen Zerstörungen durch die Kriegsereignisse wurden weitsichtige und groß-
städtische Planungen zum Bereich Donaukanal unternommen, der unmittelbaren Umgebung unseres „Protagonisten". Das meiste davon konnte nicht realisiert werden, sie
schufen aber den Bauplatz für den Ringturm: Das auf seiner Parzelle seit 1869 bestehende sogenannte Bürgerspitalfonds-Haus wurde durch abziehende SS-Einheiten in Brand
geschossen und musste 1945 abgetragen werden; das Grundstück blieb bis zum Beginn
der Bauarbeiten für das Hochhaus, 1953, mit einem Bretterzaun umgeben.

Auf der Suche nach einem Bauplatz für einen Neubau des aus allen Nähten platzenden
Hauptsitzes der Wiener Städtischen gelang es dem damaligen Generaldirektor Norbert
Liebermann, mit der Stadt Wien einen Grundstückstausch auszuhandeln: Für das im Be-
sitz der Versicherungsgesellschaft stehende Haus Friedrich-Schmidt-Platz 5 erhielt sie das
Grundstück Schottenring 30, das die Hälfte des Baublocks Bürgerspitalfonds-Haus dar-
stellte. Den Umstand, dass sich die Gesellschaft zu dieser Zeit ökonomisch nur die eine
Parzelle leisten konnte, versuchte man mit dem Hinweis, die andere Hälfte werde von der
Stadt selbst gebraucht, zu beschönigen. Diese „Ausrede" lieferte andererseits das beste
Argument für die Notwendigkeit, ein Hochhaus zu errichten – in üblicher Bauhöhe hätten
die gewünschten Büroflächen auf dem Grundstück nicht Platz gefunden.

BAUSTELLE UND AUSFÜHRUNGSDETAILS MIT TECHNISCHEN RAFFINESSEN

Nach zweijähriger Bauzeit wurde der Ringturm, der mit 20 Stockwerken 73 Meter in die
Höhe ragt, am 11. Juni 1955 fertig gestellt. Die Eröffnungsfeier fand drei Tage darauf
unter großem medialen und öffentlichen Interesse statt.[5]

Als oberen Abschluss erhielt der Turm, amerikanischen Vorbildern nachempfunden, einen
20 Meter hohen Leuchtmast, der auch als Blitzforschungsstelle benutzt wurde. Er stand
mit der Wetterstation auf der Hohen Warte in Verbindung und signalisierte der Bevölkerung mittels verschiedenfarbiger Lampen optisch die jeweilige Wetterprognose.

Der Rohbau wurde als Stahlbetonskelett ausgeführt, eine Technik, die sich in Wien über
Jahrzehnte hinweg in der sogenannten „Wiener Schule des Stahlbetonbaus" zu Quali-
tätsleistungen mit Weltgeltung entwickeln konnte.

Boltenstern liefert uns in einer Illustration die Erklärung für die Organisation des Grundris-
ses. In Vorstudien war zur Ermittlung der Bürogröße bzw. deren Einrichtungsmöglichkeit
das Achsmaß von fünf Metern gedrittelt oder halbiert worden, und diese letztere Teilung
wurde auch ausgeführt.[6] Das erlaubte die Einrichtung einer Vielzahl von Kleinbüros, die ursprünglich mittels einer durchsichtigen Glaswand optisch eine Einheit darstellten. Im Laufe der Zeit wurde diese Offenheit allerdings weniger als kommunikativ denn als störend
empfunden. Die Glaswände wurden zuerst mit Folien undurchsichtig gemacht und später
durch Schrankwände ersetzt, die einzelne, in sich abgeschlossene Räume herstellten.

Die Organisation für die Nutzung des Gebäudes folgte von Anfang an einem bewährten
Schema; vor der endgültigen Planung hatten Bauherr und Architekt zur Klärung verschie-

Erich Boltenstern,
Der Ringturm kurz vor der Fertigstellung,
Winter 1954/55
FOTO ZAPLETAL, ARCHIV STILLER

Eingangshalle
LANDESBILDSTELLE WIEN, MA 13

Direktorszimmer
LANDESBILDSTELLE WIEN, MA 13

denster Fragen im Herbst 1952 eine mehrwöchige Reise zu ähnlichen Gebäuden der internationalen Partner unternommen.

Die zum öffentlichen Raum gerichteten Erdgeschossflächen wurden, bis auf die eigene Eingangszone, für Geschäfte des täglichen Bedarfs freigehalten und vermietet. Neben einer Gemischtwarenhandlung (Fa. Meinl) und einer Tabak-Trafik waren eine Filiale der Zentralsparkasse und eine des Verkehrsbüros hier untergebracht.

Für Boltenstern stand der Ringturm am Anfang seiner langjährigen Bauherrenbeziehung zur Wiener Städtischen Versicherung. Es folgten weitere größere, stadtbildprägende Bauten: 1957 das Hotel Europa an der Ecke Kärntner Straße/Neuer Markt, 1961–1970 das Bürogebäude für die Wiener Städtische am Donaukanal, der „Liebermann-Hof", 1964 das „Felderhaus" beim Rathaus, 1971 ein Bürohaus für Wiener Städtische und BAWAG in Linz, dazu zahlreiche Filialen in ganz Österreich. Die letzte Arbeit Boltensterns für die Wiener Städtische war 1974/75 die Filiale im Gebäude des Forum Kaufhauses in Steyr. Da lagen 25 Jahre kontinuierlicher Zusammenarbeit hinter ihm.

Aufgang zu den Obergeschossen
LANDESBILDSTELLE WIEN, MA 13

1 Gespräch des Autors mit Erich Boltenstern im Frühjahr 1987.

2 Zur Biografie von Norbert Liebermann (1881–1959) siehe: Peter Ulrich Lehner, Der Konzern der Wiener Städtischen – ein Wegbereiter des österreichischen Versicherungswesens, in: Versicherungsgeschichte Österreichs, Bd. 3, Wien 1988, S. 1074–1079.

3 Der Privatangestellte, Juni 1955.

4 Zu diesem Wettbewerb langten 6.502 Einsendungen ein; für den Namen „Ringturm" erhielt Herr Oskar Wittinger aus Wien als Sieger ein Preisgeld von 100 Schilling; vgl. Mitteilungen 4/1955, S. 13.

5 Erhalten hat sich neben zahlreichen Zeitungsartikeln auch ein Beitrag der „Wochenschau". Radio-Interviews, die in den „Mitteilungen" bzw. durch Fotos dokumentiert sind, haben sich als Tonträger leider nicht erhalten.

6 E. Boltenstern in: „Ringturm", Monographienreihe „Der Aufbau", erschienen aus Anlass der Eröffnung des Gebäudes, S. 11.

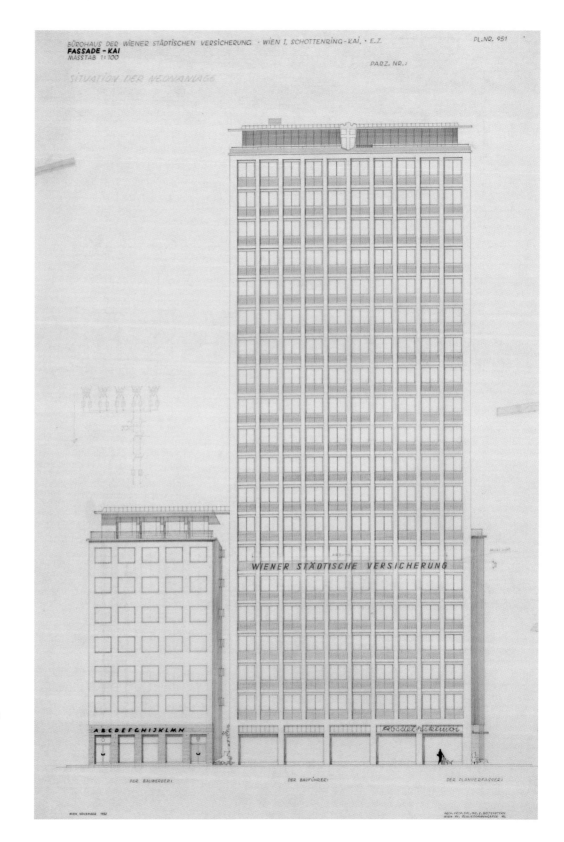

Erich Boltenstern,
Ringturm, 1952–1955
Fassade Kai, 1952
ARCHIV ERICH BOLTENSTERN

„An der Schwelle zu den fünfziger Jahren orientierte sich die ausgehungerte Generation an synthetischen Wunschbildern aus amerikanischem Alltagsstandard und
europäischer Avantgardekunst. Und alles, was helfen konnte, ästhetische Wertvorstellungen faschistischer Zeit – symmetrische Feierlichkeit, Ordnung bis ins letzte
Glied – aus dem Weltbild zu verbannen, wurde vereinnahmt, je schräger (schiefer,
verbogener), je lieber. Die freie Form hielt hemmungslos Einzug in die Wohnungen,
manifestierte sich im banalsten Gebrauchsgegenstand."

Angela Hareiter, „… Man sollte fleischfarben sein". Die Alltagskulisse bleibt, die Requisiten ändern sich, in: Liesbeth Waechter-Böhm (Hg.), Wien 1945
davor/danach, Ausstellungskatalog, Wien 1985, S. 47.

„Wie vor 10, 15 Jahren das Wiederentdecken der 50er Jahre begonnen hat, sind wirklich
nur diese Happy-Life-Geschichten rezipiert worden, die Musik, das Kino, die Radios,
Mixer und Autos, und man hat das alles wieder sehr lustig und toll empfunden. Was
aber in diesem Zusammenhang überhaupt nicht mitvollzogen wurde, war die Auseinandersetzung mit der Nazizeit und der unmittelbaren Nachkriegsgeschichte als
einer Zeit nach einem scheinbar vollständigen Bruch."

Margherita Spiluttini im Gespräch mit Wolfgang Kos, in: Die Form der Zeit. Architektur der 50er Jahre, Ausstellungskatalog, Wien 1992, S. 5.

DIE WIEDERAUFBAUÄRA IM RÜCKBLICK | EINE ZITATENSAMMLUNG VON GABRIELE KAISER

Titelseite „Der Bau" 1956, Heft 11/12, Clemens Holzmeister/Friedrich Baravalle/Wander Bertoni, Entwurf Denkmal in Portugal, ARCHIV ERICH BOLTENSTERN

DER

BAU

HERAUSGEGEBEN

UNTER MITWIRKUNG DER

ZENTRALVEREINIGUNG

DER ARCHITEKTEN

11. JAHR 1956   HEFT 11/12

KIRCHE PARSCH

HOTELS

BAUORDNUNG

PAVILLONARCHITEKTUR DER WIENER MESSE NACH DEM ZWEITEN WELTKRIEG

MARKUS KRISTAN

VOM SCHMETTERLING ZUM PAVILLON

Das französische Wort „Pavillon" bezeichnete ursprünglich ein kleines, frei stehendes Gartenhaus, das meist als ein von Stützen getragenes Dach einen offenen Raum in Parkanlagen bildete. Der Begriff findet auch bei Festzelten Verwendung, was mit der etymologischen Herkunft des Wortes zu tun hat: Auf lateinisch heißt „papilio" Schmetterling. Da große Zelte wegen der ausgespannten Plane Schmetterlingen ähnlich sehen, wurde das Wort von den Römern auch für „Hauszelte" verwendet.

Im Laufe der Zeit, vor allem ab dem 19. Jahrhundert, wurden größere Anlagen in „Pavillonbauweise" oder im „Pavillonsystem" errichtet. Dieses System, bei dem kleinere Gebäude zu Gruppen zusammengeschlossen wurden, kam bei Schulen, Spitälern sowie bei großen Kunst- und Industrieausstellungen, den späteren Messen, zur Anwendung. Gerade im Ausstellungs- und Messebau konnte mit kleinen Gebäuden der angestrebten Individualität der Aussteller optimal entsprochen werden. Bei Weltausstellungen trugen nationale Pavillons nicht nur zur Identitätsstiftung bei, sie erwiesen sich auch für die Produktpräsentation als zweckmäßiger als universale Hallen, in denen alle Güter aller Nationen unter einem Dach gezeigt wurden. Heutigen Ansprüchen, bei denen einem effizienten Arbeitsablauf die größte Bedeutung zukommt, genügt das Pavillonsystem oft nicht mehr und es werden – gerade im Spital- und Messebau – große zentrale Bauten errichtet. Im gegenwärtigen Messebau sind es riesige Hallen, die das Erscheinungsbild der Anlagen bestimmen.

Messepavillons sind, wie schon ihre architekturgeschichtlichen Vorfahren, die Gartenhäuschen, vom Konstruktiven bestimmt und wurden im Allgemeinen in Leichtbauweise errichtet. Da für Ausstellungszwecke Oberlicht als ungeeignet galt, wurde hochgezogenes Seitenlicht bevorzugt.

Messepavillons sind meistens nur für einen begrenzten Zeitraum gedacht, was dem Entwerfer den großen Vorteil bietet, freier planen zu können als für langfristig bestehende Bauten. Sowohl Architekten als auch Auftraggeber sind daher bei dieser Bauaufgabe mutiger und innovativer als bei sonstigen Bauten. Auch die kontrollierenden und den Gestaltungswillen der Architekten oft einschränkenden Baubehörden scheinen hier so manches Gesetz nicht gar so streng auszulegen. Die Pavillons sind daher häufig bevorzugtes Spielfeld attraktiv-dekorativer Gestaltung. Nicht nur in technischer, sondern auch in stilistischer Hinsicht sind den Ausstellungsbauten kaum Grenzen gesetzt.

Das Erscheinungsbild der Wiener Messepavillons mag auch davon beeinflusst gewesen sein, dass nur eine sehr knappe Bauzeit zur Verfügung stand. Es gab sowohl vor als auch nach dem Krieg zwei große Wiener Messen pro Jahr: eine im Frühjahr und eine im Herbst. Mit dem Bau der Pavillons musste in der Regel unmittelbar nach der Frühjahrsmesse, die meist Mitte März stattfand, begonnen werden, um in den wenigen Monaten bis zur nächsten Herbstmesse, die für gewöhnlich Mitte September abgehalten wurde,

Oswald Haerdtl,
Wiener Internationale Messe 1953,
Pavillon der Firma Felten & Guilleaume
FOTO LUCCA CHMEL, NACHLASS OSWALD HAERDTL,
ARCHITEKTURZENTRUM WIEN, SAMMLUNG

mit den Bauarbeiten fertig zu sein. Für besonders aufwendige Konstruktionen blieb daher keine Zeit.

Im Unterschied zu Architektur- oder Kunstausstellungen, bei denen die Pavillons für sich selbst als Kunstwerke gedacht sind, haben Messepavillons die Aufgabe, für ein bestimmtes Erzeugnis zu werben, auf ein bestimmtes Produkt hinzuweisen. Zumeist soll dieses Produkt mit den Begriffen „modern" und „zeitgemäß" assoziiert werden. Es hat daher auch die Architektur, die diese Botschaft transportieren soll, „modern", „zeitgemäß", ja nach Möglichkeit „zukunftsorientiert" zu sein. Um sich des größtmöglichen Interesses für die ausgestellten Produkte zu versichern, wurde die Architektur, in der die Produkte präsentiert wurden, als ein wichtiger Anziehungspunkt mit einbezogen.

MODERAT MODERNE MESSEPAVILLONS

1966 schrieb Ottokar Uhl in seinem bahnbrechenden Architekturführer: „Die Architekten waren der Aufgabe des Wiederaufbaus nicht gewachsen. Man besaß keine Ordnungsprinzipien: weder waren konstruktive Gedanken so stark, daß sie wenigstens vorübergehend ein Konzept hätten geben können, noch waren funktionelle, städtebauliche oder soziologische Konzepte vorhanden."[1] Die in Österreich nach dem Krieg vertretene Architekturrichtung ist als stilistischer Kompromiss mit dem faschistischen Historismus anzusehen. Offenbar war die in dieser Zeit tätige Generation noch von der negativen Reaktion des NS-Regimes auf den Internationalen Stil verunsichert. Für Uhl zeigte sich 1966 deutlich, dass der Anschluss Österreichs an die moderne Architekturentwicklung in der Zwischenkriegszeit zwar äußerlich-formal, aber nicht in den Grundsätzen gefunden worden war. Dementsprechend ließ Uhl für das erste Jahrzehnt nach Ende des Krieges nur zwei Bauten gelten, die den Maßstäben von 1966 genügten: das Strandbad Gänsehäufel, erbaut 1948/49 von Max Fellerer (1889–1954) und Eugen Wörle (1909–1996), und den Messepavillon „Felten & Guilleaume", erbaut 1953 von Oswald Haerdtl. „Fast tragisch ist es, daß in der Not der Nachkriegszeit die beiden bedeutendsten Bauten ein Strandbad und ein Ausstellungsbau waren. Wenn überhaupt, dann sind in diesen Bauten gute Traditionen der dreißiger Jahre noch feststellbar."[2] Dass es gerade ein Messepavillon war, den Uhl (und nicht nur er allein) zu den bedeutendsten österreichischen Bauten der Nachkriegszeit zählte, steigert die Bedeutung dieser Bauaufgabe wesentlich.

Für die Nachkriegsmessen waren – wie bereits vor dem Krieg – nahezu alle bedeutenden Architekten tätig. Auch Architekten, die bereits in der Zwischenkriegszeit Pavillons errichtet hatten – wie Oswald Haerdtl (1899–1959) und Siegfried Theiß (1882–1963) & Hans Jaksch (1879–1970) –, wurden wieder beschäftigt. Daneben kam aber nach und nach eine jüngere Architektengeneration zum Zug, die neue Akzente einbringen konnte. Erich Boltenstern stand mit seinen Messepavillons in Konkurrenz zu den Architekten seiner Generation, die – wie er – schon viele Jahre lang tätig waren, und auch zu den soeben erst ihre Tätigkeit aufnehmenden jüngeren Architekten, die nach dem Ersten Weltkrieg geboren waren.[3]

Bereits vor dem Krieg war einer der erfolgreichsten Ausstellungs- und Messepavillonentwerfer Österreichs direkter Konkurrent Erich Boltensterns gewesen. Zweimal unterlag Boltenstern Oswald Haerdtl bei Architekturwettbewerben für die österreichischen Pavillons auf Weltausstellungen: beim Wettbewerb für die Weltausstellung in Brüssel 1935 erhielt Boltensterns Projekt ex aequo mit dem Entwurf von Otto Schottenburger und Adolf Kautzki den dritten Preis,[4] der erste Preis und die Realisierung wurde an Haerdtl vergeben.[5] Und beim Wettbewerb 1936 für den Österreich-Pavillon der Weltausstellung

Siegfried Theiß, Hans Jaksch, Wiener Internationale Messe 1946, Pavillon der Österreichischen Stickstoff AG
FOTO JULIUS SCHERB, ARCHIV THEISS & JAKSCH

Erich Boltenstern,
Wiener Internationale Messe 1947,
Pavillon der Gummiwarenfabrik Semperit
ARCHIV ERICH BOLTENSTERN

Erich Boltenstern,
Wiener Internationale Messe 1949,
Pavillon der Firma Elin
ARCHIV ERICH BOLTENSTERN

in Paris 1937, für den 108 Projekte eingereicht wurden, gab die Jury die Arbeiten von Oswald Haerdtl und Erich Boltenstern zur Weiterbearbeitung zurück. Wieder ging schließlich das Projekt von Oswald Haerdtl siegreich hervor und gelangte zur Ausführung.[6] Federführend bei dieser Entscheidung war Clemens Holzmeister, der Juror des Wettbewerbs war und es geschickt verstand, seine verschiedenen Funktionen in öffentlichen und halböffentlichen Ämtern einzusetzen. Holzmeister war den beiden für die Ausführung in Frage kommenden Architekten verpflichtet, was ihn aus heutiger Sicht als befangen erscheinen lässt, damals aber offenbar toleriert wurde. Boltenstern war zu dieser Zeit bereits zwei Jahre Assistent bei Holzmeister an der Akademie und Haerdtl war Mitglied des „Neuen Werkbundes", dessen Präsident Holzmeister war. Dass die Entscheidung schließlich für das Projekt Haerdtls fiel, hing – so mutmaßt der Biograf Haerdtls, Adolph Stiller – mit der neuen Leitung des Ministeriums zusammen, die kurz vor der Entscheidung im November 1936 eingesetzt worden war.[7]

Bei einem anderen prestigeträchtigen Pavillonprojekt im Ausland war Erich Boltenstern bereits zwei Jahre zuvor dem damaligen Altmeister der österreichischen Architekturszene unterlegen: Josef Hoffmann (1870–1956) gewann 1934 den Wettbewerb für den Österreich-Pavillon für die Biennale in Venedig. Hoffmann hatte einen streng neoklassizistischen Bau konzipiert, der wohl dem Zeitgeist entgegenkam.

Für die Wiener Messe entstanden unmittelbar nach dem Krieg sehr einfache Pavillons, beispielsweise jene für die Wiener Molkerei (WIMO) und die Österreichische Stickstoff AG, die von Siegfried Theiß & Hans Jaksch für die erste Nachkriegsmesse 1946 gebaut wurden. Der Wiener-Molkerei-Pavillon wurde auf einer Grundfläche von 25 x 12,5 Metern als Holzriegelkonstruktion mit flachem Satteldach errichtet, wobei die Dachbinder sichtbar belassen wurden. Der Pavillon für die Österreichische Stickstoff AG war flachgedeckt und hatte eine verbaute Fläche von 18 x 6 Metern, beiderseits des Eingangs befanden sich Sgraffiti von Leopold Schmidt.[8]

Nahezu prunkvoll und architektonisch aufwändig nimmt sich im Vergleich dazu der Pavillon der Gummiwarenfabrik Semperit von Erich Boltenstern aus dem Jahr 1947 aus. Ein reduzierter, vornehmer Neoklassizismus in der Art Josef Hoffmanns mit Pfeilern, breitem,

167

sparsam profiliertem Traufgesimse, Dreiecksgiebel und vom Boden bis zum Gesimse reichenden Fensterflächen prägen das Erscheinungsbild des baukastenartig zusammengesetzten Gebäudes.

Wesentlich „trockener" und der Architekturauffassung eines Oswald Haerdtl näher stehend wirkt Boltensterns Pavillon für den Elektrogerätehersteller Elin aus dem Jahr 1949. Eine klare, lineare Konstruktion ohne einer Spur von naturhaft-organischer Gestaltung, wie sie in diesen Jahren in Mode kam, bestimmt das Aussehen. Einzig die dünnen, schräg gestellten Eisenrohre, die das Vordach des Pavillons stützen, stellen eine leichte Irritation und damit zugleich Bereicherung dar.

Einen deutlichen Schritt weiter in Richtung funktionaler, antiklassizistischer Architektur geht der Pavillon der Kaffeefirma Arabia, den Oswald Haerdtl im selben Jahr, 1949, erbaute. Asymmetrischer Grundriss, Podest, Glaswände, innen liegende Stützen, farblich differenziertes Flachdach, dessen Stirnseiten eine Art Traufgesimse bilden, sind die wesentlichen Faktoren der Gestaltung. Der Pavillon könnte schon der Gruppe der „hochmodernen Messepavillons" zugeordnet werden.

Oswald Haerdtl,
Wiener Internationale Messe 1949,
Pavillon der Kaffeefirma Arabia
FOTO LUCCA CHMEL,
NACHLASS OSWALD HAERDTL,
ARCHITEKTURZENTRUM WIEN, SAMMLUNG

NIERENTISCH UND FUNKTIONALISMUS

Heute ist der legendäre „Nierentisch" zum Synonym für den oft eigenwilligen organischen Gestaltungsstil der bürgerlichen Nachkriegsgesellschaft geworden. Dabei werden aber die positiven Design-Aspekte der fünfziger Jahre ignoriert, in denen nach einer zeitgemäßen Warenästhetik gesucht wurde. Diese neue Gestaltungsauffassung kombinierte Erich Boltenstern in seinem Pavillonentwurf für die Österreichische Alpine-Montan-Gesellschaft um 1950[9] mit klaren, sachlichen Elementen. Der Entwurf, der allerdings nicht realisiert wurde, ist ein gutes Beispiel für die Fähigkeit Boltensterns, die zwei dominierenden Architekturtendenzen der österreichischen Nachkriegszeit, die Tradition der Zwischenkriegszeit und die neuen internationalen Tendenzen, miteinander harmonisch zu verschmelzen. Das dominierende organische Element ist eine überdimensionale Eisentraversenkonstruktion, die sich zeichenhaft weit über den Pavillon spannt, ihn durchdringt, wobei sich die Stützen nach unten zu verjüngen, und zugleich als Träger des Daches konstruktiv genutzt ist. Die Verwendung des Materials Eisen weist auf die Erzeugnisse der Alpine-Montan-Gesellschaft hin.

Für Messepavillons Baumaterialien zu verwenden, die sich auf die Produkte des Ausstellers beziehen, war schon in der Zwischenkriegszeit üblich gewesen. In diesem Sinne ist auch die mit Holzbrettern beschlagene Decke des Pavillons für die Tischlerei Schipek zu sehen, den Boltenstern 1949 entwarf, also aller Wahrscheinlichkeit nach etwa um die gleiche Zeit wie jenen für die Österreichische Alpine-Montan-Gesellschaft. Neben dem vorkragenden Dach, dessen geschwungene Stirnseite dominierend für das kleine Gebäude ist, bildet der gleichfalls mehrfach gekrümmte Holzverbundträger ein wesentliches Element der Konstruktion.

Erich Boltenstern,
Wiener Internationale Messe 1949,
Pavillon der Tischlerei Schipek

Erich Boltenstern,
Entwurfszeichnung für die
Umgestaltung des Pavillons
des Radiogeräteherstellers
Horny AG auf dem Gelände
der Wiener Internationalen
Messe, 1950
ARCHIV ERICH BOLTENSTERN

Erich Boltenstern,
Entwurfszeichnung für den Pavillon der
Alpine-Montan-Gesellschaft auf dem
Gelände der Wiener Internationalen
Messe, um 1950
ARCHIV ERICH BOLTENSTERN

Erich Boltenstern,
Wiener Internationale Messe 1957,
Pavillon der Firma Sowitsch Aufzüge
ARCHIV ERICH BOLTENSTERN

Die Baugeschichte des Messepavillons für den Radiogerätehersteller Horny AG, besser bekannt unter dem Namen „Hornyphon", lässt sich anhand der vorliegenden Unterlagen nicht genau rekonstruieren. Vermutlich stammte der Pavillon aus der unmittelbaren Nachkriegszeit und sollte 1950 von Erich Boltenstern umgebaut werden. Die gezeichneten Innenansichten von Boltenstern zeigen – ähnlich wie die Entwurfspläne für den Pavillon der Österreichischen Alpine-Montan-Gesellschaft – eine Kombination von geschwungenen Formen und funktionalistisch beeinflussten Elementen. Der Entwurf von Boltenstern wurde nicht durchgeführt, erst 1951/52 dürfte Architekt Alexander Demmer den Pavillon tatsächlich umgebaut haben.[10] Demmer war ein bekannter Ausstellungsarchitekt, der eine Reihe von Großausstellungen auf der Wiener Messe gestaltete. Außerdem gilt er als Pionier der Wiener Schaufensterkultur, der in Kursen seit der Zeit nach dem Ersten Weltkrieg die formalen und künstlerischen Voraussetzungen für eine bewusste Gestaltung von Schaufenstern, Messe- und Ausstellungsständen schuf.

Ohne gekurvte Linien, aber nicht ganz frei von klassizistischen Elementen ist der von Boltenstern gleichfalls 1949 entworfene Pavillon für die Firma Sowitsch Aufzüge, der für die Frühjahrsmesse 1950 realisiert wurde. Das kleine Bauwerk stand über rechteckigem Grundriss, war mit einem flachen, vorkragenden Dach gedeckt und erfuhr durch kräftige Wandpfeiler eine Akzentuierung. Vor allem mit dem aus der Mittelachse gerückten, vor die Fassade gestellten Aufzugsturm überwand Boltenstern hier den Klassizismus und schuf – ähnlich wie bei seinem ÖAM-Pavillon – ein zeichenhaftes Symbol. Dieser eingeglaste Eisenkonstruktionsturm mit einer Höhe von ungefähr 15 Metern war ausgesprochen werbewirksam: Das Messepublikum konnte in einer Liftkabine mit freiem Blick nach allen Seiten hinauffahren.[11] Die Fassadenflächen des Pavillons waren – soweit das

171

die Fotografien von Lucca Chmel, der bekanntesten Architekturfotografin der österreichischen Nachkriegszeit, erkennen lassen – mit Wellblech verkleidet, was wohl wiederum im Sinne einer „Corporate Identity" der vor allem mit Metall arbeitenden Aufzugsfirma zu verstehen ist. Interessanterweise verliefen die Wellen an den Außenseiten horizontal und an den Innenwänden vertikal.

Vermutlich 1958 wurde der durch seine Silhouette populär gewordene Sowitsch-Aufzugsturm an die Nordwesthalle angebaut und als neuer Messepavillon der Firma Sowitsch genutzt. Auch die Außenwände dieses Turms, dessen Entwurf von einem Angestellten der Aufzugsfirma stammte, waren mit Wellblechplatten verkleidet.

HOCHMODERNE MESSEPAVILLONS

Für den Wiener Messebau sind zumindest zwei Namen zu nennen, die den Klassizismus in der österreichischen Architektur überwanden und in diesem Sinn „hochmoderne" Messearchitektur schufen: Oswald Haerdtl und Karl Schwanzer (1918–1975). Haerdtl war Schüler und Mitarbeiter Josef Hoffmanns, Karl Schwanzer wiederum Mitarbeiter im Atelier Haerdtls gewesen. Drei der bedeutendsten österreichischen Architekten für Messe- und Ausstellungspavillons sind dadurch eng miteinander verbunden. Die österreichische Nachkriegsarchitekturikone, der Messepavillon für die Kabel- und Gerätefabrik Felten & Guilleaume von Oswald Haerdtl aus dem Jahr 1953, wurde schon kurz erwähnt. Der filigrane, baldachinartige Körper mit innen liegender Konstruktion, bestehend aus vier Stützen und einem hochgezogenen Mitteltrakt, der von einer Glashülle umfangen wird, zählt zu den freiesten und konsequentesten Arbeiten der Wiederaufbauphase. Diese unerschrockene und geradlinige Architekturrichtung blieb aber – wie schon ausgeführt – im Österreich der Nachkriegsjahre auf temporäre Ausstellungsbauten beschränkt.

Entwicklungsmäßig nicht weit davon entfernt ist der Pavillon der Firma Kunststoffe Heinrich Schmidberger von Karl Schwanzer, der gleichfalls 1953 entstand. Ein hoher, rechteckiger Baukörper mit verglasten Stirnseiten und geschlossenen Seitenwänden sowie ein stützenfreier Innenraum sind die wesentlichen Charakteristika dieser begehbaren „Vitrine".

Karl Schwanzer,
Wiener Internationale Messe 1953,
Pavillon der Firma Kunststoffe Heinrich
Schmidberger
ARCH. MARTIN SCHWANZER

Wiener Internationale Messe 1957,
amerikanischer Pavillon im Aufbau,
v. l. n. r. George Thomas Gardner
(amerikanischer Delegierter),
Friedrich Josef Riha (Wiener Messe),
Karl Schwanzer (Bauleiter),
Aufnahme 22. August 1957
ÖSTERREICHISCHE NATIONALBIBLIOTHEK,
BILDARCHIV

Karl Schwanzer (Bauleitung),
Wiener Internationale Messe 1957,
amerikanischer Pavillon, Vogelperspektive
(links dahinter der Pavillon der Sowjetunion),
Aufnahme September 1957
ÖSTERREICHISCHE NATIONALBIBLIOTHEK, BILDARCHIV

Noch einen radikalen Schritt weiter ging Karl Schwanzer im Jahr darauf, 1954, mit seiner Präsentation der Erzeugnisse der Schmid-Stahlwerke, deren Werksarchitekt Boltenstern von 1939 bis in die frühen fünfziger Jahre war. Hier kann nicht von einem Pavillon gesprochen werden. Frei auf dem Platz, in scheinbar willkürlicher Anordnung waren unter mehreren „schwebenden" Wellblechdächern Metallkonstruktionen und Erzeugnisse der Firma – wie Benzinzapfsäulen, ein Dachstuhlmodell, eine Tür mit Zarge, aufgestellt. Eine kleine – geschlossene Koje diente zur Betreuung und Beratung der Kunden. Durch die Einbeziehung der auf dem Grundstück wachsenden Bäume in die Präsentation der Metallbauteile entstand ein wirkungsvoller Kontrast zwischen Technik und Natur.
Sowohl der Felten & Guilleaume-Pavillon als auch die Präsentation der Schmid-Stahlwerke erinnern stark an Baldachine oder Zelte und stehen somit dem Ursprung des Wortes „Pavillon" nahe.

GUTE FORM UND KONSTRUKTION

Für Karl Schwanzer galt wie für viele seiner Zeitgenossen das Schlagwort von der „guten Form". Im Gegensatz zu Roland Rainer (1910–2004) aber, für den soziale Konzepte die Grundlage der guten Form bildeten, waren es für Schwanzer Technik, Naturwissenschaft und Ergonomie.
Ein Architekt, der eine Art Missing Link zwischen Rainer und Schwanzer bildete, war Carl Auböck (1924–1993). 1956 schuf er einen Pavillon für die Wiener Arbeiterkammer, der auch außerhalb der Bauaufgabe Messepavillon als ein herausragendes kleines Gebäude gelten kann. In der Art von Ludwig Mies von der Rohe und vielleicht auch beeinflusst von der damaligen modernen Architektur in Amerika, wo er sich 1952 für eine weiterführende Ausbildung aufgehalten hatte, entwarf Auböck einen Ausstellungsbau, dessen Erscheinungsbild von der Konstruktion bestimmt war. Fünf massive Stahltraversen umspannten den containerartigen Pavillon an der Außenseite und ermöglichten dem Architekten weitestgehende Freiheit beim Aufbau der Wände (Klinkerziegel und Glas) sowie bei der Gestaltung des Innenraumes. Mit dem Bau wurde Auböck seinem Ruf als Vertreter einer funktional klaren und proportional ausgewogenen Architektur gerecht. Auch die Erfahrungen, die Auböck nur kurze Zeit zuvor, 1953, bei der gemeinsam mit Roland Rainer geplanten Fertighaussiedlung in Wien, Veitingergasse gewonnen hatte, sind spürbar.
Ein Schüler von Erich Boltenstern an der Technischen Hochschule Wien und ein großer Verehrer von Oswald Haerdtl ist Karl Mang (geb. 1922). 1965 errichtete er für die Ziegelfabrik Wienerberger auf dem Gelände der Grazer Messe einen Messepavillon, der zugleich ein „Leitbild" schaffen und möglichst variabel sein sollte. Über einem Raster im Modul von 4 x 4 Metern wurde ein Pavillon errichtet, der bis 1969 in vier Baustufen erweitert und verändert wurde. Skelette aus Stahl, Wandelemente, Fenster und Türen waren untereinander austauschbar. Für alle übrigen bautechnisch notwendigen Konstruktionselemente, wie Decke, Isolierungsschicht bzw. Unterbeton usw., wurden Materialien der Ausstellungsfirma verwendet. Beeinflussungen durch asiatische Architektur sind bemerkbar.
Franz Kiener (geb. 1926), Schüler von Clemens Holzmeister, erbaute 1970 für die AEG Telefunken einen – ähnlich dem Konzept von Karl Mang für den Wienerberger-Pavillon in Graz – erweiterungsfähigen Messepavillon. Das Gebäude sollte im Inneren möglichst variabel sein und den Bedingungen einer Verkaufsmesse entsprechen. Um die notwendige Ausstellungsfläche zu erreichen, plante Kiener den Aufbau eines Obergeschosses. Das Konzept beruhte auf einem quadratischen Grundelement mit außenstehenden Kreuzstützen und einer dazwischen gehängten Kassettendecke. Dieses Element wurde dreimal

Karl Schwanzer,
Wiener Internationale Messe 1954,
Pavillon der Schmid-Stahlwerke
ARCH. MARTIN SCHWANZER

Carl Auböck,
Wiener Internationale Messe 1956,
Pavillon der Arbeiterkammer Wien
FOTO MARIA WÖLFL, ARCHIV DER KAMMER FÜR
ARBEITER UND ANGESTELLTE FÜR WIEN

175

Karl und Eva Mang,
Messe Graz 1965,
Messestand der Wienerberger Ziegelfabrik
FOTOS KARIN RITTER, ARCHIV KARL MANG

aneinander gereiht und somit die gesamte Länge des Grundstückes ausgenützt. Eine
Erweiterung des Pavillons mit gleichen Elementen wäre möglich gewesen.

Bei den Aushubarbeiten für den Pavillon stieß man überraschenderweise auf Reste der
Rotunde, die derart massiv waren, dass sie als Fundamente verwendet werden konnten. Diese Begebenheit erhält rückblickend eine symbolträchtige Aussagekraft: Das Neue
baut auf dem Alten auf, beides bedingt einander. Mit der zufälligen Ausgrabung der Ro-
tundenfundamente, Industriearchäologie im wahrsten Sinne des Wortes, schloss sich der
Kreis einer nahezu 100-jährigen Bautätigkeit für Ausstellungen auf dem Wiener Messegelände.

Franz Kiener,
Wiener Internationale Messe 1970,
Pavillon der AEG
FOTOS LUCCA CHMEL, ARCHIV FRANZ KIENER

Auch zwischen Erich Boltenstern und dem neuen, 2004 eröffneten Messezentrum Wien lässt sich eine Beziehung herstellen: Erich Boltenstern war nach dem Krieg der Assistent Clemens Holzmeisters an der Akademie der bildenden Künste und unterrichtete dort einige der heute bekannten Holzmeister-Schüler. Zu den damaligen Studenten zählte Gustav Peichl (geb. 1928), der nun – ein halbes Jahrhundert später – gemeinsam mit seinen Partnern das neue Messezentrum Wien errichtet hat.

1 Ottokar Uhl, Moderne Architektur in Wien von Otto Wagner bis heute, Wien-München 1966, S. 89.
2 Ebd.
3 Für Informationen, Fotos, Entwurfszeichnungen und Zeitschriftenartikel über die Messepavillons von Erich Boltenstern danke ich Judith Eiblmayr und Iris Meder, ohne deren Hilfe und Unterstützung ich diesen Beitrag nicht hätte schreiben können.
4 Österreichs Pavillon bei der Weltausstellung in Brüssel 1935, in: Profil, 3. Jg., Heft 1, Jänner 1935, S. 7–13.
5 Vgl. Adolph Stiller, Oswald Haerdtl. Architekt und Designer, 1899–1959. Aus der Sammlung des Architekturzentrums Wien, Katalog zur gleichnamigen Ausstellung im Wiener Ringturm, Salzburg 2000, S. 229.
6 Vgl. ebd., S. 84–99.
7 Ebd., S. 93.
8 Georg Schwalm-Theiß, Theiß & Jaksch. Architekten 1907–1961, Wien 1986, S. 158.
9 Die Entstehungszeit des Pavillons lässt sich derzeit aufgrund fehlender Unterlagen nicht genau feststellen. Die im Nachlass Erich Boltenstern vorhandenen Pläne sind nicht datiert, und weder im Messe- noch im VOEST-Archiv haben sich Unterlagen zu dem Pavillon erhalten.
10 Vgl. August Lichal, Arch. Z. V. Alexander Demmer, in: Die Werbung, Heft 3/4, Wien 1952, S. 5–7.
11 E. A., Ein kritischer Rückblick auf die Wiener Frühjahrsmesse, in: Die Werbung, Wien, April 1950, S. 5.

„Uns fasziniert heute an der Architektur der fünfziger Jahre der naive, zukunftsgläubige Geist einer vorkommerziellen Zeit. Die etwas hausbackenen Entwurfsmethoden erlaubten noch die Erinnerung an größere architektonische Zeiten, die aus dem Handwerklichen ausbrechende Bauwirtschaft trug schon die Zeichen einer größeren technischen Freiheit und Perfektion in sich. Die Umstände zwangen zur Bescheidenheit, jeder Ziegel wurde zweimal umgedreht, bevor man ihn verlegte, so geriet alles etwas hautnaher, proportionaler, verhältnismäßiger. Der Ölschock der siebziger Jahre hat uns die Architektur von 1955 wieder etwas näher gebracht. Die scheinbare grenzen- und hindernislose Machbarkeit der baulichen Welt ist radikal gestoppt worden, womit die Eigenschaften der Architektur der fünfziger Jahre eine andere Wertigkeit bekommen haben. Die labile Haltung zwischen architektonischen Konventionen und aufmuckendem Fortschritt, der naive Glaube an die Form (aus Mailand), die von positivistischen Haltungen verscheuchten Symbole erhalten unter dem Eindruck der sechziger und siebziger Jahre einen neuen Verkehrswert. [...] Die heutige Annäherung an 1955 ist wie eine Heimkehr. Ich habe dabei ein etwas ungutes Gefühl. Nicht weil sich mit uns einiges geändert haben könnte, sondern weil wir doch einmal recht handfeste Gründe hatten, aus diesem Heim auszuziehen."

Friedrich Achleitner, Die Perspektiven des Machbaren. Zur Architektur von 1955 (1982), in: ders., Wiener Architektur. Zwischen typologischem Fatalismus und semantischem Schlamassel, Wien-Köln-Weimar 1996, S. 118 f.

DIE WIEDERAUFBAUÄRA IM RÜCKBLICK | EINE ZITATENSAMMLUNG VON GABRIELE KAISER

der BAU

Schönheit der Architektur
Festspielhaus Salzburg
Die Szene
Biennale Venedig

5 1960

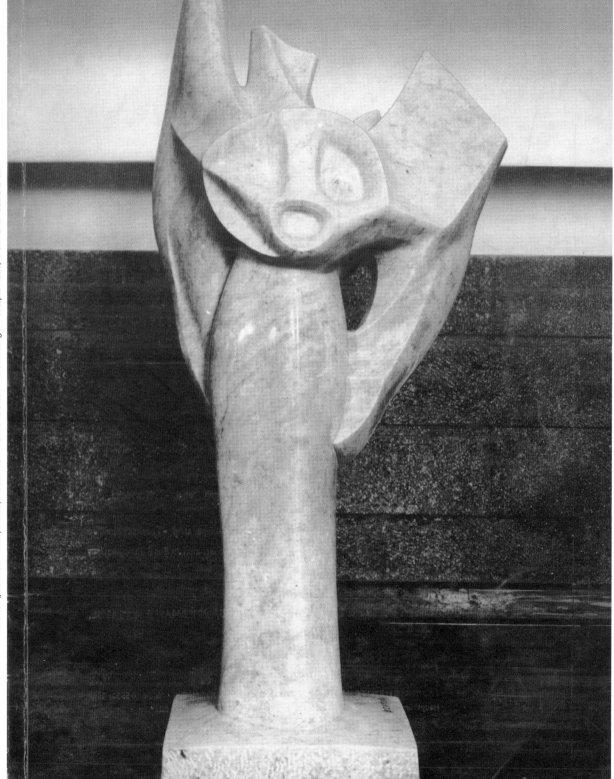

Titelseite „Der Bau" 1960, Heft 5, Plastik von Wander Bertoni im Salzburger Festspielhaus, ARCHIV ERICH BOLTENSTERN

Erich Boltenstern im eigenen Haus,
Schließmanngasse 13, Wien 13, 1950er Jahre
ARCHIV ERICH BOLTENSTERN

ERINNERUNGEN AN UNSEREN VATER

ERICH BOLTENSTERN JUN.

Eigentlich hätte mein Vater Erich Boltenstern Medizin studieren sollen, um die Zahnarzt-Praxis seines Stiefvaters, Gottfried Piwniczka, zu übernehmen. Statt dessen begann er nach dem Ersten Weltkrieg, in dem er dreieinhalb Jahre an der Front in Galizien und Norditalien gedient hatte, das Architekturstudium – und Architektur blieb sein Leben lang seine große Leidenschaft.

Im Jahr 1924 lernte er meine Mutter kennen, und sie heirateten im Jahr 1925. Sie stammte aus einer ungarischen Familie, in der einige Verwandte als Gutsverwalter bei großen Besitzungen arbeiteten. Sie hatte eine künstlerische Ausbildung erhalten, Malerei an der Kunstakademie studiert und Geige spielen gelernt. Von ihrer ungarischen Familie hatte sie die Begeisterung für Gastfreundschaft geerbt – eine Eigenschaft, die für sie und meinen Vater später sehr wichtig wurde.

In den ersten Jahren ihrer Ehe stellte sie die eigenen Interessen in den Hintergrund und widmete sich ihren vier Kindern, geboren 1926 bis 1932. In den mittleren dreißiger Jahren kam ihre Liebe für Gäste und gutes Kochen schon meinem Vater zugute, da es für ihn wichtig war, persönliche Beziehungen zu seinen Bauherren und Kollegen zu pflegen. Wir wohnten damals in einem eingeschossigen Haus in der Lainzer Straße mit einem groß-en Kinderzimmer in der Mitte und einer Glasveranda zum Garten zu. Es kam vor, dass mein Vater am Nachmittag für denselben Abend Gäste ankündigte, die verpflegt werden wollten – selbst das konnte meine Mutter nicht aus der Ruhe bringen. Familienanekdote wurde der Besuch von Professor Heinrich Gomperz, der auch bei Elias Canetti erwähnt wird. Gomperz, ein würdiger, hagerer Mann mit einem langen grauen Bart und einer energischen, Zigarren rauchenden Gattin[1], stand vor verschlossener Gartentür, und die Glocke wurde nicht gehört. Kurzerhand stieg der Herr Professor über den Gartenzaun und öffnete seiner Frau die Tür – der Abend war gerettet.

Im Jahre 1937 übersiedelten wir in das neu gebaute Haus in der Schließmanngasse, dessen Errichtung nicht zuletzt durch einen Nachlass des 1936 verstorbenen Stiefvaters Piwniczka ermöglicht worden war. Dieses Haus spielte in der Zukunft eine große Rolle für die Familie.

In der Zeit des Zweiten Weltkrieges wurden die Aktivitäten bescheidener. Einige gute Freunde und Verwandte kamen zu Besuch. Ich erinnere mich an einen Abend mit dem Architekten Max Fellerer und seiner Frau, der Kostümbildnerin Erni Kniepert. Höhepunkte waren Kammermusik- oder Gesangsabende. Es war eine große Leistung unserer Eltern, eine Familie mit vier halbwüchsigen Kindern und einer alten Großmutter durch den Krieg und die erste Nachkriegszeit unbeschadet und gesund hindurchzubringen. Eine starke seelische Belastung muss für beide gewesen sein, dass ich circa 14 Monate als vermisst gemeldet war.

Nach der ersten Not der Nachkriegszeit trat eine gewisse Konsolidierung ein. Mein Vater hatte sich im Dachboden ein Arbeitszimmer eingerichtet, in dem er in der ersten Zeit, als

Erich Boltenstern mit Sohn Erich jun. und Generaldirektor Otto Binder im Ringturm, 1960er Jahre
FOTO ZAPPE, ARCHIV ERICH BOLTENSTERN

181

Erich Boltenstern beim Heurigen,
Frau Boltenstern und Clemens Holzmeister ganz rechts, ca. 1955
FOTO PRIVAT, FRANZ KIENER

Erich Boltenstern mit Richard Neutra, ca. 1960
FOTO BASCH, ARCHIV ERICH BOLTENSTERN

die Technische Hochschule noch unbeheizt war, oft Studenten zu Korrekturen empfing. Er empfand es als sehr angenehm, in seinem Dachboden zu sitzen und zu arbeiten, während unten im Hause zwanglos musiziert wurde. Diese Abende, zu denen ebenso zwanglos Freunde als Zuhörer kamen, wurden als „Reisfleischpartys" bekannt.

Bald wurden auch berufliche Kontakte geknüpft. Zuerst mit den Kollegen von der Technischen Hochschule – Karl Kupsky, Friedrich Lehmann, Michael Engelhart und später Karl Schwanzer. Nach einiger Zeit kamen auch Kollegen aus dem Ausland zu Besuch, zum Beispiel Hans Hofmann aus Zürich oder Josef Frank, der mit einem kritischen Vortrag in Wien viel Aufsehen erregt hatte. Er war ein stiller, bescheidener Mann, der nicht viel redete. Oder der schwedische Architekt Sven Markelius, der als Juror beim Wettbewerb für die Stadthalle tätig war, und Richard Neutra. Andere, von ihm hoch geschätzte Berufskollegen lernte er im Ausland kennen, wie Gio Ponti, Egon Eiermann oder Alvar Aalto, den wir einmal gemeinsam in Finnland gemeinsam besuchten. Ich erinnere mich an einen Besuch in der frühen Nachkriegszeit von Judith Holzmeister mit ihrem Mann Curd Jürgens bei meinen Eltern. Er soll sich noch viel später an die Schokoladetorte meiner Mutter erinnert haben. In dieser Zeit brachte ein Schulfreund meines Vaters, Friedrich Zsolnay, interessante Persönlichkeiten ins Haus, wie den Regisseur Josef Gielen und den berühmten Dirigentenlehrer Hans Swarowsky. Einmal soll auch der Dichter Fritz Herzmanovsky-Orlando dagewesen sein.

Ein wichtiges Ereignis war die Rückkehr von Clemens Holzmeister aus der Türkei. Mein Vater hatte nach dem Krieg seine Meisterschule, gemeinsam mit Eugen Wachberger, stellvertretend für ihn geführt. Holzmeister begann Anfang der fünfziger Jahre die Kontakte in Österreich wieder aufzubauen. Er war eine vitale und eindrucksvolle Persönlichkeit und liebte es, Feste zu feiern. Er schätzte die Gastfreundschaft meiner Mutter sehr, und es kam nicht selten vor, dass er meine Eltern anrief und fragte, ob er nicht seinen Geburtstag bei uns feiern könne. Sie sagten zu, und Holzmeister brachte bis zu zehn Personen mit – Familie, Freunde, Schüler oder Kollegen. Es wurde musiziert, Reden wurden gehalten, und als Höhepunkt gab es ein laut gesungenes „Im tiefen Keller sitz ich hier"

Erich Boltenstern auf seinem Pferd, 1917
ARCHIV ERICH BOLTENSTERN

Hochzeitsfoto Judith Holzmeister
und Curd Jürgens, 1947
FOTO PRIVAT, ARCHIV ERICH BOLTENSTERN

Zeichnung Erich Boltensterns aus einem
Skizzenblock von Holland und Belgien, 1961
ARCHIV ERICH BOLTENSTERN

Erich Boltenstern mit Sepp und Monika
Stein bei der Feier anlässlich seines
85. Geburtstages in seinem Büro, 1981
FOTO PRIVAT, ARCHIV ERICH BOLTENSTERN

als Solo des Geburtstagskindes. Bei einer solchen Gelegenheit wurde der Architekt Ferdinand Kitt, der an der Technischen Hochschule studiert hatte, feierlich zum Holzmeister-Schüler honoris causa geschlagen.

Aber es wurde bei uns nicht so viel gefeiert, wie es den Anschein hat. Seit seinem Studienbeginn Anfang der zwanziger Jahre konzentrierte sich mein Vater mit voller Kraft auf seine Arbeit als Architekt. Auch seine Urlaube dienten dem Beruf – es waren Studienreisen nach Frankreich, Holland oder in die skandinavischen Länder. Im Mittelpunkt seines Interesses standen Fahrten in Begleitung meiner Mutter nach Norditalien, vor allem zu den Bauten von Andrea Palladio. Die Liebe zur italienischen Renaissance und die klassische Grundhaltung blieben – neben dem großen Einfluss von Oskar Strnad und der schwedischen Architektur – immer bestimmend für seine Arbeit. Sein ehemaliger Schüler und Freund Giovanni Morassutti und dessen Familie standen ihm bei seinen italienischen Reisen mit Rat und Tat hilfreich zu Seite.

In der Architektur entsteht keine bedeutende Leistung durch eine Person allein, sondern jedes Projekt erfordert eine entsprechende Anzahl von Hilfskräften, wobei die Detailarbeit einen desto intensiveren Einsatz erfordert, je kleiner die Aufgabe ist. Zahlreiche Persönlichkeiten unterstützten meinen Vater im Laufe der Jahrzehnte bei seiner Arbeit: Architekten, Assistenten, Ingenieure, technische Zeichner und Sekretärinnen, Reinigungspersonal. Es ist im Rahmen dieses Beitrages leider nicht möglich, alle Namen zu nennen oder alle Persönlichkeiten zu würdigen, obwohl jedem von ihnen für ihren Einsatz und ihr Interesse Dank zu sagen ist.

In den ersten Jahren der Tätigkeit von Erich Boltenstern taucht ein Name immer wieder auf: Baumeister August Jirka. Er soll in seinen Fähigkeiten und seinem Einsatz unübertrefflich gewesen sein. Beim Bau des Kahlenberg-Restaurants wurde Eugen Wachberger zum ersten Mal als Mitarbeiter herangezogen. Seine Begabung für das architektonische Detail ist heute noch an Einzelheiten des Kahlenberg-Restaurants und späteren Bauten für die Nationalbank sowie an seinen erhaltenen Plänen aus dieser Zeit ersichtlich. Er und seine Familie waren jahrelang mit uns befreundet.

183

Nach dem Krieg gewannen die Assistenten an der Technischen Hochschule auch als Mitarbeiter an Bedeutung. Sepp Stein war bei einigen Projekten Boltensterns Partner. Seine Frau Monika (geborene Euler) arbeitete im Büro meines Vaters mit. Kurt Eckel, wie Stein selbst erfolgreicher Architekt, war in der Bauleitung des Ringturms tätig und leitete später den Erweiterungsbau der Pfarrkirche Hinterbrühl.

In dieser Zeit wurde das Büro vergrößert. Büroleiter war viele Jahre hindurch Architekt Franz Graf, eine dynamische Persönlichkeit. Wichtige Mitarbeiter waren Leo Fellner (besonders beim Ringturm), Willy Foltin sowie Ernst Arthofer, später Partner im Büro in der Hohenstaufengasse, und von der HTL Mödling Schweiger und Walter Panny sowie die Damen Martha Markowetz und Frumold. Sekretärinnen waren Anna Skripatz und Gerda Nowak. Während der Zeit des Wiederaufbaus der Oper wurde in der Oper ein eigenes Büro geführt, in dem unter anderen Erich Schlöss und Ferdinand Kitt mitarbeiteten. Weiters sind auch die Architekten Franz Reitzenstein und Ernst Lichowski zu erwähnen.

Im Gegensatz zu anderen großen Büros hat mein Vater die Arbeit so organisiert, dass jedes Projekt von einem oder mehreren Architekten möglichst von Anfang bis Ende betreut wurde. Damit wurde das Interesse der Mitarbeiter auf dieses Projekt konzentriert und die Freude an der Arbeit und die Identifikation mit der Aufgabe gesteigert. So hat Otto Ullrich

Aquarell von Erich Boltenstern,
Farsta, August 1962
ARCHIV ERICH BOLTENSTERN

zuerst am Ringturm mitgearbeitet und später jahrelang die Friedhofsbauten und sonstige Bauten des Wiener Vereins und der Städtischen Bestattung betreut. Als wichtige Persönlichkeit ist in diesem Zusammenhang Herbert Reinagl zu nennen. Er hat am Neubau der TU in der Gusshausstraße mitgearbeitet und später die Neugestaltung des Landestheaters Innsbruck als örtlicher Bauleiter betreut. In den letzten Jahren der Tätigkeit meines Vaters kamen jüngere Kräfte zum Einsatz: Elisabeth Wilfinger – Sekretärin und Zeichnerin – und Ursula Bieringer, beide von der HTL Mödling, leisteten wertvolle Arbeit. Nicht zu vergessen sind die persönlichen Betreuerinnen im Alter: Anna Edelhauser, Monika Deloch als private Sekretärin und Rosina Krenn. Alle diese Personen und noch viele, die hier nicht genannt wurden, haben durch ihre Mitarbeit zum Gelingen des Werkes von Erich Boltenstern beigetragen. Dafür ist ihnen höchste Anerkennung und tiefste Dankbarkeit zu zollen.

1 Anm. d. Hgg.: Ada Gomperz geb. Stepnitz, die Frau von Heinrich Gomperz, war bei Oskar Strnad ausgebildete Architektin mit dem Spezialgebiet Hotels und Restaurants. Sie führte ein eigenes Büro und war 1932 beim Wettbewerb zum „Wachsenden Haus", für das sie die Kleinküche entwarf, Mitarbeiterin von Erich Boltenstern. Nach ihrer Emigration in die USA arbeitete sie im Büro der emigrierten Wienerin Liane Zimbler. Ada Gomperz nahm sich in hohem Alter in Los Angeles das Leben.

185

Aquarell von Erich Boltenstern,
Schweden, 1962
ARCHIV ERICH BOLTENSTERN

SVEN BOLTENSTERN

Eine Quelle wertvoller Kontakte mit meinem Vater waren die regelmäßigen Sonntagsspaziergänge in den vierziger und fünfziger Jahren im Wienerwald. Mit dem Kurzzug fuhren wir nach Purkersdorf oder Gablitz, in der Mitte die Dampflokomotive, vorne und hinten je zwei Waggons mit Holzbänken und offener Plattform, im Winter manchmal auch mit den langen Holzskiern ohne Stahlkanten.

In den Sommerferien nahm mich mein Vater auf lange Wanderungen mit. Ich erinnere mich an einen Tagesauflug mit dem Ausgangspunkt Buchberg am Attersee, teils mit Autobus und zu Fuß bis Scharfling, dann mit der Salzkammergutlokalbahn von Scharfling nach St. Wolfgang und schließlich über den Schwarzensee durch die Burgauklamm entlang dem Attersee zurück nach Buchberg. Auch ein Ausflug auf den Loser bei Altaussee mit ihm ist eine schöne, bildhafte Erinnerung.

Besonders in meiner Gymnasialzeit kam seine Geduld zum Ausdruck, denn ich stürzte mich und meine Umgebung durch miserable Leistungen in permanentes Unglück. Eines war damit klar: Ein Studium kam für mich nicht in Frage. So nahm ich im September 1951 dankbar den Vorschlag meines Vaters an, in die Goldschmiedewerkstatt meines Onkels und Taufpaten Louis Godina als Lehrling einzutreten, wo ich bis zur Meisterprüfung 1956 blieb.

Im Jahr 1963 baute mein Vater in Hietzing das Haus für sein eigenes Atelier, wo er auch die Werkstätte für mich einplante. Am 1. April 1964 eröffnete ich hier meine eigene Goldschmiedewerkstätte, die ich bis zum heutigen Tag unverändert benütze.

Vielen meiner Projekte, die ich in den darauffolgenden Jahren begann, stand er wohlwollend, oft hilfreich, aber auch mit einer gewissen, manchmal berechtigten Skepsis gegenüber – immerhin hatte er als Vater von vier Kindern eine große Verantwortung zu tragen und in gleicher Weise für ihre Ausbildung zu sorgen.

Es war traurig mitzuerleben, wie er wegen des Nachlassens seines Sehvermögens in den letzten Jahren seines Lebens seiner Arbeit nicht mehr nachgehen konnte. Sein Interesse am Geschehen um ihn herum und in der Welt ließ aber nicht nach, und er nahm bis zuletzt regen Anteil daran. Ich bin ihm lebenslang zu großem Dank verpflichtet.

Aquarell von Erich Boltenstern,
Hofwirt in Kammer am Attersee, 1942
ARCHIV ERICH BOLTENSTERN

Aquarell von Erich Boltenstern, 1942
ARCHIV ERICH BOLTENSTERN

Erich Boltenstern mit den Kollegen Hans Pfann und Karl Kupsky
auf Gio Pontis Pirelli-Hochhaus, Mailand, 1960
ALFRED LECHNER

KURZBIOGRAFIE ERICH BOLTENSTERN

Geboren am 21. Juni 1896 in Wien

1915	Matura am Franz-Josefs-Gymnasium Stubenbastei, Wien
1915–18	Militärdienst an der italienischen Front, in Galizien und der Bukowina
1918–22	Architekturstudium an der Technischen Hochschule in Wien
1922	Büropraxis bei Bruno Ahrends in Berlin
1923	Büropraxis bei Alfred Koller in Barcelona, gemeinsam mit Ludwig Bakalowits
1924–25	Büro- und Baupraxis bei Siegfried Theiß und Hans Jaksch in Wien und Hinterstoder, OÖ
1925	Heirat mit Elisabeth Szupper
1926	Geburt von Sohn Erich
1927	Büro- und Baupraxis bei Julius Schulte in Linz
1927	Geburt von Tochter Elisabeth
1928–34	Assistent bei Oskar Strnad an der Kunstgewerbeschule in Wien
1930	Verleihung der Befugnis eines Zivilarchitekten. Tätigkeit als selbständiger Architekt
1930	Geburt der Tochter Helene, genannt Grete
1932	Geburt des Sohnes Sven
1934–38	Assistent an der Meisterklasse von Clemens Holzmeister an der Akademie der bildenden Künste in Wien
1936–38	Übernahme der Meisterklasse von Peter Behrens an der Akademie der bildenden Künste in Wien
1938	Vom Dienst suspendiert
1938–45	Tätigkeit als selbständiger Architekt in Wien
1940	Aufnahme in die Reichskammer der bildenden Künste
1945–52	Leitung der Meisterklasse in Vertretung von Clemens Holzmeister an der Akademie der bildenden Künste in Wien
1945	Aufnahme als Mitglied des technischen Beirates für den Wiederaufbau von Wien
1946–52	Außerordentlicher Professor an der Technischen Hochschule in Wien, Institut für Wohnbau
1949–54	Mitglied von CIAM Österreich – Congrès Internationaux d'Architecture Moderne
1951–54	Mitglied des Fachbeirates der Stadt Wien
1952–67	Ordentlicher Professor an der Technischen Hochschule in Wien, Institut für Wohnbau
1952	Preis der Stadt Wien für Architektur
1955–67	Ordentlicher Professor an der Technischen Hochschule in Wien, Institut für Gebäudelehre
1956–62	Präsident der Zentralvereinigung der Architekten
1957	Österreichisches Ehrenkreuz für Wissenschaft und Kunst 1. Klasse
1959	Großer Österreichischer Staatspreis für Architektur
1959–60	Dekan der Technischen Universität in Wien
1960	Komturkreuz des finnischen Löwenordens
1981	Goldenes Ehrenzeichen der Republik Österreich

Gestorben am 2. Juni 1991 in Wien

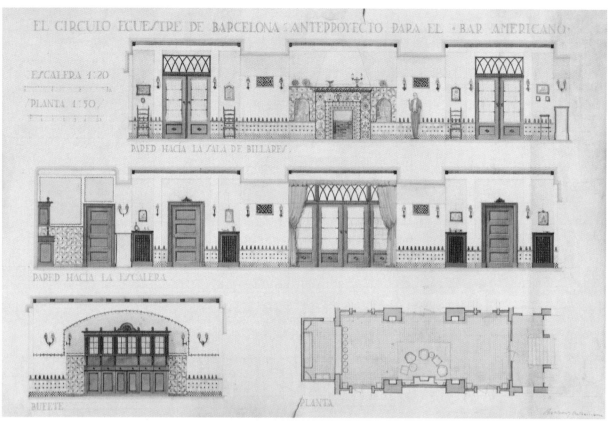

EL CIRCULO ECUESTRE DE BARCELONA : ANTEPROYECTO PARA EL ·BAR· AMERICANO·

ESCALERA 1:20

/PLANTA 1:50/

PARED HACIA LA SALA DE BILLARES·

PARED HACIA LA ESCALERA

BUFETE

PLANTA

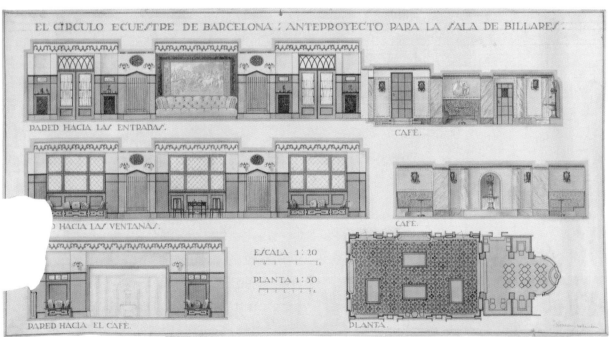

EL CIRCULO ECUESTRE DE BARCELONA : ANTEPROYECTO PARA LA SALA DE BILLARES·

PARED HACIA LAS ENTRADAS·

CAFÉ·

PARED HACIA LAS VENTANAS·

CAFÉ·

PARED HACIA EL CAFÉ·

ESCALA 1:20

PLANTA 1:50

PLANTA·

ERICH BOLTENSTERN
BAUTEN UND PROJEKTE

Ausgeführte Projekte sind **fett** gedruckt.

1920
Entwurf Circulo Ecuestre Barcelona
mit Ludwig Bakalowits [1]

1925
Wettbewerbsentwurf Konzerthaus/Theater
Olmütz (Olomouc)

um 1925
Wettbewerbsentwurf Schule Karlsbad (Karlovy
Vary), *damals Obere Lösslstr.*

1927
Wettbewerbsentwurf Trinkhalle Baden bei Wien
mit Julius Schulte

um 1927
Entwurf Ausstellungsstand für die RAVAG Graz

1928
Entwurf Ausstellungsstand für die RAVAG Köln
Grabstein für seine Mutter Louise Piwniczka,
Friedhof Hinterbrühl bei Wien
Wettbewerbsentwurf Schule Linz-Ost
Khevenhüllerstr./Krankenhausstr.
Wettbewerbsentwurf Deutsches Theater Brünn,
1. Phase [2]

um 1928
Entwurf Volksschule Krems
Wettbewerbsentwurf Gemeindewohnhausanlage
Wien 12, Gaudenzdorfer Gürtel

1929
Wettbewerbsentwurf Ferienhaus [3]
Wettbewerbsentwürfe für zwei Weekendhäuser
am Strand [4]

FERIENHAVS

[3]

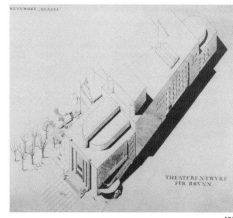

[2]

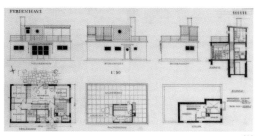

[3]

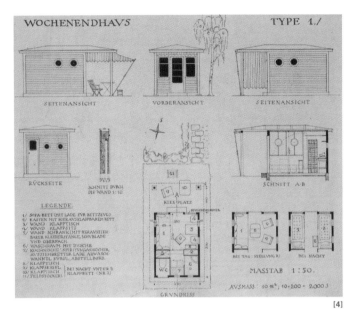

[4]

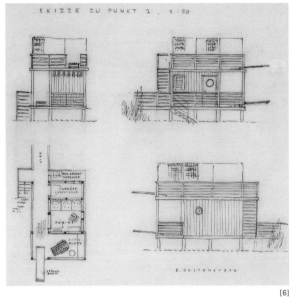

[6]

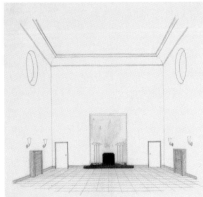

[5]

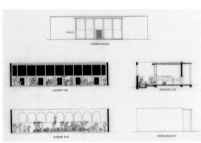

1930
Entwurf Landhaus
Entwurf Einfamilienhaus
Entwurf Gemeinderatssitzungszimmer Ziersdorf, *Niederösterreich*
Entwurf Ausstellungsraum der Handelskammer in der Weilburg, *Baden bei Wien*
Studie für ein Wohnhaus [5]

um 1930
Entwurf Ausstellungsgestaltung „Nimm mich mit zum Wochenende"
Entwurf Badehütte [6]
Entwurf Einrichtung einer Ledigenwohnung in einem Laubenganghaus
Skizze für ein Wochenendhaus

1930er Jahre
Entwurf Wartezimmer Dr. K. Blond
Entwurf Einrichtung Dr. Wilfan
Entwurf Ladenfront Stölzle Glas
Entwurf Umbau Haus Direktor Sobotka *Neuhaus*

1931
Entwurf Haus Prof. Dr. H. Eibl
Entwurf Gestaltung der Ausstellung „Neuzeitliche Betriebswirtschaft" *Wiener Frühjahrsmesse 1931*
Entwurf Gestaltung Keramische Ausstellung 1932

1931/32
Krematorium Graz
Alte Poststr. 345, 1961–1967 von Boltenstern erweitert [7]

1932
Wachsendes Haus auf dem Wiener Messe-gelände
mit Ada Gomperz, zerstört [8]
Wettbewerbsentwurf österreichischer Pavillon auf der Biennale Venedig [9]
Entwurf Gestaltung Korbwarenausstellung
Österreichisches Museum für Kunst und Industrie, Wien
Einrichtung Siedlerhaus „Z a" auf der Wiener Messe [10]
Einrichtung Haus Hugo Häring
Werkbundsiedlung, Wien 13, Veitingergasse

[7]

[9]

194

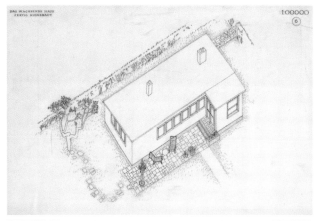

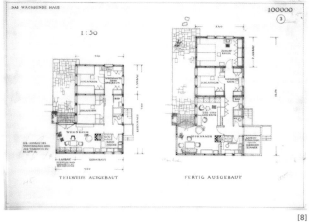

[8]

[8]

1932–1934
Wohnhausanlage des Wiener Vereins Baden bei Wien, *Vöslauer Str. 29*, 1966/67 von Boltenstern erweitert [11]

[10]

[11]

[11]

195

1933
Entwurf Einrichtung Kanzlei Dr. Piëch
Wien 1, Graben 28
Entwurf Umbau eines Hauses für den Arbeiter-
Feuerbestattungsverein „Die Flamme"
Salzburg, Franz-Josefs-Str. 5
Entwurf Gestaltung der Weihnachtsausstellung
1933
*Österreichisches Museum für Kunst und Industrie,
Wien* [12]

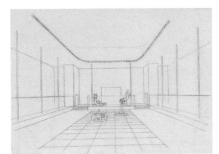

[12]

Entwurf Urnenhain Gänserndorf bei Wien
Entwurf Wochenendraum Dr. Demmer
Langenzersdorf bei Wien
Entwurf Umbau eines Hauses für den Arbeiter-
Feuerbestattungsverein „Die Flamme" bzw. den
Wiener Verein
Graz, Annenstr. 39, neuerlicher Entwurf 1954

1933–1936
Kahlenberg-Restaurant
Wien 19, mit Leopold Ponzen [13]

1934
Weekendhaus im Wiener Messepalast, *zerstört
realisiert in Atzgersdorf, Wien 23*
Entwurf Umbau Krematorium Linz
Entwurf Umbau und Einrichtung Haus Karl und
Martha Lutonsky
Wien 18, Pötzleinsdorfer Str.
Entwurf Krematorium Villach, Kärnten [14]
Entwurf Weekendhaus [15]
Wettbewerbsentwurf österreichischer Pavillon auf
der Weltausstellung Brüssel 1935 [16]
Entwurf Erholungsheim der Wiener Philharmoniker
Baden bei Wien
Wettbewerbsentwurf österreichisches Helden-
denkmal, *Wien 1, Burgtor*
Wettbewerbsentwurf Deutsches Theater Brünn,
2. Phase [17]
Grabstein Paula Godina
Mödling bei Wien

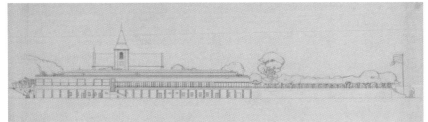

[13]

[14] [15]

[13]

[13]

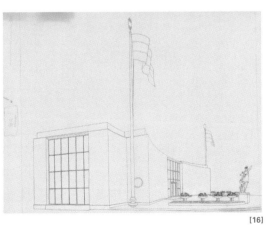

[16]

DEUTSCHES THEATER IN BRÜNN

[17]

197

[18]

[19]

[19]

[20]

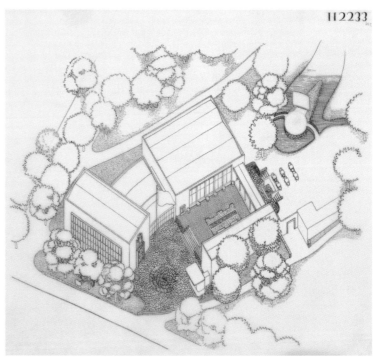

[21]

[22]

198

[23]

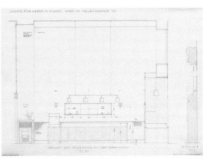

[24]

[24]

1935
Entwurf Grabstein Anton Wildgans
**Gestaltung der Abteilung „Österreichische
Architektur im In- und Auslande"
Ausstellung „Wirtschaft im Aufbau"**, Zürich
Entwurf „Haus der Zünfte", Gartenbau-Gründe
Wien 1, Parkring, mit Eugen Wachberger [18]
Umbau Haus Baron Julius Jakobowicz
Wien 13, Auhofstr. 8
Entwurf Hotel-Restaurant in der Krieau
Gelände der Meierei Krieau, Wien 2 [19]

um 1935
Entwurf Ausstellungsstand „Specia"
Entwurf Freilufttheater „Théâtre d'été"
Istanbul

1936
Wettbewerbsentwurf Novadom-Doppelhaus
und -Einzelhaus
mit Eugen Wachberger [20]

Wettbewerbsentwurf österreichischer Pavillon
auf der Weltausstellung Paris 1937 [21]
Wettbewerbsentwurf Umbau des Westbahnhofs
Wien, mit Eugen Wachberger
Entwurf Einrichtung Wohnung Ing. Gellert, *Wien 4*

1936/37
Eigenes Haus
Wien 13, Schließmanng. 15 [22]

1937
Wettbewerbsentwurf Amtshaus Groß-Enzersdorf
bei Wien, *mit Eugen Wachberger*

1938
Entwurf Umbau Villa Zsolnay,
Wien 19, Armbrusterg./Springsiedelg.
**Einrichtung Filiale der Bernsteinhandlung
Anton Plocek**
Wien 1, Kärntner Str. 17, zerstört [23]

1939
**Einrichtung Filiale der Bernsteinhandlung
Anton Plocek**
Wien 7, Neubaug. 31, zerstört [24]
Entwurf Arbeiterbaracke für 100 Mann,
Alpine-Montan-Ges., Donawitz
Entwurf Messestand für die Bernsteinhandlung
Anton Plocek
Wettbewerbsentwurf Rundfunkhaus Köln
Umbau Jagdhaus Erich v. Schmid
Wilhelmsburg, Niederösterreich
Umbau Haus Adolf v. Schmid
Wilhelmsburg, Niederösterreich
Entwurf Haus Betriebsleiter Josef und Josefa
Riegler für die Firma M. Schmid u. Söhne
Wilhelmsburg, Niederösterreich
Entwurf Haus Herr Christen für die Firma M.
Schmid u. Söhne
Wilhelmsburg, Niederösterreich

Entwurf Haus Herr Hochreiter für die Firma M. Schmid u. Söhne
Wilhelmsburg, Niederösterreich
Entwurf Haus Ferdinand und Katharina Auer
Liesing, Wien 23

1940
Einrichtung Filiale der Bernsteinhandlung Anton Plocek
Danzig (Gdańsk), damals Langg. 38
Werkssiedlung der Firma M. Schmid u. Söhne
Wilhelmsburg, Niederösterreich
Entwurf Umbau Haus Anton Plocek
Danzig (Gdańsk), damals Hindenburgallee 19/20
Entwurf Spitalsbaracke für die Alpine-Montan AG „Hermann Göring", *Köflach*
Messestand Vereinigte Glanzstoff-Fabriken
Wiener Herbstmesse 1940
Entwurf Einrichtung Wohnung Dipl.-Ing. Hans Stojan, *Wien 13*
Entwurf Einrichtung Musterlager „Heimwerk" Reichenberg (Liberec)
Wien 3, Rennweg 23
Entwurf Einrichtung Krankenkasse der Buchkaufmannschaft
Wien 4, Brucknerstr. 8
Einrichtung Haus Ing. Rudolf Führer
Wien 13, Veitingerg. 37

um 1940
Entwurf Haus für Herrn Dohnal
Wilhelmsburg, Niederösterreich
Entwurf Krankenhaus
Entwurf Haus und Baracke F. Kleppe,
Hagen/Westfalen (?)
Entwurf Wohn- und Bürobaracke für die Firma W. Kleppe Industrieofenbau
Hagen/Westfalen
Entwurf Baracke für die Kohlenhandlung A. Kattinger & Co.
Atzgersdorf, Wien 23, Bahnzeile
Entwurf Übernachtungshütte
Entwurf Saalbau mit Speisesaal
Messestand „Heimwerk" Reichenberg (Liberec), *Wiener Messe*
Entwurf Baracke mit Schlafstellen
Entwurf Haus des Zahnarztes Dr. med. Univ. Franz Nöbauer
Pöchlarn, Niederösterreich
Entwurf Haus Herr Konsul Rotter
Wien 13
Entwurf Gemeindeamt Raipoltenbach
Niederösterreich
Entwurf Doppelhaus Dir. Dr. Benke und Dir. Demuth
Pötzleinsdorf, Wien 18

1941
Einrichtung Filiale der Bernsteinhandlung Anton Plocek
Bromberg (Bydgoszcz), damals Hermann-Göring-Str. 35
Zubau Gasthaus und Fleischhauerei K. Reither
Neulengbach bei Wien, Tullner Str. 7
Entwurf Haus Josef und Josefa Kellner
Wilhelmsburg, Niederösterreich, Traisenau

[25]

An- und Umbau Gießereihalle und Luftschutzraum der Firma M. Schmid u. Söhne
Wilhelmsburg, Niederösterreich, zerstört
Entwurf Bebauung Linz-Bäckenfeld: St. Magdalen/Magdalenenfeld/Dornach/Schlantenfeld/Steg
Entwurf Jagdhaus Erich v. Schmid
Messestand Vereinigte Glanzstoff-Fabriken
Wiener Herbstmesse 1941
Entwurf Umbau Bauernhof Prof. Demmer
bei Wilhelmsburg, Niederösterreich
Einrichtung Büro Eilgut- und Frachtgutsammeldienst C. H. Hirsch & Co.
1946 für Marie Heynau adaptiert
Wien 1, Rudolfsplatz 8
Adaptierung von Fabrikshalle, Lager und Zentralheizungs-Kesselraum der Maschinenbaufabrik Josef Mali, vorm. J. Strasil
Wien 14, Hütteldorfer Str. 134
Messestand Hera-Kaminzugregler
Wiener Herbstmesse 1941

1942
Entwurf Wohnhausanlage, Neulengbach bei Wien
Entwurf Stiegenaufgang zu den Parteiräumen der NSDAP, Neulengbach bei Wien
Entwurf Kantine der Reichswerke AG Hermann Göring Alpine-Montanbetriebe, Köflach
Umbau Herrenhaus August v. Schmid
Wilhelmsburg, Niederösterreich, zerstört
Restaurant der Schwechater Brauerei
Wien 11, Simmeringer Hauptstr./Dittmanng., stark verändert
Messestand Vereinigte Glanzstoff-Fabriken
Wiener Frühjahrsmesse 1942
Einrichtung Ratssaal im alten Rathaus
Neulengbach bei Wien
Einrichtung Standesamt
Neulengbach bei Wien
Kernmacherei/Sandbunker der Firma M. Schmid u. Söhne
Wilhelmsburg, Niederösterreich, zerstört

1943
Entwurf Haus Louise Pösl
Traismauer, Niederösterreich
Zwangsarbeiterbaracken, Sandbereitungshalle und Personalräume der Firma M. Schmid u. Söhne
Wilhelmsburg, Niederösterreich, zerstört
Einrichtung Stadtbücherei
Neulengbach bei Wien

1944
Holzhalle der Firma M. Schmid u. Söhne
Hainfeld, Niederösterreich
Umspannstation, Südhalle, Glühhalle und Bürogebäude der Firma M. Schmid u. Söhne
Wilhelmsburg, Niederösterreich, zerstört
Entwurf Einbau von Notwohnungen in ein größeres Anwesen, *Stadl-Paura*

1945
Wettbewerbsentwurf Karlsplatz Wien, Phase I [25]
Entwurf Lagerhalle Franz Keplinger
Siebenhirten, Wien 23
Entwurf Haus Hans Totz

1946
Wettbewerbsentwurf Gänsehäufel-Bad
Wien 22 [26]
Entwurf Einrichtung Bäckerei Frau Buckl
Entwurf Schweinestall für die Schweinezucht Leopold und Karl Peutl, *Oberlaa, Wien 10, Bachstr. 1*
Entwurf Scheune für Franz Stöckl
Oberlaa, Wien 10, Bachstr. 30
Wettbewerbsentwurf Karlsplatz Wien, Phase II

1946/47
Wiederaufbau Haus Ing. Braun
Hainfeld, Niederösterreich, Hauptstr. 25

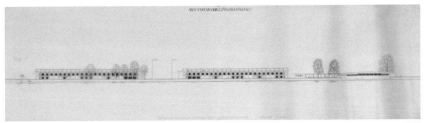

[26]

[27]

1946–1948
**Umbau Amtsgebäude der Bundesgebäude-
verwaltung für Wien, Niederösterreich und
Burgenland**
Wien 1, Hohenstaufeng. 1–5/Renng. 5
mit Ernst Arthofer

[28]

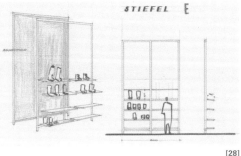

[28]

1947
Einrichtung Juweliergeschäft Robert Wolf
Wien 1, Neuer Markt 16, zerstört
Einrichtung Eisenwaren Dengjel
Wien 11, Simmeringer Hauptstr./Grimmg.
Entwurf Wochenendhaus des HNO-Arztes Dr.
Richard Waldapfel, *Glenwood Spring, Colorado,
USA*
Entwurf Lagerhalle für die Semperit-Werke
Wimpassing
Entwurf Einrichtungen in der Österreichischen
Botschaft in Rom, *Via Pergolesi 3, Via Reno 9*
Einrichtung Viktoria Versicherung
Wien 1, Schotteng. 10
Entwurf Sportanlage, *Wien 16, Erdbrustg. 4*

1947–1952
**Fußgängerpassage in der ehemaligen
Böhmischen Hofkanzlei**
Wien 1, Wipplingerstr. **[27]**

1947–1956
Messepavillon der Semperit-Werke
Wiener Messegelände, von Boltenstern umge-
baut u. erweitert bis 1956, *zerstört* **[28]**

1948
Einrichtung Weekendhaus Marie Heynau
Kritzendorf bei Wien, Donaulände 10 **[29]**

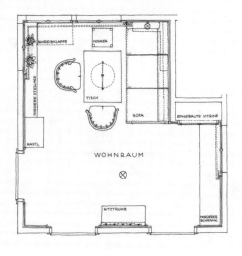

[29]

[29]

201

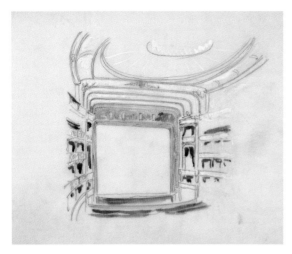

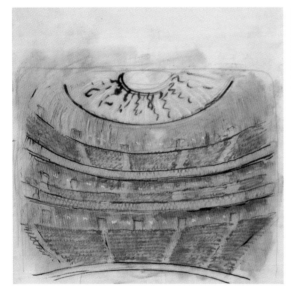
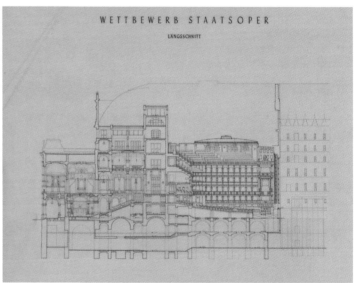

[30]

1948
Grabstein Leopold Stich
Friedhof Kalksburg, Wien 23
Entwurf Haus des Silberwarenfabrikanten
Alexander Sturm
Wien 18, Starkfriedg.

1948/49
Messepavillon Ing. Stefan Sowitsch Aufzüge
Wiener Messegelände, zerstört

1948–1950
Gemeindewohnhausanlage Hubert-Hladej-Hof
*Wien 2, Wehlistr. 131–143/Handelskai
mit Karl Hartl, Ladislaus Hruska und Kurt Schlauss*

1948–1955
Wiederaufbau der Staatsoper
Wien 1, Opernring 2 [30]

1949
Wettbewerbsentwurf Westbahnhof Wien
mit Eugen Wachberger

[31]

Messepavillon der Elin Elektroindustrie AG
Wiener Messegelände, zerstört [31]
Messepavillon der Tischlerei Schipek
Wiener Messegelände, zerstört
Wettbewerbsentwurf Gebäude der Österrei-
chischen Alpine-Montan-Ges.
Wien 1, Weihburgg./Gartenbaupromenade,
mit Carl Appel
Einrichtung Wohnung des Generaldirektors
der Wiener Städtischen Versicherung Norbert
Liebermann
Wien 18, Cottageg./Hasenauerstr.
Messestand der Fa. J. Führer & Ing. R. Führer
Fliesen

1949
Einrichtung Wiener Städtische Krankenkasse
Wien 1, Canovag. 5/Schwarzenbergplatz 16
von Boltenstern erweitert 1955, 1968–1971

1950
Haus Karoline Goldmann
Tulln, Niederösterreich
Parteienraum der Wiener Städtischen
Versicherung
Wien 1, Tuchlauben 8, zerstört [32]
Umbau Mehrfamilienhaus der Wiener
Städtischen Versicherung
Wien 4, Rainerg. 22/Johann-Strauß-G.
Wettbewerbsentwurf Bebauung an der
Fischerstiege
Wien 1, mit Eugen Wachberger

[32]

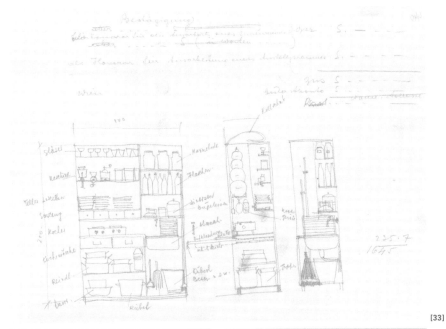

[33]

[33]

Wettbewerbsentwurf Kinderspital Linz
mit Eugen Wachberger
Filiale des Wiener Vereins
Wiener Neustadt, Niederösterreich
Entwurf Neubebauung der Parzelle des
„Sühnehauses"
Wien 1, Schottenring 7, mit Fritz Pfeffer und
Ferdinand Kitt
Einrichtung einer Junggesellenwohnung auf
der Werkbundausstellung [33]
Österreichisches Museum für Kunst und
Industrie, Wien
Filiale der Wiener Städtischen Versicherung
Wien 21
Entwurf Umbau des Messepavillons Horny
Wiener Messegelände
Umbau des ehemaligen Kriegsministeriums
Wien 1, Stubenring, mit K. Merwar

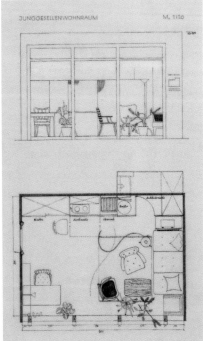

[33]

203

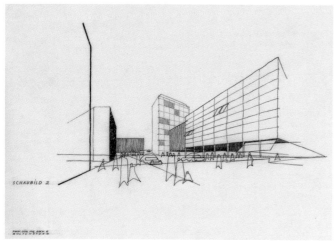

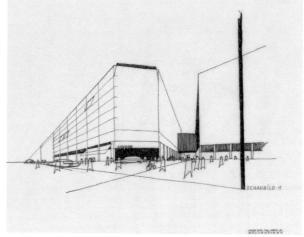

[34]

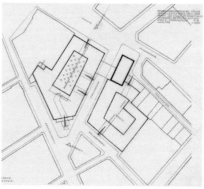

[34]

[35]

1950
Bürogebäude des Wiener Vereins
Wien 3, Ungarg. 41

1950–1952
**Wohnhäuser der Oesterreichischen
Nationalbank**
*Wien 18, Khevenhüllerstr. 10/Büdingerg. 1–5/
Stadtgutg., mit Eugen Wachberger*

1950–1953
Entwurf Anglo-österreichische Bank
Wien 1, Freyung/Strauchg./Herreng. [34]

1950–1956
**„Osttorgebäude" der Oesterreichischen
Nationalbank, Bürohaus und Wohnhaus**
*Wien 9, Otto Wagner-Pl./Schwarzspanierstr.
mit Eugen Wachberger* [35]

1950er Jahre
Bürohaus des Wiener Vereins
Linz, Donatusg. 4
Filialen des Wiener Vereins, *Villach, Kärnten;
Baden bei Wien; Wien 15, Mariahilfer Str. 172;
Wien 7, Siebensterng. 16a; Wien 16; Wien 21;
Linz*
Entwurf Kaffeehaus Till
Entwurf Einrichtung Frau Kroyer, Wien
Entwurf Glättung der Fassaden neben dem
Vorwärts-Gebäude
Wien 5, Rechte Wienzeile, mit J. Kalbac
Entwurf Messepavillon für die Österreichische
Alpine-Montan-Ges., *Wiener Messegelände* [36]
Entwurf Bestuhlung Künstlerhaus Wien
Wettbewerbsentwurf Einrichtung Niederöster-
reichischer Landtagssitzungssaal, *Wien*
Entwurf Ledigenheim in Graz für Hans Totz
Entwurf Messestand der Firma Godina's Söhne
Entwurf Villa des Bundespräsidenten
Fasangarten, Wien 13 [37]
Entwurf Einrichtung Friseursalon Kirchner
Wien 1, Krugerstr. 17
Entwurf Einrichtung Heuriger Zehner-Marie
Wien 16
Entwurf Haus Zartl, Direktor des Hotels Europa
Baden bei Wien, Helenenstr. 12
Filialen der Wiener Städtischen Versicherung
*Schwechat bei Wien; Melk, Niederösterreich;
Hollabrunn, Niederösterreich; Gmünd, Nieder-
österreich; Klosterneuburg bei Wien; Salzburg*
Entwurf Eingang und Halle für ein Mineralbad
*Wien 12, Arndtstr./Mandlg. 4, auf dem Gelände
des Pfannschen Mineral- und Schwefelheilbades*
Entwurf Gebäude, *Wien 1, Schottenring*
Wettbewerbsentwurf Mädchengymnasium
Eisenstadt, Burgenland
Entwurf Gebäude, *Wien 15, Schwenderg.*
**Umbau eines Hauses für die Wiener
Städtische Versicherung**
Wien 19, Armbrusterg.

1951
Entwurf Vierfamilienhaus
**Bürohaus mit Modelltischlerei für die Firma
Schmid u. Söhne**
Wilhelmsburg, Niederösterreich
Gemeindewohnhausanlage Wien 19
Springsiedelg.
**Produktionshalle der Schraubenfabrik der
Firma Schmid u. Söhne**
Hainfeld, Niederösterreich
Entwurf Dachbodenausbau Büro Josef und
Marie Pauer
Wien 13, Steckhoveng. 18

1951/52
Wiederaufbau „Sporthaus" mit Kino
Wien 15, Mariahilfer Str. 133/Palmg.

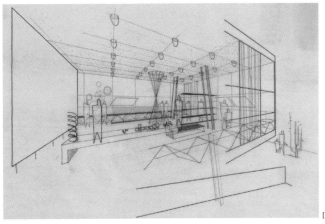

[36]

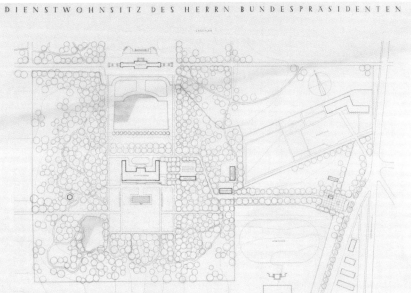

DIENSTWOHNSITZ DES HERRN BUNDESPRÄSIDENTEN

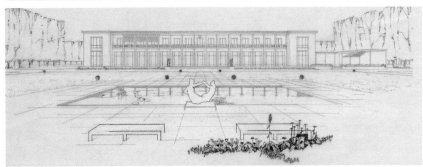

[37]

[38]

[39]

1951–1953
Oesterreichische Nationalbank Linz
Christian-Coulin-Str. 28
mit Eugen Wachberger [38]

1951–1964
Umbau Bürogebäude der Wiener Städtischen Versicherung
Wien 1, Operng. 6

1952
Wettbewerbsentwurf Mädchengymnasium
Basel, Kanoneng.
Wettbewerbsentwurf Staatsoper Hamburg
Entwurf Haus Dr. Hans Rizzi
Wien 18, Starkfriedg. 60
**Musterwohnung für die Werkbundausstellung im Rahmen des Möbelwettbewerbs der Arbeiter- und Wirtschaftskammer, Wien
Einrichtung Wohnung Dr. Otto Kurz**
Wien 13, Hietzinger Hauptstr. 25, mit Erich Boltenstern jun.

um 1952
Einrichtungen der Oesterreichischen Nationalbank
Filialen Klagenfurt, Villach, Eisenstadt, Graz, Salzburg, mit Eugen Wachberger

1952/53
Krematorium auf dem Waldfriedhof Villach

1952–1955
Ringturm der Wiener Städtischen Versicherung
Wien 1, Schottenring 30 [39]

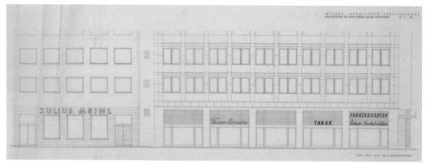

[39]

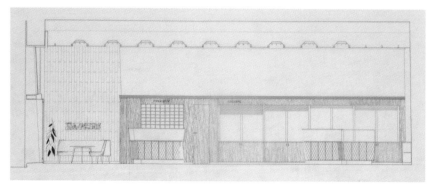

[41]

[39]

[39]

1953
Filiale des Wiener Vereins
Wien 10, Antonsplatz
Entwurf Restaurant und Espresso Stadtbräu
Hauswirth, *Wien 2, Praterstr. 62*
Wettbewerbsentwurf Funkhaus Hannover
mit Sepp Stein
Entwurf Urnengrab „Vorkämpfer der Feuerbestat-
tung" vor dem Wiener Krematorium

1953/54
Wettbewerbsentwurf Historisches Museum der
Stadt Wien
Wien 1, Karlsplatz, mit Eugen Wachberger
Wettbewerbsentwurf Opernhaus La Valletta
Malta

1953–1956/1974
**Schulungs-/Vortragssaal der Wiener Städti-
schen Bestattung und Bestattungsmuseum**
Wien 4, Goldegg.

1954
Wettbewerbsentwurf Radio Saarbrücken
Einrichtung Filiale der Zentralsparkasse
Wien 15, Ullmannstr. 44, zerstört
Entwurf Einrichtung Autokreditstelle des Gewer-
beförderungsinstitutes der Stadt Wien
Wettbewerbsentwurf Flughafen Wien
Wettbewerbsentwurf Wien 1, Ballhausplatz
mit Eugen Wachberger

[39]

207

[40]

[40]

[42]

1954

Filialen des Wiener Vereins
Wels, Oberösterreich; Graz; Steyr, Oberösterreich
**Einrichtung Verband der Versicherungs-
anstalten Österreichs**
Wien 3, Schwarzenbergplatz 7/Zaunerg. 2 **[40]**

1955
Einrichtung Verkehrsbüro im Ringturm, 1955
Wien 1, Schottenring 30 **[41]**
Wettbewerbsentwurf Festspielhaus Bregenz
Entwurf Urnenhain Attnang-Puchheim
Entwurf Rundfunkgebäude *Adana, Izmir, Erzurum,
Ankara, Türkei, mit Sepp Stein*
Wettbewerbsentwurf Arbeiterkammer
Wien 4, Prinz-Eugen-Str., mit Roland Rainer **[42]**

1956
Haus Dir. Otto und Martha Mong
Bad Goisern, Oberösterreich, Primesberg
Entwurf Einrichtung des Foyers des ÖMV-
Gebäudes
Wien 9, Otto-Wagner-Pl. 5, mit Eugen Wachberger
Entwurf Einrichtung der Büroräume der
Österreichischen Mineralölverwaltung AG
(Rohöl-Verwertung)
Wien 1, Schwarzenbergplatz 16/Canovag. 5
Filiale des Wiener Vereins
Knittelfeld, Steiermark
Wettbewerbsentwurf Oper Sydney
Entwurf Haus Dr. Winkler
Wien 13, Wenzg./Neue Weltg./Kopfg.

1956–1958
Radio Afghanistan
Kabul, Flugplatzstr., mit Sepp Stein

1956–1959
Wiederaufbau Börse
*Wien 1, Wipplingerstr. 34/Schottenring 16
mit Erich Schlöss* **[43]**

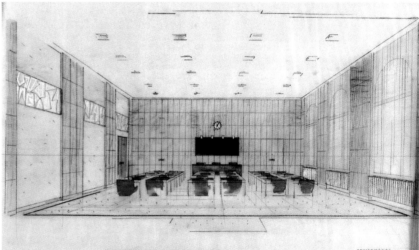

[43]

[43]

209

1956/57
Hotel Europa für die Wiener Städtische Versicherung
Wien 1, Neuer Markt 3/Kärntner Str. **[44]**

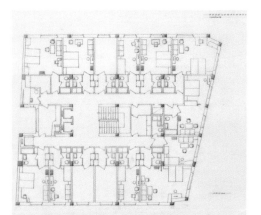

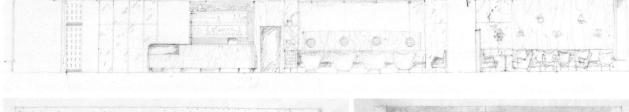

[44]

[44]

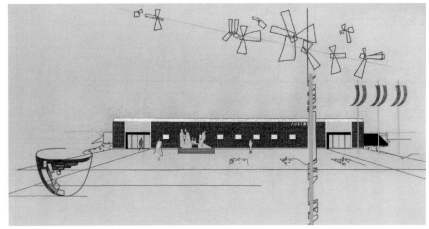

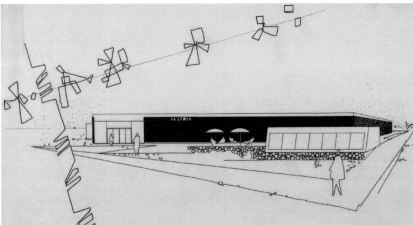

1957
**Klubräume des Österreichischen Ingenieur-
und Architektenvereins**
Wien 1, Eschenbachg. 9, mit Sepp Stein
Wettbewerbsentwurf Pfarrkirche Pötzleinsdorf
Wien 18
Wettbewerbsentwurf österreichischer Pavillon
auf der Weltausstellung Brüssel 1958 [45]
Entwurf Einfamilienhaus in der Himmelstr.
Wien 19

1958
Mehrfamilienhaus mit fünf Wohnungen
Wien 19, Starkfriedg. 62, mit Eugen Wachberger
Filiale des Wiener Vereins
Wien 17, Hernalser Hauptstr. 170
Filialen der Wiener Städtischen Versicherung
*Klosterneuburg bei Wien; Korneuburg bei Wien;
Hollabrunn, Niederösterreich, Theodor-Körner-G.;
Tulln, Niederösterreich; Innsbruck, Südtiroler Platz
14–16; Zwettl, Niederösterreich, Neuer Markt 13;
Waidhofen/Thaya, Niederösterreich; Gänserndorf,
Niederösterreich; Baden bei Wien*
Gemeindewohnhausanlage
Wien 13, Hietzinger Kai 23
Entwurf eines Urnenhains
Entwurf einer Verabschiedungshalle für den
Wiener Verein

1958–1960
**Einrichtung der Pensionsversicherungsanstalt
der Angestellten**
*Wien 5, Wiedner Hauptstr./Kriehuberg. 6–14/
Rainerg. 38/Gasserg. 2–8/Hauslabg. 7–9 bzw.
50/Blechturmg. 11, zerstört [46]*

1959
Entwurf Gemeindewohnhausanlage
Jedlesee, Wien 21
Entwurf Grabstein Norbert Liebermann
**Haus des Direktors des Wiener Vereins
Dir. Dr. Franz und Hermine Michelfeit**
Wien 23, Johann-Teufel-G./Blumentalg. 22
**Wohnhausanlage der Oesterreichischen
Nationalbank**
*Wien 19, Sandg. 15–19/Langackerg.
mit Eugen Wachberger*
Entwurf ebenerdiges Einfamilienhaus für ein
Ehepaar
Umbau Wohnhäuser des Wiener Vereins
*Wien 9, Pulverturmg. 16/Lustkandlg.;
Wien 13, Münichreiterstr. 37*

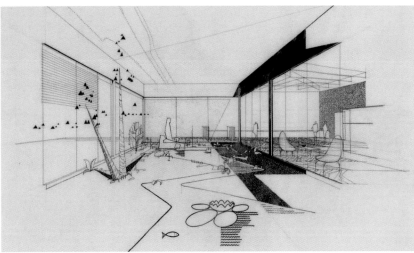

[45]

212

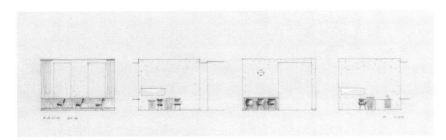

[46]

Filialen der Wiener Städtischen Versicherung
Herzogenburg, Niederösterreich, Rathausplatz 21; Feldkirch, Vorarlberg; St. Pölten; Graz, Joanneumring 6; Eisenstadt
Entwurf Urnenhaine Lenzing; Kahlsdorf bei Graz; Niklasdorf-Leoben, Steiermark; Wolfsberg, Kärnten
Entwurf Kurbad Sauerbrunn, Burgenland
Entwurf Einrichtung Wohnung Dr. Führer
Postsparkasse Padua
Corso Garibaldi, mit Giovanni Morassutti
1959–1963
Bundestheater-Dekorationswerkstätten
Wien 3, Arsenal, mit Robert Weinlich

1959–1963
Gemeindewohnhausanlage
Wien 2, Machstr./Wehlistr., mit Walter Gindele, Franz Mörth, Erich Schlöss, Sepp Wöhnhart und Wanko

1960
Wohnhausanlage des Wiener Vereins
St. Pölten, Schießstattring/Schießstattpromenade
Entwurf Haus Gelles
Wien 12, Hohenbergstr. 50
Entwurf Denkmal des Wiener Vereins und Urnengruft Linz
Entwurf Urnenhain Traun
Entwurf Haus Erika Platzer, *Mönichkirchen*
Entwurf Haus H. v. Schmid, *Wien*
Entwurf Mehrfamilienhaus für Dr. Franz Rudolf Müller
Wien 19, Neuwaldegger Str. 39–41
Entwurf Gebäude der Wiener Städtischen Versicherung, *Poysdorf, Niederösterreich, Dreifaltigkeitsplatz 9*
Filiale der Wiener Städtischen Versicherung
Melk, Niederösterreich, Wiener Str. 8

um 1960
Wettbewerbsentwurf Amtsgebäude der Unterrichtsverwaltung
Wien 2, Obere Donaustr./Franz-Hochedlinger-G./ Schiffamtsg.

1960/61
Erweiterung der Kirche Hinterbrühl bei Wien

1960–1962
Hotel Am Parkring/Gartenbaukino
Wien 1, Parkring 12, mit Kurt Schlauss [47]

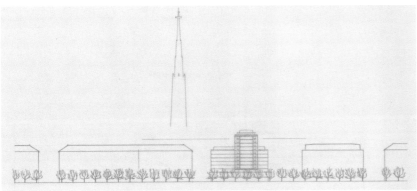

[47]

213

1960–1964
Eigenes Büro- und Wohnhaus
Wien 13, Schließmanng. 15–17 [48]

1960er Jahre
Wettbewerbsentwurf Oper Novi Sad, Vojvodina
Wettbewerbsentwurf Universität Salzburg
Entwurf erweiterbares Weekendhaus
Wettbewerbsentwurf Bundesamtsgebäude
Kagran
Wien 22, Wintzingerodestr./Wagramer Str.
Aufbahrungshalle Friedhof Penzing, *Wien 14*
Wettbewerbsentwurf Universität Innsbruck
Wettbewerbsentwurf Zentralkinderheim Schloss
Liechtenstein
Maria Enzersdorf bei Wien, Johannesstr.
mit Erich Boltenstern jun.
Entwurf Zweifamilienhaus Frieda und Heide
Lohbihler
Knittelfeld, Steiermark, Kameokastr.
Entwurf Umbau und Einbau von Garagen im Hof
für den Wiener Verein
Wien 8, Blindeng. 8
Entwurf Urnenhaine
Ebensee, Oberösterreich; Zell am See, Salzburg;
Altmünster, Oberösterreich; St. Veit/Glan
Entwurf eines Denkmals für den Wiener Verein
Entwurf Friedhofshalle *Kapfenberg, Steiermark*
Entwurf Einrichtung Autoreparaturwerkstätte
Alois Kolm
Zwettl, Niederösterreich, Neuer Markt 5
Entwurf Wohnungsteilung im ersten Stock
Wien 18, Colloredog. 22
Filiale der Wiener Städtischen Versicherung
Villach, Kärnten
Wettbewerbsentwurf Priesterseminar Linz
am Freinberg
Entwurf Pfarrkirche Böhlerwerk

1961
Hl.-Klaus-v.-Flüe-Kirche
Wien 2, Machstr. 8

1961–1963
**Wiederaufbau Felderhaus für die Wiener
Städtische Versicherung**
*Wien 1, Felderstr. 2–4/ Rathausplatz 2/
Ebendorferstr. 2* [49]

[48]

[50]

[49]

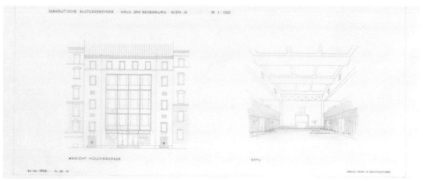

[51]

1961–1970
Bürogebäude Liebermann-Hof der Wiener
Städtischen Versicherung
Wien 2, Obere Donaustr. 49–53
1973/74 Erweiterung Hochedlingergasse
mit Erich Boltenstern jun.

1962
Verbauungsstudie Mödling bei Wien, *Fleischg. 12*
Erweiterung Friedhof/Urnenhain Reutte-
Breitenwang, *Tirol*
mit E. Ihm
Haus des Winzers Lenz Moser
Rohrendorf bei Krems, Niederösterreich
Einrichtung Wiener Verein
Leoben, Steiermark, Kaiserfeldg. 5
Zubau Büro- und Wohngebäude für den
Wiener Verein
Wien 3, Ungarg. 41 (Charasg.) **[50]**

1963
Entwurf Haus Föhr, *Wien 18*
Ausstattung Aufbahrungshalle Friedhof
Hietzing, *Wien 13*
Entwurf Dachausbau Dr. Beno/Arch. I. Németh
Wien 4, Prinz-Eugen-Str./Karolineng.
Entwurf Friedhofshalle
Urnenhain Neunkirchen

1963/64
Entwurf Haus der Begegnung für die Israelitische
Kultusgemeinde
Wien 9, Müllnerg. 21 **[51]**

1963–1967
Tiroler Landestheater
Innsbruck, Rennweg 2 **[52]**

1963/73
Erweiterungen Haus des Direktors der Wiener
Bestattung Karl Pröbsting
Wien 13, Schmardag./Laverang.

1964
Entwurf Kriegerdenkmal im Karner Radsberg
Kärnten
Urnenhaine
Vöcklabruck, Oberösterreich; Haiden bei Bad
Ischl, Oberösterreich; Kirchbichl; Wörgl, Tirol
Wettbewerbsentwurf Lehrlingsheim
Hinterbrühl bei Wien, mit Erich Boltenstern jun.
Entwurf Haus Helga Schmid-Schmidsfelden
Wien 18, Hockeg./Wegelerg., mit Erich
Boltenstern jun.
Haus Dr. Alexander Tinti
Wien 19, Lannerstr. 34/Cottageg.

1964–1968
Friedhofshalle Schwechat bei Wien
Umbau der Universitätsbibliothek Wien
Wien 1, Dr.-Karl-Lueger-Ring 1 **[53]**

[52]

[53]

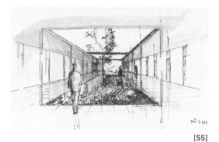

[54]

[55]

1965
Filiale der Wiener Städtischen Versicherung
Steyr, Grünmarkt 2
Urnenhaine
Lenzing, Oberösterreich; Neuberg, Steiermark

1965–1968
City-Hotel für den Wiener Verein
Villach, Kärnten, Bahnhofsplatz 3 [54]

1965–1973
Neues Institutsgebäude der Technischen Universität
Wien 4, Gusshausstr. 25–29/Favoritenstr.

1966
Friedhofshalle Hörsching
Oberösterreich
Friedhofshalle/Urnenhain St. Michael
Oststeiermark

1966–1969
Umbau Bürogebäude der Jupiter-Versicherung
Wien 1, Zedlitzg. 7/Stubenbastei 2/Wollzeile 36
verändert

1966–1970
Gebäude für die Wiener Städtische Versicherung
Wien 3, Am Modenapark 1–2

1967
Erweiterung Friedhofshalle Mürzzuschlag
Steiermark
Urnenhaine
Köflach; Fohnsdorf, Steiermark; Bad Hall
Urnengruft Salzburg

1967–1975
Urnenhain Simmering, *Wien 11*

1968
Friedhofshallen
Gramatneusiedl, Niederösterreich; Hallein, Salzburg; Mattighofen, Oberösterreich; St. Peter Freienstein
Urnenhain Weiz

1968/69
Haus Dr. Walter und I. Jakobljevich
Flattnitz

1968–1970
Friedhofshalle St. Pölten
mit P. Pfaffenbichler [55]

1968–1972
Haus Berta Schmid-Schmidsfelden
St. Gilgen am Abersee, Salzburg

1969
Einrichtung Verfassungsgerichtshof und Verwaltungsgerichtshof
Wien 1, Judenplatz 11 [56]
Friedhofshalle Deutschlandsberg, *Steiermark*

1969/70
Entwurf Friedhofshalle Hinterbrühl bei Wien
mit Erich Boltenstern jun.

1970
Wettbewerbsentwurf Mädchengymnasium
Schloss Traunsee
Altmünster/Traunsee, Oberösterreich
Haus Notar Dr. Walther Zankl
Wien 19, Schreiberweg 39
Wettbewerbsentwurf Oper Belgrad
Novi Beograd [57]

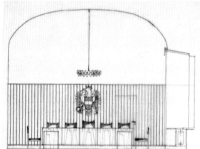

[56]

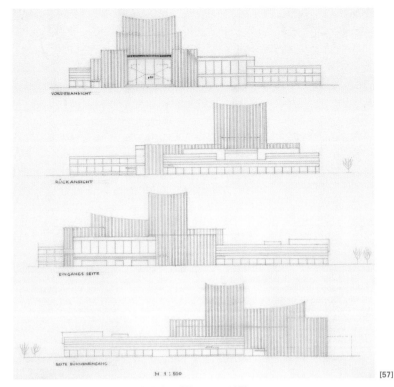

[57]

Fassadengestaltung Bürogebäude Ing. Mix
Wien 4, Prinz-Eugen-Str. 8–10/Wohllebeng.
Wettbewerbsentwurf Gebäude der UNIDO
(UNO-City)
Kaisermühlen, Wien 22

1971
Bürohaus der Wiener Städtischen Versiche-
rung und der BAWAG
Linz, Obere Donaulände 342, mit Erich Bolten-
stern jun.
Wettbewerbsentwürfe Wohnhausanlagen
„Wohnen morgen"
Leoben, Steiermark; Neumarkt am Wallersee,
Salzburg
Wettbewerbsentwurf Bundesrechnungshof
Wien 1, Maria-Theresien-Str./Hohenstaufeng./
Schottenring/Wipplingerstr.
Entwurf Umbau Hochholzerhof für die BAWAG
Wien 1, Tuchlauben

1971/72
Friedhofshalle Döbling
Wien 19

1971–1974
Rekonstruktion und Umbau von
Josef Hoffmanns Haus Moll II für Kurt Falk
Wien 19, Wollerg. 10

1972
Entwurf Zubau zu einem Bauernhaus
Urnenhain am Wiener Zentralfriedhof

1972/73
Entwurf Zubau Pressehaus, Druckereigebäude
Wien 19, Muthg. 2
Umbau Haus Dr. Walter Jakobljevich
Wien 19, Traklg. 5/Sauerburgg. 8

1972–1974
Haus Mario Brusadin
S. Daniele del Friuli, Italien

1972–1974
Friedhofshalle Atzgersdorf
Wien 23

1973
Ausstattung Aufbahrungshallen
Groß-Enzersdorf bei Wien; Mauer, Wien 23;
Friedhof Südwest, Meidling, Wien 12
Entwurf Hofzusammenlegung Wien 4
Brahmsplatz 6

um 1973
Ausstattung Halle 2, Baumgartner Friedhof
Wien 14

1974
Ausstattung Friedhofshallen
Neustift am Wald, Wien 19; Inzersdorf, Wien 10
Friedhofshallen
Trofaiach, Steiermark; Hütteldorf, Wien 14
Entwurf Renovierung von Otto Wagners
Nussdorfer Wehr, *Wien 19*
Entwurf Garage Alois und Margarethe Kargl
Spital/Semmering, Niederösterreich

1974/75
Filialen der Wiener Städtischen Versicherung
und der Länderbank im Gebäude des Forum
Kaufhauses
Steyr, Oberösterreich, Schradergründe, Redten-
bacherg./Leopold-Werndl-Str.

1975
Entwurf Garage am Wiener Zentralfriedhof
Entwurf Friedhofshalle Aspern, *Wien 22*

um 1975
Entwurf Bungalowhotel für Kurt Falk
westlich von Kalamata, Griechenland

1976
Entwurf Umbau Gartengebäude
Wien 4, Argentinierstr. 21
Ausstattung Aufbahrungshalle Friedhof
Grinzing, *Wien 19*
Urnenhain beim Wiener Krematorium

1976/77
Entwurf Umbau Haus Karl u. Dr. Astrid Pröbsting
Wien 23, Erhardg. 21

1977
Entwurf Aufbahrungshalle der evangelischen
Gemeinde Simmering, *Wien 11*
Friedhofshalle Langenwang
Steiermark
Entwurf Dachausbau Kurt Falk
Wien 3, Neulingg. 16/Sebastianplatz

1977–1984
Gemeindewohnhausanlage Wien 15
Schwenderg./Grimmg./Dadlerg.

1978
Wettbewerbsentwurf Festsaal
Brunn am Gebirge bei Wien, mit Erich
Boltenstern jun.

1979–1983
Entwurf Umbau Gebäude der Länderbank
Wien 1, Hohenstaufeng. 1–5/Renng.

1980–1983
Umbau Zentralfriedhof, Halle I, *Wien 11*

1982/83
Friedhofsgebäude
Leoben-Mühltal, Steiermark;
Kaltenleutgeben bei Wien

**Bürgermeister Franz Jonas eröffnet
die Ringturm-Kreuzung, 1958**
VEREIN FÜR GESCHICHTE DER ARBEITERBEWEGUNG

OBJEKTVERZEICHNIS

1.18
Josef Vytiska/Felix Hasenöhrl, Meinl-Haus, 1956
Reproduktion aus ‚Der Bau' 4/1957, S. 195
29,5 x 42 cm
Archiv Erich Boltenstern

1.19
Carl Appel/Georg Lippert, Opernringhof, 1956
Reproduktion aus ‚100 Jahre Österreichische
Ziviltechniker', 1960
29,5 x 21 cm
Archiv Erich Boltenstern

1.20
Ansichtskarte Opern-Café, 1958
10,3 x 14,8 cm
Günter Weber

1.21
Ansichtskarte Opernpassage, 1959
10,3 x 14,8 cm
Günter Weber

1.22
Adolf Hoch, Opernpassage, 1955
Foto Baustelle, Media Wien 5573/9A
12,5 x 17,8 cm
Wien Museum

1.23
Adolf Hoch, Opernpassage, 1955
Foto Baustelle, Media Wien 5593/3
12,5 x 17,8 cm
Wien Museum

1.24
Adolf Hoch, Opernpassage, 1955
Foto Baustelle, Media Wien 55329/1
12,5 x 17,8 cm
Wien Museum

1.25
Adolf Hoch, Opernpassage, 1955
Foto Baustelle, Media Wien 55156/7
12,5 x 17,8 cm
Wien Museum

1.26
Adolf Hoch, Opernpassage, 1955
Foto nach Fertigstellung, Media Wien 55343/7
12,5 x 17,8 cm
Wien Museum

1.27
Adolf Hoch, Opernpassage, 1955
Modellfoto, Media Wien 5526/3
12,5 x 17,8 cm
Wien Museum

1.28
Flugbild Kärntnerring
Reproduktion aus Fred Hennings,
Vienna From The Air, 1959, 25 x 21 cm
Wien Museum

1.29
Carl Appel, Steyr-Haus, 1956
abgebrochen 1991
Reproduktion aus ‚100 Jahre Universale', 1966
Archiv Erich Boltenstern

1.30
Carl Appel, Steyr-Haus, 1956
abgebrochen 1991
Autosalon von Steyr-Daimler-Puch, 1956
Reproduktion aus ‚Carl Appel, Architekt zwischen
gestern und morgen', 1988
Archiv Erich Bernard

1.31
Wien, Österreich, 1956
Werbeplakat Wientourismus
70 x 50 cm
Stadt- und Landesarchiv der Stadt Wien,
Plakatsammlung

1.32
Arkaden der Oper, 1955
Reproduktion einer Nachtaufnahme,
Media Wien 5522/2, 12,5 x 17,8 cm
Wien Museum

1.33
Max Fellerer/Eugen Wörle,
Wiederaufbau des Parlaments, 1956
Reproduktion aus ‚Der Bau' 7/8, 1956, S. 170 f.
29,5 x 42 cm
Archiv Erich Boltenstern

1.34
Roland Rainer, Böhlerhaus, 1958
Reproduktion aus ‚Der Bau' 1/1959, S. 26
29,5 x 42 cm
Archiv Erich Boltenstern

1.35
Triumphbogen vor dem Parlament, 1951
18,5 x 23,6 cm
Nachlass Wilhelm Schütte, Österreichische
Gesellschaft für Architektur

1.36
Oswald Haerdtl, Volksgarten-Dancing, 1958
Foto Lucca Chmel, in Passepartout
40 x 40 cm
Nachlass Haerdtl, Architekturzentrum Wien,
Sammlung

1.37
Erich Boltenstern, Felderhaus, 1963
Modellfoto Lucca Chmel, 1961
15 x 22 cm
Archiv Erich Boltenstern

1.38
Erich Boltenstern, Felderhaus, 1963
Chronik, 2. 3. 1961
„Wiens häßlichste Baulücke wird geschlossen"
Zeitungsausschnitt, 29,5 x 21 cm
Archiv Erich Boltenstern

1.39
Erich Boltenstern, Felderhaus, 1963
Arbeiterzeitung, 2. 3. 1961, „Ein modernes
Bürohaus ...", Zeitungsausschnitt, 29,5 x 21 cm
Archiv Erich Boltenstern

1.40
Erich Boltenstern, Felderhaus, 1963
Ecke Rathausstraße
Foto Lucca Chmel, 23 x 17,5 cm
Archiv Erich Boltenstern

1.41
Erich Boltenstern, Umbau der Wiener
Universitätsbibliothek, 1968
Neue Eingangshalle
Foto Lucca Chmel, 17 x 23 cm
Archiv Erich Boltenstern

1.42
Erich Boltenstern, Umbau der Wiener
Universitätsbibliothek, 1968
Neue Eingangshalle
Foto Lucca Chmel, 17 x 23 cm
Archiv Erich Boltenstern

1.43
Die Wiener Börse in Brand, 1956
Foto Media Wien 56106/1,12,5 x 17,8 cm
Wien Museum

1.44
Die Wiener Börse in Brand, 1956
Foto Media Wien 56106/5, 12,5 x 17,8 cm
Wien Museum

1.45
Erich Boltenstern/Erich Schlöss,
Wiederaufbau der Wiener Börse, 1959
Repro aus ‚Der Bau' 2/1960, 29,5 x 42 cm
Archiv Erich Boltenstern

1.46
Erich Boltenstern/Erich Schlöss,
Wiederaufbau der Wiener Börse, 1959
Schalterraum, Foto Lucca Chmel, 23,5 x 16,5 cm
Archiv Erich Boltenstern

1.47
Erich Boltenstern/Erich Schlöss,
Wiederaufbau der Wiener Börse, 1959
Detail Hoffassade
Foto Lucca Chmel, 23,5 x 17 cm
Archiv Erich Boltenstern

1.48
Erich Boltenstern/Erich Schlöss,
Wiederaufbau der Wiener Börse, 1959
Perspektive, 1956,
Zeichnung von Erich Schlöss
Bleistift auf Aquafix, 29,5 x 38,5 cm
Archiv Erich Boltenstern

1.49
Erich Boltenstern/Erich Schlöss,
Wiederaufbau der Wiener Börse, 1959
Wandansicht Restaurant
Bleistift auf Aquafix, 30 x 46 cm
Archiv Erich Boltenstern

1.50
Erich Boltenstern/Erich Schlöss,
Wiederaufbau der Wiener Börse, 1959
Längsschnitt
Tusche auf Transparentpapier, 67 x 118 cm
Archiv Erich Boltenstern

1.51
Die Opernpassage in Bau, 1955
Bleistift auf Papier, 49 x 62,5 cm
WM 195.176
Wien Museum

1.52
Ansichtskarte Ringturm/Donaukanal, 1959
10,4 x 14,8 cm
Günter Weber

1.53
Wahlplakat der ÖVP, 1954
86 x 58,5 cm
Wiener Stadt- und Landesarchiv,
Plakatsammlung

1.54
Erich Boltenstern/Kurt Schlauss,
Gartenbau-Komplex, 1963
Foto Lucca Chmel, 22 x 17,3 cm
Archiv Erich Boltenstern

1.55
Adolf Hoch, Opernpassage, 1955
Foto von der Eröffnung, 17 x 13 cm
Verein für Geschichte der Arbeiterbewegung

1.56
Carl Appel, Steyr-Haus, 1956
Modell, 2005, Holz/Karton
Wien Museum

STÄDTEBAU

2.1
Erich Boltenstern, Wettbewerb Karlsplatz I,
1945
Ansicht Karlsplatz
Bleistift und Farbstift auf Papier, 32 x 50 cm
Archiv Erich Boltenstern

2.2
Erich Boltenstern, Wettbewerb Karlsplatz II,
1946
Vogelschau
Tusche auf Aquafix, 36,5 x 78 cm
Archiv Erich Boltenstern

2.3
Lois Welzenbacher, Wettbewerbsprojekt
Karlsplatz, 1949
Foto des Modells, 1997, 18 x 24 cm
Wien Museum

2.4
Jurybericht Wettbewerb Donaukanal, 1947
Typoskript, 29,5 x 21 cm
Archiv Erich Boltenstern

2.5
Erich Boltenstern, Jurorenprotokoll
Wettbewerb Donaukanal, 1947
Manuskript, 29,5 x 21 cm
Archiv Erich Boltenstern

2.6
Erich Boltenstern, Jurybericht Wettbewerb
Donaukanal, 1947
Der Aufbau, Sonderdruck
31,5 x 23,5 cm
Archiv Erich Boltenstern

2.7
Lois Welzenbacher, Wettbewerbsprojekt
Donaukanal, 1947
Foto des Modells, 1997, 18 x 24 cm
Wien Museum

2.8
Erich Boltenstern, Projekt für einen Durchgang
in der ehemaligen Böhmischen Hofkanzlei,
1947
Der Aufbau, Sonderdruck, 31,5 x 23,5 cm
Archiv Erich Boltenstern

2.9
Erich Boltenstern, Durchgang in der
Böhmischen Hofkanzlei, 1947
Foto Lucca Chmel, 17 x 23,5 cm
Archiv Erich Boltenstern

2.19

2.20

2.10
Erich Boltenstern, Durchgang in der
Böhmischen Hofkanzlei, 1947
Foto Pez Hejduk 2005, 18 x 24 cm
Pez Hejduk

2.11
Erich Boltenstern, Fußgängerdurchgang in der
Böhmischen Hofkanzlei, 1947
Ansicht von der Wipplingerstraße
Bleistift auf Transparentpapier, 114 x 88,5 cm
Archiv Erich Boltenstern

2.12
Egon Friedinger, Wettbewerb Stephansplatz,
1946
Blick in die Kärntner Straße
Lichtpause, 91 x 76 cm
Nachlass Friedinger, Wien Museum

2.13
CIAM Austria (Oswald Haerdtl, Wilhelm Schütte,
Karl Schwanzer), Stephansplatz-Projekt, 1948
Foto des Modells, Passepartout, 40 x 40 cm
Nachlass Haerdtl, Architekturzentrum Wien,
Sammlung

2.14
CIAM Austria (Oswald Haerdtl, Wilhelm Schütte,
Karl Schwanzer), Stephansplatz-Projekt, 1948
Foto des Modells, Passepartout, 40 x 40 cm
Nachlass Haerdtl, Architekturzentrum Wien,
Sammlung

2.15
CIAM Austria (Oswald Haerdtl, Wilhelm Schütte,
Karl Schwanzer), Stephansplatz-Projekt, 1948
Erläuterungstext von Oswald Haerdtl, 29,5 x 21 cm
Nachlass Haerdtl, Architekturzentrum Wien,
Sammlung

2.16
CIAM Austria (Oswald Haerdtl, Wilhelm Schütte,
Karl Schwanzer), Stephansplatz-Projekt, 1948
Film 32/1949, 33 x 26,5 cm
Nachlass Schütte, Österreichische Gesellschaft
für Architektur

2.17
Josef Frank, Städtebauliche Skizzen zum
Stephansplatz, 1948
Film 36/1949, Reproduktion, 33 x 26,5 cm
Österreichische Nationalbibliothek

2.18
Tagesordnung der Versammlung der CIAM
Austria, 1955
Typoskript, 29,5 x 21 cm
Archiv Erich Boltenstern

2.19
Charta von Athen,
österreichische Erstveröffentlichung
Europäische Rundschau 21, 1948
29,5 x 21 cm
Maja Lorbek

2.20
Charta von Athen
Broschüre, um 1951
29,5 x 21 cm
Archiv Erich Boltenstern

2.21
Statuten der CIAM Austria, 1947
Typoskript, 29,5 x 21 cm
Nachlass Schütte, Österreichische Gesellschaft
für Architektur

2.22
Brief von Max Fellerer an die CIAM Austria, 1948
Typoskript, 29,5 x 21 cm
Nachlass Schütte, Österreichische Gesellschaft
für Architektur

2.23
Brief von Franz Schuster an
Margarete Schütte-Lihotzky, 1948
Typoskript, 29,5 x 21 cm
Nachlass Schütte, Österreichische Gesellschaft
für Architektur

2.24
Franz Schuster in seinem Büro, 1950er Jahre
Foto, 12,5 x 17,5 cm
Judith Eiblmayr

2.25
Jurysitzung beim Stadthallen-Wettbewerb,
1953
Foto Pressedienst der Stadt Wien, 12,5 x 17,5 cm
Archiv Erich Boltenstern

2.26
Einladung zur CIAM-Tagung 1951
15 x 10,4 cm
Archiv Erich Boltenstern

2.27
Einladung zur Teilnahme an der
CIAM-Konferenz 1951
Typoskript, 29,5 x 21 cm
Archiv Erich Boltenstern

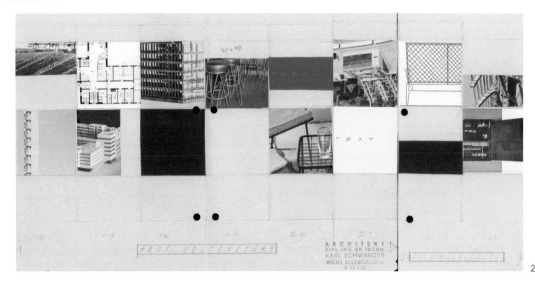

2.35

2.28
Programm der Tagung der CIAM Austria 1951
Typoskript, 29,5 x 21 cm
Nachlass Schütte, Österreichische Gesellschaft
für Architektur

2.29
Erich Boltenstern, Referat bei einer CIAM-Tagung
Manuskript, undatiert, 29,5 x 21 cm
Archiv Erich Boltenstern

2.30
Rundschreiben an die Mitglieder der CIAM Austria
Typoskript, 29,5 x 21 cm
Archiv Erich Boltenstern

2.31
Mitgliederliste der CIAM Austria, 1952
Typoskript, 29,5 x 21 cm
Nachlass Schütte, Österreichische Gesellschaft
für Architektur

2.32
Brief von Oswald Haerdtl an Sigfried Giedion, 1952
Typoskript, 29,5 x 21 cm
Nachlass Schütte, Österreichische Gesellschaft
für Architektur

2.33
Erich Boltenstern und Karl Schwanzer
Privatfoto, undatiert, 18 x 13 cm
Archiv Erich Boltenstern

2.34
Oswald Haerdtl, Einladung an die Mitglieder der CIAM Austria zur Teilnahme an der geplanten Ausstellung, 1953
Typoskript, 29,5 x 21 cm
Archiv Erich Boltenstern

2.35
Karl Schwanzer, Wandtafelschema für die geplante Ausstellung der CIAM Austria, 1953
Collage, 21 x 40 cm
Archiv Erich Boltenstern

2.36
Rundschreiben an die Mitglieder der CIAM Austria, 1956
Typoskript, 29,5 x 21 cm
Archiv Erich Boltenstern

2.37
Carl Appel, Stephansplatz-Projekt, 1949
Fassadenabwicklung, Reproduktion, 25 x 100 cm
Wiener Stadt- und Landesarchiv

2.38
Carl Appel, Stephansplatz-Projekt, 1949
Fassadenvarianten Haas-Haus, Reproduktion,
25 x 100 cm
Wiener Stadt- und Landesarchiv

2.39
Ansichtskarte Haas-Haus/Stephansdom, 1954
14 x 9 cm
Günter Weber

2.40
Ansichtskarte Café im Haas-Haus, 1962
9 x 14 cm
Günter Weber

2.41
Carl Appel, Kaufhaus Neumann, Kärntner Straße
Der Bau 8/1950
29,5 x 21 cm
Archiv Erich Boltenstern

2.42
Max Fellerer/Eugen Wörle/Carl Appel, Haas-Haus
Der Bau 7–8/1953, 29,5 x 21 cm
Archiv Erich Boltenstern

2.43
Max Fellerer/Eugen Wörle, Concordia-Hof, Wien 1
Der Bau 2/1960, 29,5 x 21 cm
Archiv Erich Boltenstern

2.44
Roland Rainer, Die Behausungsfrage, Wien 1947
26,5 x 20 cm
Archiv Erich Boltenstern

2.45
Franz Schuster, Der Stil unserer Zeit, Wien 1948
23 x 15,5 cm
Judith Eiblmayr

2.46
Architektur in Österreich 1945–1954
Der Bau, Sonderheft 1954, 29,5 x 21 cm
Archiv Erich Boltenstern

WIEDERAUFBAU

3.1
ÖGB (Hg.), Österreich schöpferisch schaffend feiernd, Wien 1953
29,5 x 21 cm
Iris Meder

3.2
Austria International 4/1949
33 x 24 cm
Archiv Erich Boltenstern

3.3
Wien baut auf, Wien 1947
broschiert, 19 x 17 cm
Archiv Erich Boltenstern

3.4
Wien baut auf, Wien 1947
gebunden, 24,7 x 19 cm
Archiv Erich Boltenstern

3.5
Wien im Wiederaufbau
Österreichische Rundschau 5/6, 1947
29,5 x 21 cm
Archiv Erich Boltenstern

3.6
Fundament für den Aufbau
Wahlplakat der SPÖ, 1945
59 x 84 cm
MA 9, Stadt- und Landesbibliothek

3.7
Freiheit Arbeit Recht
Wahlplakat der ÖVP, 1945
60 x 42 cm
MA 9, Stadt- und Landesbibliothek

3.8
Aufbau – Hilf mit
Wahlplakat der KPÖ, 1945
42 x 31 cm
MA 9, Stadt- und Landesbibliothek

EINRICHTEN

4.1
Erich Boltenstern, Junggesellenwohnung auf der Werkbund-Ausstellung 1950
Foto Maria Wölfl, Reproduktion
Archiv Erich Boltenstern

4.2
Werkbundsiedlung Wien, Haus Hugo Häring, Einrichtung Erich Boltenstern, 1932
Wandabwicklung Wohn-/Schlafzimmer
Tusche auf Transparentpapier, 44,5 x 97 cm
Archiv Erich Boltenstern

4.3
Werkbundsiedlung Wien, Haus Hugo Häring, Einrichtung Erich Boltenstern, 1932
Möblierungsplan
Tusche auf Transparentpapier, 45,5 x 65 cm
Archiv Erich Boltenstern

4.4
Erich Boltenstern, Entwurf eines Hockers, 1932
Tusche auf Aquafix, 48 x 31,5 cm
Archiv Erich Boltenstern

4.5
Erich Boltenstern, Einrichtung Haus Marie Heynau, Kritzendorf, 1948
Wandabwicklung Wohnraum
Tusche auf Transparentpapier, 40,5 x 59,5 cm
Archiv Erich Boltenstern

4.6
Erich Boltenstern, Einrichtung Haus Marie Heynau, Kritzendorf, 1948
Wandbank
Foto Pez Hejduk 2005, 24 x 18 cm
Pez Hejduk

4.7
Erich Boltenstern, Einrichtung Haus Marie Heynau, Kritzendorf, 1948
Esszimmer
Foto Pez Hejduk 2005, 24 x 18 cm
Pez Hejduk

4.8
Erich Boltenstern, Einrichtung Haus Marie Heynau, Kritzendorf, 1948
Grundriss
Tusche auf Transparentpapier, 30 x 42 cm
Archiv Erich Boltenstern

4.9
Erich Boltenstern, Einrichtung Haus Marie Heynau, Kritzendorf, 1948
Stuhl
Foto Pez Hejduk 2005, 24 x 18 cm
Pez Hejduk

4.10
Erich Boltenstern, Einrichtung Haus Marie Heynau, Kritzendorf, 1948
Armlehnstuhl
Bleistift auf Aquafix, 30 x 42 cm
Archiv Erich Boltenstern

4.11
Erich Boltenstern, Bernsteingeschäft Plocek, Wien 1, Kärntner Straße, 1938
Fassade
Foto Scherb, 21,3 x 16,5 cm
Archiv Erich Boltenstern

4.12
Erich Boltenstern, Bernsteingeschäft Plocek, Wien 1, Kärntner Straße, 1938
Ansicht Portal, Auslage und Eingang
Bleistift auf Aquafix, 33,5 x 33,5 cm
Archiv Erich Boltenstern

4.13
Erich Boltenstern, Bernsteingeschäft Plocek, Wien 7, Neubaugasse, 1939
Innenraum
Foto Scherb, 23,7 x 17,5 cm
Archiv Erich Boltenstern

4.14
Erich Boltenstern, Bernsteingeschäft Plocek, Wien 7, Neubaugasse, 1939
Wandabwicklung Längswand
Bleistift auf Aquafix, 34,5 x 50 cm
Archiv Erich Boltenstern

4.15
Erich Boltenstern, Entwurf Selbstbedienungs-restaurant Hauswirth, Wien 2, Praterstraße, 1953
Perspektive des Innenraums
Tusche auf Transparentpapier, 29 x 38 cm
Archiv Erich Boltenstern

4.16
Erich Boltenstern, Entwurf Selbstbedienungs-restaurant Hauswirth, Wien 2, Praterstraße, 1953
Wandabwicklungen
Tusche auf Transparentpapier, 50,7 x 105 cm
Archiv Erich Boltenstern

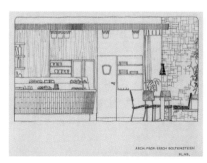

4.17
Erich Boltenstern, Wachsendes Haus, 1932
Axonometrie 3. Ausbaustufe
Tusche auf Transparentpapier, 46 x 68 cm
Archiv Erich Boltenstern

4.18
Erich Boltenstern, Wachsendes Haus, 1932
Plan Kernhaus
Tusche auf Transparentpapier, 46 x 68 cm
Archiv Erich Boltenstern

4.19
Erich Boltenstern, Wachsendes Haus, 1932
Grundriss teilweise bzw. fertig ausgebaut
Tusche auf Transparentpapier, 46 x 68 cm
Archiv Erich Boltenstern

4.20
Erich Boltenstern, Wachsendes Haus, 1932
Erster Zustand, Gartenseite
Foto Scherb, 18 x 23 cm
Archiv Erich Boltenstern

4.21
Erich Boltenstern, Wachsendes Haus, 1932
Badenische
Foto Scherb, 23,5 x 18 cm
Archiv Erich Boltenstern

4.22
Erich Boltenstern, Wachsendes Haus, 1932
Küche von Ada Gomperz
Foto Scherb, 23,5 x 18 cm
Archiv Erich Boltenstern

4.23
Erich Boltenstern, Wachsendes Haus, 1932
Innenraum
Foto Scherb, 18 x 24 cm
Archiv Erich Boltenstern

4.24
Erich Boltenstern, Wachsendes Haus, 1932
Modell, 2005
Holz/Karton
Wien Museum

4.25
Erich Boltenstern, Studie für ein Wohnhaus, 1930
Grund- und Aufrisse
Tusche auf Aquafix, 39 x 69,5 cm
Archiv Erich Boltenstern

4.26
Erich Boltenstern, Wettbewerb Ferienhaus, um 1930
Axonometrie
Tusche auf Aquafix, 46 x 48 cm
Archiv Erich Boltenstern

4.27
Erich Boltenstern, Entwurf eines Gartenhauses, um 1930
Außenansicht
Tusche auf Transparentpapier, 40 x 64,5 cm
Archiv Erich Boltenstern

4.28
Erich Boltenstern, Skizze zu einer Badehütte, um 1930
Tusche auf Transparentpapier, 40 x 42 cm
Archiv Erich Boltenstern

4.29
Erich Boltenstern, Junggesellenwohnung auf der Werkbund-Ausstellung 1950
Innenraumperspektive
Tusche auf Transparentpapier, 46,5 x 63,5 cm
Archiv Erich Boltenstern

4.30
Ausstellung des Österreichischen Werkbunds 1950
Entwerferbrief Nr. 2, Kopie, 29,5 x 21 cm
Archiv Erich Boltenstern

4.31
Jahresmitgliedskarte Erich Boltensterns für den Österreichischen Werkbund, 1962
Karton, 8 x 10 cm
Archiv Erich Boltenstern

4.32
Erich Boltenstern, Junggesellenwohnung auf der Werkbund-Ausstellung 1950
Funktionsskizze
Bleistift auf Aquafix, 21,6 x 30 cm
Archiv Erich Boltenstern

4.33
Erich Boltenstern, Junggesellenwohnung auf der Werkbund-Ausstellung 1950
Foto Maria Wölfl, 17,5 x 23,5 cm
Archiv Erich Boltenstern

4.34
Möbelwettbewerb der Arbeiter- und der Handelskammer, 1952
Erläuterungen, Blatt 1, Typoskript
29,5 x 21 cm
Archiv Erich Boltenstern

4.35
Erich Boltenstern, Möbelwettbewerb der Arbeiter- und der Handelskammer, 1952
Schrankkabine
Tinte auf Papier, 29,5 x 21 cm
Archiv Erich Boltenstern

4.36
Erich Boltenstern, Möbelwettbewerb der Arbeiter- und der Handelskammer, 1952
Wohnraum
Bleistift, roter Farbstift auf Papier, 29,5 x 21 cm
Archiv Erich Boltenstern

4.37
Erich Boltenstern, Möbelwettbewerb der Arbeiter- und der Handelskammer, 1952
Fauteuilstudie
Bleistift auf Aquafix, 29,5 x 20 cm
Archiv Erich Boltenstern

4.38
Erich Boltenstern, Entwurf Villa des Bundespräsidenten im Fasangarten, 1950er Jahre
Ansicht der Gartenseite
Tusche auf Transparentpapier, 57 x 98 cm
Archiv Erich Boltenstern

4.39
Erich Boltenstern, Entwurf Villa des Bundespräsidenten im Fasangarten, 1950er Jahre
Lageplan 1:1000
Tusche auf Transparentpapier, 69,5 x 111 cm
Archiv Erich Boltenstern

4.40
Erich Boltenstern/Karl Hartl/Ladislaus Hruska/ Kurt Schlauss, Gemeindewohnhausanlage Hubert-Hladej-Hof, Wien 2, 1948–1950
Ansichten, 1950
Tusche auf Aquafix, 63,5 x 109,5 cm
Archiv Erich Boltenstern

4.41
Erich Boltenstern/Karl Hartl/Ladislaus Hruska/ Kurt Schlauss, Gemeindewohnhausanlage Hubert-Hladej-Hof, Wien 2, 1948–1950
Foto mit Konsum-Filiale, um 1950, 18 x 24 cm
Archiv Erich Boltenstern

4.42
Erich Boltenstern/Karl Hartl/Ladislaus Hruska/ Kurt Schlauss, Gemeindewohnhausanlage Hubert-Hladej-Hof, Wien 2, 1948–1950
Foto vom Handelskai, um 1950, 18 x 24 cm
Archiv Erich Boltenstern

4.43
Erich Boltenstern/Karl Hartl/Ladislaus Hruska/ Kurt Schlauss, Gemeindewohnhausanlage Hubert-Hladej-Hof, Wien 2, 1948–1950
Foto um 1950, 18 x 24 cm
Archiv Erich Boltenstern

4.44
Erich Boltenstern/Karl Hartl/Ladislaus Hruska/ Kurt Schlauss, Gemeindewohnhausanlage Hubert-Hladej-Hof, Wien 2, 1948–1950
Präsentationsplan
Tusche auf Transparentpapier, 26,7 x 45 cm
Archiv Erich Boltenstern

4.45
Plakat für die Werkbundsiedlung Wien, 1932
120 x 90 cm
Universität für angewandte Kunst Wien

4.46
Josef Autherid,
Plakat zur Werkbund-Ausstellung 1950
59 x 42 cm
Österreichische Nationalbibliothek,
Plakatesammlung

4.47
Leopold W. Rochowanski, Wachsende Häuser,
Wien 1932
29,5 x 21 cm
Österreichische Nationalbibliothek

4.48
Erich Boltenstern, Wachsendes Haus, 1932
Moderne Bauformen 6/1932, 29,2 x 23,3 cm
Archiv Erich Boltenstern

4.49
Erich Boltenstern, Wachsendes Haus, 1932
domus 56, August 1932, 33 x 25,5 cm
Archiv Erich Boltenstern

4.50
Katalog der Wiener Werkbundsiedlung,
Wien 1932
29,5 x 21 cm
Archiv Erich Boltenstern

4.51
Wiener Werkbundsiedlung, Haus Hugo Häring,
Einrichtung Erich Boltenstern, 1932
Innendekoration 8/1932, 33 x 25 cm
Archiv Erich Boltenstern

4.52
Das Wochenende der Wiener
profil Sonderdruck 1932, 29,5 x 21 cm
Archiv Erich Boltenstern

4.53
Erich Boltenstern/Eugen Wachberger,
Entwurf Novadom-Haus, 1936
profil 8/1936, 29,5 x 21 cm
Archiv Erich Boltenstern

4.54
Erich Boltenstern (Hg.), Die Wohnung für
jedermann, Stuttgart 1933
29,5 x 21 cm
Iris Meder

4.55
Erich Boltenstern, Wiener Möbel, Stuttgart 1935
29,2 x 22,8 cm
Archiv Erich Boltenstern

4.56
Erich Boltenstern, Eigenes Haus, Wien 13, 1937
Österreichische Kunst 10/1937, 31 x 21,5 cm
Archiv Erich Boltenstern

4.57
Erich Boltenstern, Junggesellenwohnung auf
der Werkbund-Ausstellung 1950
Der Bau 7–8/1950, 29,5 x 21 cm
Archiv Erich Boltenstern

4.58
Erich Boltenstern, Einrichtung Haus Marie
Heynau, Kritzendorf, 1948
Armlehnstuhl, Weichholz mit Gurtbespannung,
82 x 58 x 58 cm
Elfriede Heynau

4.59
Erich Boltenstern, Handschuhkastl,
1950er Jahre
Massivholz, kirschfurniert, 33 x 59 x 24 cm
Sven Boltenstern

4.60
Erich Boltenstern, Seittischerl, 1950er Jahre
Massivholz, graue Resopalplatte, 60 x 65 x 40 cm
Archiv Erich Boltenstern

4.61
Erich Boltenstern, Lehnsessel, 1950er Jahre
Massivholz, roter Bezug, 80 x 50 x 60 cm
Erich Boltenstern jun.

4.62
Erich Boltenstern, Fauteuil, 1950er Jahre
Massivholz, grauer Bezug, 80 x 50 x 60 cm
Erich Boltenstern jun.

KAHLENBERG

5.1
Kahlenberg-Wettbewerb 1933,
Projekt Ernst Plischke
Aufriss, Tusche auf Transparentpapier,
54 x 100 cm
Nachlass Plischke, Kupferstichkabinett der
Akademie der bildenden Künste Wien

5.2
Kahlenberg-Wettbewerb 1933,
Projekt Oswald Haerdtl
Grundriss und Aufrisse, fotografische Reproduktion, Passepartout, 40 x 80 cm
Nachlass Haerdtl, Architekturzentrum Wien,
Sammlung

5.3
Kahlenberg-Wettbewerb 1933,
Projekt Peter Behrens/Alexander Popp
Gesamtansicht vom Tal, fotografische Reproduktion, auf Karton kaschiert, 15 x 22 cm
Nachlass Popp, Nordico – Museum der Stadt Linz

5.4
Kahlenberg-Wettbewerb 1933,
Projekt Peter Behrens/Alexander Popp
Bebauungsplan, fotografische Reproduktion, auf
Karton kaschiert, 15 x 22 cm
Nachlass Popp, Nordico – Museum der Stadt Linz

5.5
Kahlenberg-Wettbewerb 1933,
Projekt Theiß & Jaksch
Aufriss, Tusche auf Transparentpapier, 30 x 120 cm
Archiv Theiß & Jaksch

5.6
Kahlenberg-Wettbewerb 1933,
Projekt Erich Leischner
Ansicht, fotografische Reproduktion, 24 x 30 cm
Nachlass Gerlach, Wiener Stadt- u. Landesarchiv

5.7
Kahlenberg-Wettbewerb 1933,
Projekt Erich Leischner
Grundriss, fotografische Reproduktion, 24 x 30 cm
Nachlass Gerlach, Wiener Stadt- u. Landesarchiv

5.8
Kahlenberg-Wettbewerb 1933,
Projekt Rudolf Perco
Gesamtansicht
Tusche und Kohle auf Papier, auf Hartfaserplatte
kaschiert, 98 x 108,5 cm
Nachlass Perco, Wiener Stadt- und Landesarchiv

5.9
Kahlenberg-Wettbewerb 1933,
Projekt Ponzen/Boltenstern
Lageplan, Reproduktion, 40 x 40 cm
Archiv Erich Boltenstern

5.10
Kahlenberg-Wettbewerb 1933,
Projekt Ponzen/Boltenstern
Gesamtansicht
Lichtpause, 54 x 93,5 cm
Archiv Erich Boltenstern

5.11
Kahlenberg-Wettbewerb 1933,
Projekt Ponzen/Boltenstern
Perspektive der Terrasse
Lichtpause, 90 x 105 cm
Archiv Erich Boltenstern

5.12
Erich Boltenstern, Kahlenberg-Restaurant
Perspektive, 1935
Lichtpause, koloriert, 93 x 130 cm
Archiv Erich Boltenstern

5.13
Erich Boltenstern, Kahlenberg-Restaurant
Bauarbeiten
Foto Gerlach 1935, 18 x 24 cm
Archiv Erich Boltenstern

5.14
Erich Boltenstern, Kahlenberg-Restaurant
Bauarbeiten
Foto Gerlach 1935, 18 x 24 cm
Archiv Erich Boltenstern

5.15
Erich Boltenstern, Kahlenberg-Restaurant
Planung Ponzen/Boltenstern 1935
Grundriss Erdgeschoss
Tusche auf Transparentpapier, 56 x 139 cm
Archiv Erich Boltenstern

5.16
Erich Boltenstern, Kahlenberg-Restaurant
Foto um 1936, 24,5 x 31 cm
Wien Museum

5.17
Erich Boltenstern, Kahlenberg-Restaurant
Foto Pez Hejduk 2005, 10 x 15 cm
Pez Hejduk

5.18
Erich Boltenstern, Kahlenberg-Restaurant
Offene Westloggia
Foto Scherb 1936, 18 x 24 cm
Archiv Erich Boltenstern

5.19
Erich Boltenstern, Kahlenberg-Restaurant
Foto Pez Hejduk 2005, 10 x 15 cm
Pez Hejduk

5.20
Erich Boltenstern, Kahlenberg-Restaurant
Ansicht vom Kirchplatz
Foto Scherb 1936, 18 x 24 cm
Archiv Erich Boltenstern

5.21
Erich Boltenstern, Kahlenberg-Restaurant
Foto Pez Hejduk 2005, 10 x 15 cm
Pez Hejduk

5.22
Erich Boltenstern, Kahlenberg-Restaurant
Terrasse vor der „Ostveranda"
Foto Scherb 1936, 37,5 x 28 cm
Archiv Erich Boltenstern

5.23
Erich Boltenstern, Kahlenberg-Restaurant
„Ostveranda"
Foto Scherb 1936, 37,5 x 28 cm
Archiv Erich Boltenstern

5.24
Erich Boltenstern, Kahlenberg-Restaurant
Innenraumskizze von Eugen Wachberger, 1935
Aquarell und Tusche auf Papier, 21 x 34 cm
Archiv Erich Boltenstern

5.25
Erich Boltenstern, Kahlenberg-Restaurant
Talseitige Front
Foto Scherb 1936, 18 x 24 cm
Archiv Erich Boltenstern

5.26
Erich Boltenstern, Kahlenberg-Restaurant
Skizze von Eugen Wachberger, 1935
Aquarell und Tusche auf Papier, 21 x 29,5 cm
Archiv Erich Boltenstern

5.27
Erich Boltenstern, Kahlenberg-Restaurant
„Marmorsaal"
Foto Scherb 1936, 18 x 24 cm
Archiv Erich Boltenstern

5.28
Erich Boltenstern, Kahlenberg-Restaurant
Devastierter „Marmorsaal"
Foto Thomas Rottenberg 2004, 18 x 24 cm
Thomas Rottenberg

5.29
Ansichtskarte Höhenstraße/Kahlenberg, 1950
10,3 x 15 cm
Iris Meder

5.30
Ansichtskarte Höhenstraße/Kahlenberg, 1936
9 x 14 cm
Iris Meder

5.31
Ansichtskarte Kahlenberg-Parkplatz, 1954
9 x 14 cm
Iris Meder

5.32
Ansichtskarte Kahlenberg-Restaurant, 1950
9 x 14 cm
Iris Meder

5.33
Ansichtskarte Höhenstraße/Kahlenberg, 1936
9 x 14 cm
Iris Meder

5.34
Ansichtskarte Höhenstraße, 1936
9 x 14 cm
Iris Meder

5.35
Ansichtskarte Kahlenberg-Restaurant, 1936
9 x 14 cm
Iris Meder

5.36
Ansichtskarte Kahlenberg, 1939
9 x 14 cm
Iris Meder

5.37
Ansichtskarte Höhenstraße/Kahlenberg, 1938
9 x 14 cm
Iris Meder

5.38
Ansichtskarte Kahlenberg-Restaurant, 1936
9 x 14 cm
Iris Meder

5.39
Ansichtskarte Kahlenberg-Restaurant, 1936
9 x 14 cm
Iris Meder

5.40
Ansichtskarte Kahlenberg-Restaurant, 1936
9 x 14 cm
Iris Meder

5.41
Ansichtskarte Kahlenberg-Restaurant, 1938
9 x 14 cm
Iris Meder

5.42
Ansichtskarte Kahlenberg-Restaurant, 1936
9 x 14 cm
Iris Meder

5.43
Ansichtskarte Kahlenberg-Restaurant, 1942
10,4 x 15 cm
Günter Weber

5.44
Ansichtskarte Kahlenberg-Restaurant mit hineinmontiertem Hotelbau, 1963
9 x 14 cm
Günter Weber

5.45
Erich Boltenstern, Kahlenberg-Restaurant
Bauvisite der Österreichischen Gesellschaft für Architektur, 2004
Foto Thomas Rottenberg, 10 x 15 cm
Thomas Rottenberg

5.46
Erich Boltenstern, Kahlenberg-Restaurant
Bauvisite der Österreichischen Gesellschaft für Architektur 2004
Foto Christoph Laimer, 10 x 15 cm
Österreichische Gesellschaft für Architektur

5.47
Erich Boltenstern, Kahlenberg-Restaurant
Bauvisite der Österreichischen Gesellschaft für Architektur 2004
Foto Christoph Laimer, 10 x 15 cm
Österreichische Gesellschaft für Architektur

5.48
Erich Boltenstern, Kahlenberg-Restaurant
Foto Pez Hejduk 2005, 10 x 15 cm
Pez Hejduk

5.49
Erich Boltenstern, Kahlenberg-Restaurant
Foto Pez Hejduk 2005, 10 x 15 cm
Pez Hejduk

5.50
Erich Boltenstern, Kahlenberg-Restaurant
Foto Pez Hejduk 2005, 10 x 15 cm
Pez Hejduk

5.51
Erich Boltenstern, Kahlenberg-Restaurant
Foto Pez Hejduk 2005, 10 x 15 cm
Pez Hejduk

5.52
Erich Boltenstern, Kahlenberg-Restaurant
Foto Pez Hejduk 2005, 10 x 15 cm
Pez Hejduk

5.53
Erich Boltenstern, Kahlenberg-Restaurant
Foto Pez Hejduk 2005, 10 x 15 cm
Pez Hejduk

5.54
Altes Kahlenberghotel
Foto um 1900, 13 x 18 cm
Media Wien

5.55
Max Ermers, Der Kahlenberg wird ausgebaut!
Der Tag, 5. 10. 1932
Reproduktion, 29,5 x 21 cm
Österreichische Nationalbibliothek

5.56
**Wilhelm Fabjan,
Bebauungsvorschlag Kahlenberg, 1929**
Architektur und Bautechnik 1933, 29,5 x 21 cm
Österreichische Nationalbibliothek

5.57
**Kahlenberg-Wettbewerb 1933,
Projekt Stefan Fayans**
Österreichische Kunst 1935, 29,5 x 21 cm
Österreichische Nationalbibliothek

5.58
**Kahlenberg-Wettbewerb 1933,
Projekt Witzmann/Niedermoser**
profil 1933, 29,5 x 21 cm
Archiv Erich Boltenstern

5.59
**Kahlenberg-Wettbewerb 1933,
Projekt Arnold und Gerhard Karplus**
Wiener Architekten: Karplus/Karplus, Wien 1935
29,5 x 21 cm
Österreichische Nationalbibliothek

5.60
Erich Boltenstern, Kahlenberg-Restaurant
Anbot der Firma Pimperl Stahlrollbalken, 1936
29,5 x 21 cm
Archiv Erich Boltenstern

5.61
Erich Boltenstern, Kahlenberg-Restaurant
Rechnung des Schildermalers Fred Kürt, 1936
26 x 20 cm
Archiv Erich Boltenstern

5.62
Erich Boltenstern, Kahlenberg-Restaurant
Anbot der Firma St. Pöltner Sessel, 1936
29,5 x 21 cm
Archiv Erich Boltenstern

5.63
**Ernst Ludwig Franke,
Plakat Imperial Feigenkaffee, 1938**
Reproduktion, 21 x 29,5 cm
Plakatsammlung der Graphischen Lehr- und Versuchsanstalt, Wien

5.64
Knill und Gillar, Plakat „Carnival in Vienna", 1936
Reproduktion, 29,5 x 21 cm
Österreichische Nationalbibliothek,
Plakatesammlung

5.65
Herbert Dobretzberger, Fremdenverkehrs-plakat „V zimĕ – do Vídnĕ!" (Im Winter – nach Wien!), 1935
32 x 23 cm
Österreichische Nationalbibliothek,
Plakatesammlung

5.66
Prospekt Kahlenberg-Hotel, 1964
21 x 10 cm
Österreichische Nationalbibliothek,
Plakatesammlung

5.67
Hermann Kutschera, Kahlenberg-Hotel, 1963
Der Bau 5/1964, 29,5 x 21 cm
Archiv Erich Boltenstern

5.68
Erich Boltenstern, Kahlenberg-Restaurant, 1935
Modell, 2005, Holz/Karton
Wien Museum

WIENER VEREIN

6.1
Erich Boltenstern, Feuerhalle Graz, 1932
Portikus
Foto Julius Scherb, 30 x 24 cm
Archiv Wiener Verein

6.2
**Erich Boltenstern/P. Pfaffenbichler, Aufbah-
rungshalle Friedhof St. Pölten, 1970**
Fassaden
Tusche auf Aquafix, 26,2 x 44 cm
Archiv Erich Boltenstern

6.3
**Erich Boltenstern/P. Pfaffenbichler, Aufbah-
rungshalle Friedhof St. Pölten, 1970**
Außenperspektive
Tusche auf Aquafix, 30 x 85 cm
Archiv Erich Boltenstern

6.4
**Erich Boltenstern/P. Pfaffenbichler, Aufbah-
rungshalle Friedhof St. Pölten, 1970**
Ansicht Zeremonienraum
Tusche auf Transparentpapier, 33,2 x 105 cm
Archiv Erich Boltenstern

6.5
**Erich Boltenstern, Zubau Kirche Hinterbrühl,
1960**
Farbmuster für die Glaswand
Aquarell auf Aquafix, 29 x 39 cm
Archiv Erich Boltenstern

6.6
**Erich Boltenstern, Zubau Kirche Hinterbrühl,
1960**
Innenraum
Foto Lucca Chmel, 16,5 x 23,5 cm
Archiv Erich Boltenstern

6.7
**Erich Boltenstern, Zubau Kirche Hinterbrühl,
1960**
Außenansicht
Foto Lucca Chmel, 16,5 x 23,5 cm
Archiv Erich Boltenstern

6.8
**Erich Boltenstern, Zubau Kirche Hinterbrühl,
1960**
Perspektive des Innenraums
Bleistift auf Aquafix, 29 x 51 cm
Archiv Erich Boltenstern

6.9
**Erich Boltenstern, Aufbahrungshalle Friedhof
St. Peter Freienstein, 1966**
Außenperspektive
Bleistift auf Aquafix, 44,5 x 89 cm
Archiv Erich Boltenstern

6.10
**Lichtkonzept für verschiedene
Bestattungsklassen**
undatiert
29,5 x 21,5 cm
Archiv Erich Boltenstern

6.11
**Erich Boltenstern, Aufbahrungshalle Friedhof
Hütteldorf**
Foto, 17 x 23 cm
Archiv Erich Boltenstern

6.12
**Erich Boltenstern, Aufbahrungshalle am
Zentralfriedhof, 1983**
Foto Innenraum, 17 x 23 cm
Archiv Erich Boltenstern

6.13
Erich Boltenstern, Feuerhalle Graz, 1932
Axonometrie der Friedhofsanlage
Tusche auf Aquafix, 71 x 94,2 cm, ca. 1930
Archiv Erich Boltenstern

6.14
Erich Boltenstern, Feuerhalle Graz, 1932
Grundriss
Tusche auf Aquafix, 59,5 x 73 cm, 1930
Archiv Erich Boltenstern

6.15
Erich Boltenstern, Feuerhalle Graz, 1932
Portikus
Foto Julius Scherb, 30 x 24 cm
Archiv Wiener Verein

6.16
Erich Boltenstern, Feuerhalle Graz, 1932
Außenansicht
Foto Julius Scherb, 17 x 23 cm
Archiv Erich Boltenstern

6.17
Erich Boltenstern, Feuerhalle Graz, 1932
Außenansicht
Foto Julius Scherb, 17 x 23 cm
Archiv Erich Boltenstern

6.18
Erich Boltenstern, Feuerhalle Graz, 1932
Innenansicht
Foto Julius Scherb, 17 x 23 cm
Archiv Erich Boltenstern

6.19
Erich Boltenstern, Feuerhalle Graz, 1932
Innenansicht
Foto Julius Scherb, 17 x 23 cm
Archiv Erich Boltenstern

6.20
**Erich Boltenstern, Wohnhausanlage Baden,
1934**
Foto Scherb, 12,5 x 22,5 cm
Archiv Erich Boltenstern

6.21
**Erich Boltenstern, Wohnhausanlage Baden,
1934**
Foto Scherb, 23 x 17,5 cm
Archiv Erich Boltenstern

6.22
**Phoenix, Blätter für wahlfreie Feuerbestattung
und verwandte Gebiete, herausgegeben vom
Verein der Freunde der Feuerbestattung „Die
Flamme", 1954**
21 x 15 cm
Archiv Wiener Verein

6.23
Vorstandsbericht des Wiener Vereins, 1956
30 x 21 cm
Archiv Wiener Verein

6.24
**Jakob Peyer, der Direktor des Wiener Vereins,
besichtigt den zerstörten Firmensitz des
Wiener Vereins, 1945**
Foto, 30 x 21 cm
Archiv Wiener Verein

6.25
**Broschüre zur Bautätigkeit des
Wiener Vereins, 1961**
30 x 21 cm
Archiv Erich Boltenstern

6.26
**Folder des von Erich Boltenstern entworfenen
City Hotel Villach in Kärnten, um 1967**
21 x 10 cm
Archiv Erich Boltenstern

6.27
Artikel über das City Hotel in Villach
Kärntner Tageszeitung, 16. 12. 1967
Archiv Erich Boltenstern

6.28
**Ansichtskarte des von Clemens Holzmeister
entworfenen Wiener Krematoriums, 1923**
10 x 14 cm
Archiv Wiener Verein

6.29
**Folder „Österreichische Feuerhallen"
des Vereins der Freunde der Feuerbestattung
„Die Flamme", nach 1965**
21 x 14 cm
Archiv Wiener Verein

6.30
Julius Schulte, Feuerhalle Linz, 1929
Foto, 30 x 24 cm
Archiv Wiener Verein

6.31
Erich Boltenstern, Feuerhalle Graz, 1932
Außenansicht, Foto Scherb, 17 x 23 cm
Archiv Erich Boltenstern

6.32
Festschrift des Wiener Vereins anlässlich der Eröffnung der Grazer Feuerhalle, 1932
23 x 15,5 cm
Archiv Wiener Verein

6.33
Folder Krematorium Villach, 1953
21 x 11 cm
Archiv Wiener Verein

6.34
E. Wiedenmann, Feuerhalle Salzburg, 1931
Foto, 23,5 x 17,5 cm
Archiv Wiener Verein

6.35
DDr. Kardinal Franz König besichtigt das Simmeringer Krematorium, 1966
Zeitungsartikel in der Arbeiterzeitung, 30 x 21 cm
Archiv Wiener Verein

6.36
DDr. Kardinal Franz König besichtigt den Zeremonienraum mit Versenkungsapparat im Simmeringer Krematorium, 1966
Foto, 13 x 18 cm
Archiv Wiener Verein

6.37
Brief von DDr. Kardinal König, 1983
Archiv Erich Boltenstern

6.38
Kein Mensch weiß wann
Reklamematerial des Wiener Vereins, nach 1960
21 x 10 cm
Archiv Wiener Verein

6.39
Tarife des Wiener Vereins für Bestattungs- und Sterbegeldversicherungen, 1956
14 x 11 cm
Archiv Wiener Verein

6.40
Im Leben sind wir vom Tod umgeben
Reklamematerial des Wiener Vereins, undatiert
21 x 10 cm
Archiv Wiener Verein

6.41
Haben Sie vorgesorgt?
Reklamematerial des Wiener Vereins, um 1960
14 x 10 cm
Archiv Wiener Verein

6.42
Zahlungsbestätigung des Vereins „Vorsorge", überstempelt „Ostmärkische Feuerbestattung", 1938
14 x 11 cm
Archiv Wiener Verein

6.43
Der Tod ist uns gewiss
Prospekt des Wiener Vereins, nach 1960
14 x 10 cm
Archiv Wiener Verein

6.44
Irgendwann Irgendwo
Reklamematerial des Wiener Vereins, um 1970
21 x 10 cm
Archiv Wiener Verein

6.45
Diakasten Feuerhallen in Österreich, um 1955
Zeigt die Krematorien Wien, Steyr, Linz, Salzburg, Graz und Villach
42 Kleinbilddias, Glas, Holz, Kabel,
36,5 x 36 x 12 cm
Verein für Geschichte der Arbeiterbewegung

6.46
Erich Boltenstern, Feuerhalle Graz, 1932
Modell, Holz, Karton, Plexiglas, 2005
Wien Museum

6.47
Erich Boltenstern, Sonderbahrtuch, 1973
Samt, 185 x 320 cm
Bestattungsmuseum der Bestattung Wien

6.48
Aschenverstreuung, 1957
Foto, 17 x 23 cm
Archiv Wiener Verein

WIENER STÄDTISCHE

7.1
Ringturm, 1955
20. Stock
Foto Lucca Chmel, 25 x 18 cm
Archiv Erich Boltenstern

7.2
Erich Boltenstern, Wiener Städtische, Filiale Tuchlauben, 1950
Perspektive Innenraum in Passepartout
Tinte und Aquarell auf Aquafix,
32,7 x 47 cm
Archiv Erich Boltenstern

7.3
Erich Boltenstern, Wiener Städtische, Filiale Waidhofen an der Thaya, 1958
Wandabwicklung, Tusche auf Aquafix
30 x 43,4 cm
Archiv Erich Boltenstern

7.4
Erich Boltenstern, Wiener Städtische, Filiale St. Pölten, 1959
Entwurf Portal
Bleistift auf Aquafix,
30 x 56,7 cm
Archiv Erich Boltenstern

7.5
Erich Boltenstern, Hotel Europa, 1956
Entwurf Lobby
Bleistift und Aquarell auf Aquafix,
Zeichnung von Monika Stein, geb. Euler
29,5 x 112,5 cm
Archiv Erich Boltenstern

7.6
Erich Boltenstern, Hotel Europa, 1956
Entwurf Restaurant
Bleistift und Aquarell auf Aquafix,
Zeichnung von Monika Stein, geb. Euler
29,5 x 45,5 cm
Archiv Erich Boltenstern

7.7
Erich Boltenstern, Hotel Europa, 1956
Restaurantrechnung vom 6. 11. 1957
15 x 21 cm
Zentralvereinigung der Architekten

7.8
Erich Boltenstern, Hotel Europa, 1956
Wandabwicklung Zimmer Typ 1
Tusche auf Transparentpapier,
50 x 57 cm
Archiv Erich Boltenstern

7.9
Erich Boltenstern, Hotel Europa, 1956
Café
Foto Lucca Chmel, 23,5 x 16,2 cm
Archiv Erich Boltenstern

7.10
Erich Boltenstern, Hotel Europa, 1956
Lobby
Foto Lucca Chmel, 17 x 23,5 cm
Archiv Erich Boltenstern

7.11
Erich Boltenstern, Hotel Europa, 1956
Bar
Foto Lucca Chmel, 17 x 23,5 cm
Archiv Erich Boltenstern

7.12
Erich Boltenstern, Hotel Europa, 1956
Gästezimmer
Foto Lucca Chmel,17,4 x 23,7 cm
Archiv Erich Boltenstern

7.13
Erich Boltenstern, Hotel Europa, 1956
Ansicht mit Donnerbrunnen
Foto Lucca Chmel, 22,3 x 17,5 cm
Archiv Erich Boltenstern

7.14
Erich Boltenstern, Hotel Europa, 1956
Ansicht Hoher Markt
Foto Lucca Chmel, 23,4 x 14,2 cm
Archiv Erich Boltenstern

7.15
Erich Boltenstern, Hotel Europa, 1956
Fassadenausschnitt
Foto Lucca Chmel, 20,6 x 17,7 cm
Archiv Erich Boltenstern

7.16
Erich Boltenstern, Hotel Europa, 1956
Ansicht Neuer Markt
Tusche auf Transparentpapier, 54 x 71 cm
Archiv Erich Boltenstern

7.17
Erich Boltenstern, Hotel Europa, 1956
Fassadenstudie Kärntner Straße
Bleistift und Ölkreide auf Aquafix, 30 x 45,5 cm
Archiv Erich Boltenstern

7.18
Erich Boltenstern, Ringturm, 1955
Perspektive 20. Stock
Bleistift auf Aquafix, 30 x 52 cm
Archiv Erich Boltenstern

7.19
Erich Boltenstern, Ringturm, 1955
Innenraumperspektive Kassensaal
Tusche auf Transparentpapier, 82 x 101 cm
Archiv Erich Boltenstern

7.20
Erich Boltenstern, Ringturm, 1955
Grundriss Erdgeschoss
Tusche auf Transparentpapier,
69 x 78 cm
Archiv Erich Boltenstern

7.21
Erich Boltenstern, Ringturm, 1955
20. Stock
Foto Lucca Chmel, 17,5 x 23,5 cm
Archiv Erich Boltenstern

7.22
Erich Boltenstern, Ringturm, 1955
Foto Gibian, 18 x 24 cm
Archiv Erich Boltenstern

7.23
Erich Boltenstern, Ringturm, 1955
Kassenhalle
Foto Lucca Chmel, 18,5 x 24 cm
Archiv Erich Boltenstern

7.24
Erich Boltenstern, Ringturm, 1955
Entwurf Fassade Kai, 1952
Tusche auf Transparentpapier,
91 x 62,5 cm
Archiv Erich Boltenstern

7.25
Erich Boltenstern, Ringturm, 1955
Eingangsfoyer
Foto Lucca Chmel, 50 x 40 cm
Archiv Erich Boltenstern

7.26
Erich Boltenstern, Ringturm, 1955
Foto vom Donaukanal
Foto Lucca Chmel, 22,5 x 17,5 cm
Archiv Erich Boltenstern

7.27
Erich Boltenstern, Ringturm, 1955
Foto vom anderen Ufer, 25 x 17 cm
Archiv Erich Boltenstern

7.28
**Erich Boltenstern, Verkehrsbüro im Ringturm,
1955**
Foto Portal bei Nacht, 17,5 x 23,5 cm
Archiv Erich Boltenstern

7.29
Erich Boltenstern, Ringturm, 1955
Foto Haupteingang, 17 x 23 cm
Archiv Erich Boltenstern

7.30
**Erich Boltenstern, Verkehrsbüro im Ringturm,
1955**
Innenansicht
Foto Gerlach, 23,5 x 17,5 cm
Archiv Erich Boltenstern

7.31
**Erich Boltenstern, Verkehrsbüro im Ringturm,
1955**
Innenansicht
Foto Gerlach, 23,5 x 17,5 cm
Archiv Erich Boltenstern

7.32
Erich Boltenstern, Ringturm, 1955
Entwurf Telefontisch
Bleistift auf Aquafix, 30 x 32 cm
Archiv Erich Boltenstern

7.33
Erich Boltenstern, Ringturm, 1955
Entwurf Sitzungssessel
Bleistift, Tusche auf Aquafix, 27 x 22 cm
Archiv Erich Boltenstern

7.34
Erich Boltenstern, Ringturm, 1955
Wandabwicklung Direktorenzimmer, 1955
Bleistift auf Aquafix, 30 x 52 cm
Archiv Erich Boltenstern

7.35
Erich Boltenstern, Ringturm, 1955
Wandabwicklung Direktorenzimmer, 1955
Bleistift auf Aquafix, 40 x 52 cm
Archiv Erich Boltenstern

7.36
Erich Boltenstern, Ringturm, 1955
Grundriss Direktorenzimmer,1955
Bleistift auf Aquafix, 40 x 46 cm
Archiv Erich Boltenstern

7.37
**Erich Boltenstern, Logos für die Wiener
Städtische Versicherung, 1950er Jahre**
Bleistift auf Aquafix, 25 x 30 cm
Archiv Erich Boltenstern

7.38
Erich Boltenstern, Ringturm, 1955
Infobroschüre, 16,7 x 11,4 cm
Archiv Erich Boltenstern

7.39
Erich Boltenstern, Liebermann-Hof, 1961
Architektenhonorarvereinbarung
Typoskript, 29,5 x 21 cm
Archiv Erich Boltenstern

7.40
Erich Boltenstern, Liebermann-Hof, 1964
Foto, 7 x 10 cm
Archiv Erich Boltenstern

7.41
Erich Boltenstern, Liebermann-Hof, 1964
Gesamtansicht
Foto Lucca Chmel, 23 x 16,2 cm
Archiv Erich Boltenstern

7.42
Erich Boltenstern, Liebermann-Hof, 1964
Ansicht vom anderen Ufer
Foto Lucca Chmel, 16,5 x 23,2 cm
Archiv Erich Boltenstern

7.43
Schriftzug Wiener Städtische Versicherung, 1950er Jahre
Tusche auf Transparentpapier, 18 x 24 cm
Archiv Erich Boltenstern

7.44
Erich Boltenstern, Wiener Städtische, Filiale Innsbruck, 1958
Schriftentwurf
Bleistift und Deckfarbe auf Aquafix, 18 x 30 cm
Archiv Erich Boltenstern

7.45
Ringturm-Baustelle, 1953
Rohbau
3 Fotos, 7 x 13 cm
Archiv Erich Boltenstern

7.46
Ringturm-Baustelle, 1953
Ansicht Schottenring, Kai
Foto Lucca Chmel, 25 x 18 cm
Archiv Erich Boltenstern

7.47
Ringturm-Baustelle, 1953
Blick vom Dach
Foto Lucca Chmel, 21 x 18 cm
Archiv Erich Boltenstern

7.48
Ringturm-Baustelle, 1953
Blick vom Dach
Foto Lucca Chmel, 21 x 18 cm
Archiv Erich Boltenstern

7.49
Ringturm-Baustelle, 1953
Blick vom Dach
Foto Lucca Chmel, 21 x 18 cm
Archiv Erich Boltenstern

7.50
Ringturm-Baustelle, 1953
Rohbau
Foto Zapletal, 23 x 17,3 cm
Archiv Erich Boltenstern

7.51
Ringturm-Baustelle, 1954
Erich Boltenstern mit Bürgermeister Jonas
und Norbert Liebermann
Foto Blaha, 13 x 18 cm
Archiv Erich Boltenstern

7.52
Ringturm-Baustelle, 1954
Erich Boltenstern mit Bürgermeister Jonas
und Norbert Liebermann
Foto Blaha, 13 x 18 cm
Archiv Erich Boltenstern

7.53
Ringturm-Baustelle, 1954
Erich Boltenstern mit Jonas, Liebermann u. a.
Foto Blaha, 13 x 18 cm
Archiv Erich Boltenstern

7.54
Ringturm-Baustelle, 1954
Direktor Liebermann am Dach
Foto Media Wien 54283/11, 13 x 18 cm
Media Wien

7.55
Ringturm-Baustelle, 1955
Foto, 18 x 13 cm
Votava Bilderdienst

7.56
Ringturm-Baustelle, 1954
Erich Boltenstern mit Bürgermeister Jonas u. a.
Foto Blaha, 13 x 18 cm
Archiv Erich Boltenstern

7.57
Ringturm-Baustelle, 1954
Erich Boltenstern mit Bürgermeister Jonas und
Norbert Liebermann
Foto Blaha, 13 x 18 cm
Archiv Erich Boltenstern

7.58
Ringturm-Baustelle, 1954
Blick über Wien
Foto Blaha, 13 x 18 cm
Archiv Erich Boltenstern

7.59
Ringturm-Baustelle, 1954
Erich Boltenstern mit Bürgermeister
Jonas und Norbert Liebermann
Foto Blaha, 13 x 18 cm
Archiv Erich Boltenstern

7.60
Stadtplan, ca.1958
Wiener Sehenswürdigkeiten
Farbdruck, 42 x 58,5 cm
Peter Payer

7.61
Erich Boltenstern, Ringturm, 1955
Ansicht mit Brücke
Foto, 12,3 x 17,6 cm
Archiv Erich Boltenstern

7.62
Erich Boltenstern, Verkehrsbüro im Ringturm, 1955
Innenansicht
Foto Gerlach, 23,5 x 17,5 cm
Archiv Erich Boltenstern

7.63
Erich Boltenstern, Ringturm, 1955
Blick vom Ringturm auf den 2. Bezirk
Foto Media Wien 55154/7, 13 x 18 cm
Media Wien

7.64
Erich Boltenstern, Ringturm, 1955
Bildbericht
Zeitungsausschnitt, 46,5 x 31,5 cm
Archiv Erich Boltenstern

7.65
Erich Boltenstern, Ringturm, 1955
Erich Boltenstern, Direktor Otto Binder und
Erich Boltenstern junior, 1960er Jahre
Foto Zappe, 13 x 17,7 cm
Archiv Erich Boltenstern

7.66
Erich Boltenstern, Ringturm, 1955
Erich Boltenstern mit Bürgermeister Franz Jonas
Foto, 13 x 18 cm
Archiv Erich Boltenstern

7.67
Erich Boltenstern, Ringturm, 1955
Erich Boltenstern mit Theodor Körner, Adolf
Schärf und Norbert Liebermann
Foto, 13 x 18 cm
Archiv Erich Boltenstern

7.68
Erich Boltenstern, Ringturm, 1955
„Ringturm, En Viena", spanische Fachzeitschrift,
1959
27 x 21 cm
Archiv Erich Boltenstern

7.69
Erich Boltenstern, Ringturm, 1955
Infobroschüre „Wie wird das Wetter?"
16,7 x 12 cm
Archiv Erich Boltenstern

7.70
Erich Boltenstern, Ringturm, 1955
Präsentationsbroschüre zur Eröffnung,
31,5 x 23 cm
Archiv Erich Boltenstern

7.71
Erich Boltenstern, Ringturm, 1955
Werbegrafik Philips-Lichtwahrzeichen
30 x 20 cm
Archiv Erich Boltenstern

7.72
Ringturm-Baustelle, 1954
„Warten auf Godot"
(Michael Wenusch, Media Wien),
Foto Media Wien 54283/7,
13 x 18 cm
Media Wien

7.73
**Bürgermeister Franz Jonas eröffnet die
Ringturm-Kreuzung, 1958**
Foto, 17,6 x 13,2 cm
Verein für Geschichte der Arbeiterbewegung

7.74
**Andreas Karl Hemberger,
SPÖ-Gemeinderatswahlplakat, 1954**
84 x 59 cm
Österreichische Nationalbibliothek,
Plakatesammlung

7.75
**Andreas Karl Hemberger, Plakat
„Nach Wien mit Bahn und Post", um 1955**
118 x 54 cm
Österreichische Nationalbibliothek,
Plakatesammlung

7.76
**Plakat „Wien erwartet auch Sie – ÖBB",
um 1955**
84 x 59 cm
Österreichische Nationalbibliothek,
Plakatesammlung

OPER UND THEATER

8.1
Zerstörte Oper, 1945
Foto Zuschauerraum, 50 x 60 cm
Archiv Erich Boltenstern

8.2
Erich Boltenstern, Wiederaufbau Oper
Perspektive Zuschauerraum, Logentheater,
ca. 1950
Tusche und Aquarell auf Karton, 62 x 88,5 cm
Archiv Erich Boltenstern

8.3
**Erich Boltenstern, Wettbewerb
Wiederaufbau Oper, 1947**
Längsschnitt
Tusche auf Transparentpapier, 91 x 110 cm
Archiv Erich Boltenstern

8.4
**Erich Boltenstern, Wettbewerb
Wiederaufbau Oper, 1947**
Perspektive Zuschauerraum, Rangtheater
Bleistift und Ölkreide auf Transparentpapier,
77 x 73,2 cm
Archiv Erich Boltenstern

8.5
Opernwettbewerb, 1947
Wettbewerbsbeiträge von Clemens Holzmeister,
Otto Prossinger und Ceno Kosak
Zeitungsausschnitt, 37,5 x 29 cm
Archiv Erich Boltenstern

8.6
Erich Boltenstern, Wiederaufbau Oper
Perspektivskizze Zuschauerraum, ca. 1950
Tusche und Aquarell auf Aquafix, 37,5 x 54,5 cm
Archiv Erich Boltenstern

8.7
**Erich Boltenstern, Wettbewerb
Wiederaufbau Oper, 1947**
Längsschnitt
Tusche auf Transparentpapier, 91 x 110 cm
Archiv Erich Boltenstern

8.8
Oper, Wiederaufbau, 1951
Eingerüstetes Foto, Oper
104 x 158 cm
Archiv der Republik

8.9
**Erich Boltenstern, Wettbewerb
Wiederaufbau Oper, 1947**
Neuer Saal
Tusche auf Transparentpapier, 91 x 110 cm
Archiv Erich Boltenstern

8.10
Erich Boltenstern, Wiederaufbau Oper
Fensterwandabwicklung Kleiner Saal, ca. 1950
Tusche, Aquarell auf Aquafix, 30 x 53 cm
Archiv Erich Boltenstern

8.11
**Opernfoyer mit Relief von Wander Bertoni,
ca. 1955**
Foto Lucca Chmel, 50 x 40 cm
Archiv Erich Boltenstern

8.12
Opernfoyer, ca. 1955
Foto Lucca Chmel, 50 x 40 cm
Archiv Erich Boltenstern

8.13
Opernfoyer, 1956
Foto Erich Schlöss, 31 x 22 cm
Erich Schlöss

8.14
Opernfoyer, 1956
Foto Erich Schlöss, 31 x 22 cm
Erich Schlöss

8.15
Oper, 1955
Tageskassen
Foto Scherb, 24 x 17,5 cm
Archiv Erich Boltenstern

8.16
Oper, 1955
Rauchsalon
Foto Lucca Chmel, 24,8 x 12,5 cm
Archiv Erich Boltenstern

8.17
Staatsopernmobiliar, 1955
Sitzbank im Raucherfoyer
Foto Pez Hejduk, 2005, 18 x 23 cm
Pez Hejduk

8.18
Erich Boltenstern, Wiederaufbau Oper
Deckenentwurf, Ferry Kitt, ca. 1950
Tusche und Aquarell auf Papier, 19 x 49 cm
Archiv Erich Boltenstern

8.19
Erich Boltenstern, Wiederaufbau Oper
Deckenentwurf „Musen", Ferry Kitt, ca. 1950
Ölkreide auf Transparentpapier, 44 x 49,5 cm
Archiv Erich Boltenstern

8.20
Erich Boltenstern, Wiederaufbau Oper
Deckenentwurf „Musen", Ferry Kitt, ca. 1950
Tusche, Aquarell und Goldfarbe auf Transparent-
papier, 38 x 45,5 cm
Archiv Erich Boltenstern

8.21
**Fritz Wotruba, Entwurf Eiserner Vorhang
für die Oper, um 1950**
Gouache, 52 x 52 cm
Archiv Erich Boltenstern

8.22
Opernball 1956
Monika Stein geb. Euler, Entwurf
für einen Deckenleuchter, 1955
Bleistift auf Aquafix, 48,5 x 29 cm
Archiv Erich Boltenstern

8.23
Opernball 1956
Foto, 17,2 x 12,3 cm
Archiv Erich Boltenstern

8.24
Opernball 1958
Foto, 18 x 13 cm
Votava Bilderdienst

8.25
Opernball 1956
Foto Erich Schlöss, 31 x 22 cm
Erich Schlöss

8.26
Opernball 1956
Foto Erich Schlöss, 31 x 22 cm
Erich Schlöss

8.27
Erich Boltenstern, Entwurf für Opernball 1956
Aquarell auf Aquafix in Passepartout,1955,
62,5 x 85,5 cm
Archiv Erich Boltenstern

8.28
Oper, 1938
Zuschauerraum
Foto Lucca Chmel, 15 x 10,5 cm
Erich Schlöss

8.29
Oper nach dem Bombenangriff 1945
Foto,17 x 21 cm
Archiv der Republik

8.30
Oper, 1945
Aufräumungsarbeiten
Foto Lucca Chmel, 15 x 10,5 cm
Erich Schlöss

8.31
Oper, 1945
Bühnenraum im Aufbau
Foto Lucca Chmel, 15 x 10,5 cm
Erich Schlöss

8.32
Zerstörte Oper, 1945
Foto, 13 x 18 cm
Archiv Erich Boltenstern

8.33
**Ansichtskarte Oper,
russisch beschriftet, ca. 1947**
10,5 x 15 cm
Günter Weber

8.34
Oper, Wiederaufbau, 1947
Aufstellung Material 18. 3. 1947,
Typoskript, 29,5 x 21 cm
Archiv der Republik

8.35
Oper, Wiederaufbau, 1948
Maria Jeritza besucht die Oper,
Brief, 14. 8. 1948 , 29,5 x 21 cm
Archiv der Republik

8.36
Oper, Bombenschaden, 1945
Foto, 16,5 x 21 cm
Archiv der Republik

8.37
**Opernmodell mit Kammersänger
Alfred Jerger, 1955**
Foto Horak, 15 x 20,5 cm
Archiv der Republik

8.38
Staatsopernmodell, 1955
Foto Pez Hejduk, 2005
Pez Hejduk

8.39
Zerstörte Oper, 1945
Zuschauerraum
Foto Reiffenstein, 24,5 x 17,5 cm
Archiv Erich Boltenstern

8.40
Oper, Wiederaufbau, 1948
Maria Jeritza besucht die Oper
Foto, 29,5 x 21 cm
Archiv der Republik

8.41
Oper, Wiederaufbau, ca. 1952
Zuschauerraum
Foto, 17 x 21 cm
Archiv der Republik

8.42
Oper, Wiederaufbau, ca. 1952
Ränge in Bau
Foto Reiffenstein, 18 x 24 cm
Archiv Erich Boltenstern

8.43
Oper, Wiederaufbau, 1951
Foto Herbst 1951, 20 x 29 cm
Archiv der Republik

8.44
Oper, Wiederaufbau, 1947
Ergebnis des Preisgerichts, 29. 12. 1947
Typoskript, 29 x 21 cm
Archiv der Republik

8.45
Oper, Wiederaufbau, 1947
Aktennotiz zu Josef Frank, 1947
29,5 x 21 cm
Archiv der Republik

8.46
Erich Boltenstern, 1955
Foto Hausmann, 24 x 18 cm
Archiv der Republik

8.47
Oper, Wiederaufbau, ca. 1951
Foto, 21 x 14 cm
Archiv der Republik

8.48
Oper, Wiederaufbau, ca. 1953
Rang in Bau
Foto, 16,5 x 21 cm
Archiv der Republik

8.49
Oper, Wiederaufbau, 1955
Decke beim Vergolden
Foto, 16,6 x 21 cm
Archiv der Republik

8.50
Oper, Gleichenfeier, 1950
Erich Boltenstern mit Tischnachbarn
Foto, 8,8 x 13,8 cm
Archiv Erich Boltenstern

8.51
Oper, Gleichenfeier, 1950
Arbeiter am Tisch
Foto, 8,8 x 13,8 cm
Archiv Erich Boltenstern

8.52
80 Jahre Wiener Oper
Zeitschrift, 1949, 31 x 24 cm
Archiv Erich Boltenstern

8.53
**Vergolderin am Eisernen Vorhang in der
Wiener Staatsoper, 1955**
Foto, 24 x 18 cm
AZ-Archiv, Verein für Geschichte der Arbeiter-
bewegung

8.54
Oper, Wiederaufbau, 1948
Einladung zum Komödienball, 29. 1. 1948
15 x 10 cm
Archiv der Republik

8.55
Oper, Wiederaufbau, 1948
Spielprotokoll, 29. 1. 1948
29,5 x 21 cm
Archiv der Republik

8.56
„Opernhäuser"
Bauwelt 9/1956, 30 x 21 cm
Archiv Erich Boltenstern

8.57
Der Wiederaufbau der Staatsoper
Der Aufbau 11/1955, 23,5 x 31 cm
Archiv Erich Boltenstern

8.58
Heinrich Kralik, Das Opernhaus am Ring, 1955
gebunden, 29 x 21 cm
Archiv Erich Boltenstern

8.59
**Otto Prossinger, Entwurf Opernluster für den
Buffetsaal, ca. 1954**
Bleistift auf Aquafix, 91 x 134,4 cm
Archiv Bakalowits Leuchten

8.60
**Werksentwurf Bakalowits, Opernwandleuchte
für den Pausenumgang, ca. 1954**
Tusche auf Aquafix, 47 x 71,5 cm
Archiv Bakalowits Leuchten

8.61
**Werksentwurf Bakalowits Operndecken-
leuchte im Parterreumgang, ca. 1954**
Tusche auf Aquafix, 56,5 x 74,5 cm
Archiv Bakalowits Leuchten

8.62
**Karl Waska, Zerstörung und Wiederaufbau
der Staatsoper**
Zeitschrift, 1960er Jahre, 34,5 x 25,5 cm
Archiv Erich Boltenstern

8.63
**Ceno Kosak, Entwurf Opernluster für den
großen Pausenraum, ca. 1954**
Lichtpause, 91 x 42,7 cm
Archiv Bakalowits Leuchten

8.64
Leuchte im Opernfoyer, 1955
Foto Lucca Chmel, 23,6 x 17 cm
Archiv Kalmár lighting

8.65
Leuchtenfirma Kalmár, Katalog 1956
16 x 19,5 cm
Archiv Kalmár lighting

8.66
Leuchtenfirma Kalmár, Katalog 1956
16 x 19,5 cm
Archiv Kalmár lighting

8.67
Staatsoper in Wien wiederaufgebaut
Internationale Lichtrundschau 5/1956
30,5 x 23,5 cm
Archiv Erich Boltenstern

8.68
**Weihnachtspostkarte der Firma Lobmeyr
mit Opernmotiv, 1955**
14,5 x 9,8 cm
Archiv Lobmeyr

8.69
Montage des Deckenlusters, 1955
Foto, 11,5 x 14,6 cm
Archiv Lobmeyr

8.70
Oper, Deckenluster, 1955
Foto, 22,5 x 17 cm
Archiv Lobmeyr

8.71
Oper, Deckenluster, 1955
Cassettenstein für den Opernluster, groß
26,5 x 5 cm
Archiv Lobmeyr

8.72
Oper, Deckenluster, 1955
Cassettenstein für den Opernluster, klein
19 x 5 cm
Archiv Lobmeyr

8.73
Oper, Deckenluster, 1955
Cassettenstein für den Opernluster, klein
19 x 5 cm
Archiv Lobmeyr

8.74
Werksentwurf Lobmeyr,
Opernwandleuchte, um 1955
Bleistift auf Aquafix, 47 x 28 cm
Archiv Lobmeyr

8.75
Oper, Brüstungswandleuchter, 1955
Foto, 12,6 x 19,5 cm
Archiv Lobmeyr

8.76
Ansichtskarte Oper, 1958
10,5 x 14,7 cm
Iris Meder

8.77
Einladung zum Staatsakt zur Wiedereröffnung
der Oper, 5. 11. 1955
22 x 15 cm
Archiv Erich Boltenstern

8.78
Werbefolder Opernfest, 1955
12,5 x 21,6 cm
Archiv Erich Boltenstern

8.79
Wiedereröffnung der Staatsoper, 1955
Einladung und Eintrittskarte zum Opernfest,
5. 11. 1955
36,7 x 29,2 cm
Archiv Erich Boltenstern

8.80
Wiedereröffnung der Staatsoper, 1955
Foto, 21,5 x 16,7 cm
Votava Bilderdienst

8.81
Wiedereröffnung der Staatsoper, 1955
Blick auf die Logen
Foto, 18,2 x 24 cm
Votava Bilderdienst

8.82
Wiedereröffnung der Staatsoper, 1955
Blick ins Parterre
Foto Winkler, 15 x 10,5 cm
Erich Schlöss

8.83
Wiedereröffnung der Staatsoper, 1955
Zaungäste
Foto, 13 x 18 cm
Votava Bilderdienst

8.84
Wiedereröffnung der Staatsoper, 1955
Kärntner Straße
Foto, 13 x 18 cm
Votava Bilderdienst

8.85
Wiedereröffnung der Staatsoper, 1955
Kärntner Straße
Foto, 13 x 18 cm
Votava Bilderdienst

8.86
Wiedereröffnung der Staatsoper, 1955
Vorfahrt
Foto, 13 x 18 cm
Votava Bilderdienst

8.87
Wiedereröffnung der Staatsoper, 1955
Parkplatzplan
24,5 x 17 cm
Archiv Erich Boltenstern

8.88
Die Wiener Oper
Der Bau 11/12/1955
29,5 x 21 cm
Archiv Erich Boltenstern

8.89
Oskar Strnad, Entwurf eines Theaters mit
Ringbühne, 1918–1920
Schnitt
Tusche auf Papier, auf Karton kaschiert
35,3 x 72 cm
Österreichisches Theatermuseum

8.90
Oskar Strnad, Entwurf eines Theaters mit
Ringbühne, 1918–1920
Foto des Modells, 25,5 x 18 cm
Österreichisches Theatermuseum

8.91
Oskar Strnad, Entwurf Royaards Theater,
1926–1928
Modellfoto, auf Karton kaschiert, 24,3 x 29,7 cm
Österreichisches Theatermuseum

8.92
Oskar Strnad, Entwurf eines Theaters mit
Ringbühne, 1918–1920
Grundriss des 4. Rangs
Tusche auf Papier, auf Karton kaschiert,
52 x 69 cm
Österreichisches Theatermuseum

8.93
Oskar Strnad im Kreis seiner Studenten
Privatfoto, um 1930
8,2 x 13,4 cm
Archiv Erich Boltenstern

8.94
Erich Boltenstern, Wettbewerb Deutsches
Theater Brünn, 2. Phase, 1934
Perspektive des Baukörpers
Tusche auf Aquafix, 45 x 62,5 cm
Archiv Erich Boltenstern

8.95
Erich Boltenstern, Wettbewerb Oper Sydney,
1955
Perspektive
Tusche auf Transparentpapier, 38 x 46 cm
Archiv Erich Boltenstern

8.96
Erich Boltenstern, Wettbewerb Oper Belgrad,
1970
Ansichten
Bleistift auf Aquafix, 48 x 50 cm
Archiv Erich Boltenstern

8.97
Erich Boltenstern, Tiroler Landestheater
Innsbruck, 1967
Längsschnitt
Tusche auf Transparentpapier, 32 x 67,5 cm
Archiv Erich Boltenstern

8.98
Hilde Jesser, Entwurf Stuckierung der
Logenbrüstungen im Tiroler Landestheater
Innsbruck, 1965
Skizze „2. Version, b"
Bleistift und Ölkreide auf Transparentpapier,
28 x 55 cm
Archiv Erich Boltenstern

8.99
Erich Boltenstern, Tiroler Landestheater
Innsbruck, 1967
Foyer
Foto Wagner 1968, 16,5 x 23 cm
Archiv Erich Boltenstern

8.100
Erich Boltenstern, Tiroler Landestheater Innsbruck, 1967
Logen
Foto Lucca Chmel, 22,5 x 16 cm
Archiv Erich Boltenstern

8.101
Oper, Wiederaufbau, 1946
Brief + Protokoll 29. 11. 1946
29,5 x 21 cm
Archiv der Republik

8.102
Oper, Wiederaufbau, 1948
5 Zeitungsausschnitte über den Wettbewerb, auf ein Blatt Papier geklebt, 1948
29,5 x 21 cm
Archiv der Republik

8.103
Oper, Wiederaufbau, 1948
Brief an das Opernbaukomitee, 30. 1. 1948
Typoskript, 29,5 x 21 cm
Archiv der Republik

8.104
Oper, Wiederaufbau, 1948
Dienstzettel 202, 12. 6. 1948
Typoskript, 14 x 21 cm
Archiv der Republik

8.105
Oper, Wiederaufbau, 1949
Brief von Bundeskanzler Figl, 13. 1. 1949
29 x 21 cm
Archiv der Republik

8.106
Oper, Wiederaufbau, 1949
Brief von Vizekanzler Schärf, 21. 2. 1949
29,5 x 21 cm
Archiv der Republik

8.107
Oper, Wiederaufbau, 1948
AV des Opernbaukomitees, 23. 2. 1948
Typoskript, 29,5 x 21 cm
Archiv der Republik

8.108
Oper, Wiederaufbau, 1947
Brief an den Sektionschef, 13. 3. 1947
29,5 x 21 cm
Archiv der Republik

8.109
Oper, Wiederaufbau, 1947
Polizeibericht, 4. 3. 1947
Typoskript, 29 x 21 cm
Archiv der Republik

8.110
Oper, Wiederaufbau, 1947
Brief von Clemens Holzmeister, 17. 9. 1947
29,5 x 21 cm
Archiv der Republik

8.111
Oper, Wiederaufbau, 1949
Wiener Bilderwoche, 26. 11. 1949
37 x 29 cm
Archiv der Republik

8.112
Oper, Wiederaufbau, 1950
Große Österreichische Illustrierte, 11. 11. 1950
40 x 27 cm
Archiv der Republik

8.113
Oper, Wiederaufbau, 1948
Brief der Firma Vesta, 12. 1. 1948
29,5 x 21 cm
Archiv der Republik

8.114
Oper, Wiederaufbau, 1946
Schenkungsurkunde LKW von der Roten Armee, 24. 1. 1946
Typoskript, 29,5 x 21 cm
Archiv der Republik

8.115
Wiedereröffnung der Staatsoper, 1955
Blick in den Rang
Foto Simonis, 10,3 x 14,6 cm
Erich Schlöss

8.116
Opernmobiliar, 1955
Sitzbank im Raucherfoyer
Holz/Messing/Leder, 48 x 180 x 60 cm
Foto Pez Hejduk 2005
Wiener Staatsoper Ges.m.b.H.

8.117
Opernmobiliar, 1955
Aschenbecher
Messing/Holz, 70 x 60 x 45 cm
Wiener Staatsoper Ges.m.b.H.

8.118
Opernmobiliar, 1955
Hocker aus der Garderobe
Messing/Leder, 45 x 40 x 60 cm
Wiener Staatsoper Ges.m.b.H.

BÜROBAUTEN

9.1
Erich Boltenstern, Einrichtung des Verbandes der Versicherungsunternehmen Österreichs, Wien 3, Schwarzenbergplatz, 1953
Großer Sitzungssaal
Foto Lucca Chmel, 23 x 17,5 cm
Archiv Erich Boltenstern

9.2
Erich Boltenstern, Einrichtung des Verwaltungsgerichtshofes in der Böhmischen Hofkanzlei, 1969
Wandabwicklung kleiner Verhandlungssaal
Tusche auf Aquafix, 48,5 x 60 cm
Archiv Erich Boltenstern

9.3
Erich Boltenstern, Einrichtung des Verwaltungsgerichtshofes in der Böhmischen Hofkanzlei, 1969
Verhandlungssaal
Foto Pez Hejduk 2005, 18 x 24 cm
Pez Hejduk

9.4
Erich Boltenstern, Einrichtung des Verwaltungsgerichtshofes in der Böhmischen Hofkanzlei, 1969
Zuschauerbereich im Verhandlungssaal
Foto Pez Hejduk 2005, 24 x 18 cm
Pez Hejduk

9.5
Erich Boltenstern, Einrichtung des Verwaltungsgerichtshofes in der Böhmischen Hofkanzlei, 1969
Verhandlungssaal, Richtertisch
Foto Pez Hejduk 2005, 24 x 18 cm
Pez Hejduk

9.6
Erich Boltenstern/Roland Rainer, Wettbewerb Arbeiterkammer Wien, 1956
Perspektive
Tusche auf Transparentpapier, 52 x 94 cm
Archiv Erich Boltenstern

9.7
Erich Boltenstern/Roland Rainer, Wettbewerb Arbeiterkammer Wien, 1956
Fassadenstudie
Tusche und Deckweiß auf Aquafix, 30 x 60 cm
Archiv Erich Boltenstern

9.8
Erich Boltenstern/Roland Rainer, Wettbewerb Arbeiterkammer Wien, 1956
Fassadenstudie
Tusche und Deckweiß auf Aquafix, 26,5 x 62 cm
Archiv Erich Boltenstern

9.9
Erich Boltenstern/Roland Rainer, Wettbewerb Arbeiterkammer Wien, 1956
Fassadenstudie
Tusche und Deckweiß auf Aquafix, 26,5 x 62 cm
Archiv Erich Boltenstern

9.10
Erich Boltenstern, Einrichtung der Pensionsversicherungsanstalt für Angestellte, Wien 5, Blechturmgasse, 1957
Wandabwicklung Sitzungssaal im 1. Stock
Zeichnung von Monika Stein geb. Euler
Bleistift und Aquarell auf Aquafix, 30 x 114 cm
Archiv Erich Boltenstern

9.11
Erich Boltenstern, Einrichtung der Pensionsversicherungsanstalt für Angestellte, Wien 5, Blechturmgasse, 1957
Wandabwicklung Büroraum
Zeichnung von Monika Stein geb. Euler
Bleistift und Aquarell auf Aquafix, 30 x 56 cm
Archiv Erich Boltenstern

9.12
Erich Boltenstern, Einrichtung der Pensionsversicherungsanstalt für Angestellte, Wien 5, Blechturmgasse, 1957
Muster der Wandgestaltung
Bleistift und Aquarell auf Aquafix, 22,8 x 17,8 cm
Archiv Erich Boltenstern

9.13
Erich Boltenstern, Haus der Begegnung für die Israelitische Kultusgemeinde, Wien 9, Müllnergasse, 1963
Ansicht und Perspektive des Saales
Bleistift auf Aquafix, 50 x 109,5 cm
Archiv Erich Boltenstern

9.14
Erich Boltenstern/Eugen Wachberger, Gebäude der Oesterreichischen Nationalbank in Linz, 1953
Ansicht Christian-Coulin-Straße, 1951
Lichtpause, 60 x 85 cm
Archiv Erich Boltenstern

9.15
Erich Boltenstern/Eugen Wachberger, Gebäude der Oesterreichischen Nationalbank in Linz, 1953
Dachterrasse
Foto Lucca Chmel, 16 x 23 cm
Archiv Erich Boltenstern

9.16
Erich Boltenstern/Eugen Wachberger, Gebäude der Oesterreichischen Nationalbank in Linz, 1953
Sitzungssaal
Foto Lucca Chmel, 17 x 23 cm
Archiv Erich Boltenstern

9.17
Erich Boltenstern/Eugen Wachberger, Gebäude der Oesterreichischen Nationalbank in Linz, 1953
Schalterraum
Foto Lucca Chmel, 15,5 x 23 cm
Archiv Erich Boltenstern

9.18
Erich Boltenstern/Eugen Wachberger, Gebäude der Oesterreichischen Nationalbank in Linz, 1953
Foyer mit Bauplastik von Rudolf Hoflehner
Foto Lucca Chmel, 23 x 17 cm
Archiv Erich Boltenstern

9.19
Erich Boltenstern/Eugen Wachberger, Gebäude der Oesterreichischen Nationalbank in Linz, 1953
Sitzgruppe im Foyer
Foto Lucca Chmel, 16,5 x 23 cm
Archiv Erich Boltenstern

9.20
Erich Boltenstern/Eugen Wachberger, Gebäude der Oesterreichischen Nationalbank in Linz, 1953
Vordach am Eingang
Foto Lucca Chmel, 24 x 17 cm
Archiv Erich Boltenstern

9.21
Erich Boltenstern/Eugen Wachberger, Gebäude der Oesterreichischen Nationalbank in Linz, 1953
Gesamtansicht
Foto Lucca Chmel, 18 x 23,5 cm
Archiv Erich Boltenstern

9.22
Erich Boltenstern/Eugen Wachberger, Gebäude der Oesterreichischen Nationalbank in Linz, 1953
Foyer mit Sitzgruppe
Foto Lucca Chmel, 23 x 17,2 cm
Archiv Erich Boltenstern

9.23
Erich Boltenstern/Eugen Wachberger, Gebäude der Oesterreichischen Nationalbank in Linz, 1953
Gestreifter Sessel
Foto Lucca Chmel, 22 x 18 cm
Archiv Erich Boltenstern

9.24
Erich Boltenstern/Eugen Wachberger, Gebäude der Oesterreichischen Nationalbank in Linz, 1953
Sessel aus dem Sitzungssaal
Foto Lucca Chmel, 23,5 x 17,5 cm
Archiv Erich Boltenstern

9.25
Eugen Wachberger und Clemens Holzmeister beim Heurigen, 1955
Privatfoto, 9,2 x 12,2 cm
Franz Kiener

9.26
Eugen Wachberger, Stoffgeschäft Baumgartner, Linz, 1950
Der Bau 8/1950, 29,5 x 21 cm
Archiv Erich Boltenstern

9.27
Eugen Wachberger, DDSG-Station Linz, 1955
Foto Lucca Chmel, 18 x 24 cm, Reproduktion
Österreichische Nationalbibliothek, Bildarchiv

9.28
Erich Boltenstern, Neubauprojekt Anglobank, Wien 1, Herrengasse, 1951
Ansicht von der Freyung
Tusche auf Aquafix, 42 x 59,5 cm
Archiv Erich Boltenstern

9.29
Erich Boltenstern, Neubauprojekt Anglobank, Wien 1, Herrengasse, 1951
Blick zur Strauchgasse
Tusche auf Aquafix, 42 x 59,5 cm
Archiv Erich Boltenstern

9.30
Erich Boltenstern, Neubauprojekt Anglobank, Wien 1, Herrengasse, 1951
Lageplan
Tusche auf Aquafix, 42 x 59 cm
Archiv Erich Boltenstern

9.31
Erich Boltenstern, Neubauprojekt Anglobank, Wien 1, Herrengasse, 1951
Perspektive der Ladenpassage
Tusche auf Aquafix, 50,5 x 60,5 cm
Archiv Erich Boltenstern

9.32
Erich Boltenstern, Einrichtung des Verbandes der Versicherungsunternehmen Österreichs, Wien 3, Schwarzenbergplatz, 1953
Wandabwicklung Konferenzzimmer
Tusche auf Transparentpapier, 58 x 90,8 cm
Archiv Erich Boltenstern

9.33
Erich Boltenstern, Einrichtung des Verbandes der Versicherungsunternehmen Österreichs, Wien 3, Schwarzenbergplatz, 1953
Wandabwicklung großer Sitzungssaal
Tusche auf Transparentpapier, 40,7 x 87,5 cm
Archiv Erich Boltenstern

9.34
Erich Boltenstern, Einrichtung des Verbandes der Versicherungsunternehmen Österreichs, Wien 3, Schwarzenbergplatz, 1953
Perspektive Konferenzzimmer
Tusche auf Transparentpapier, 27 x 39,6 cm
Archiv Erich Boltenstern

9.35
Erich Boltenstern, Einrichtung des Verbandes der Versicherungsunternehmen Österreichs, Wien 3, Schwarzenbergplatz, 1953
Kleiner Sitzungssaal
Foto Lucca Chmel, 23,2 x 17 cm
Archiv Erich Boltenstern

9.36
Erich Boltenstern, Einrichtung des Verbandes der Versicherungsunternehmen Österreichs, Wien 3, Schwarzenbergplatz, 1953
Konsoltisch mit Sessel und Wandapplique
Foto Pez Hejduk 2005, 24 x 18 cm
Pez Hejduk

9.37
Erich Boltenstern, Einrichtung des Verbandes der Versicherungsunternehmen Österreichs, Wien 3, Schwarzenbergplatz, 1953
Türklinke
Foto Pez Hejduk 2005, 24 x 18 cm
Pez Hejduk

9.38
Erich Boltenstern, Einrichtung des Verbandes der Versicherungsunternehmen Österreichs, Wien 3, Schwarzenbergplatz, 1953
Großer Sitzungssaal
Foto Pez Hejduk 2005, 18 x 24 cm
Pez Hejduk

9.39
Erich Boltenstern, Einrichtung des Verbandes der Versicherungsunternehmen Österreichs, Wien 3, Schwarzenbergplatz, 1953
Grundriss Sitzungszimmer
Tusche auf Transparentpapier, 1952, 37 x 39 cm
Archiv Erich Boltenstern

9.40
Erich Boltenstern/Eugen Wachberger, „Osttorgebäude" der Oesterreichischen Nationalbank, 1956
Einreichplan Wohngebäude,
Ansicht vom Otto-Wagner-Platz
Lichtpause, 65,5 x 98 cm, 1953
Oesterreichische Nationalbank

9.41
Erich Boltenstern/Eugen Wachberger, „Osttorgebäude" der Oesterreichischen Nationalbank, 1956
Grundriss des Wohngebäudes
kolorierte Lichtpause, 1953, 50 x 93 cm
Oesterreichische Nationalbank

9.42
Erich Boltenstern/Eugen Wachberger, „Osttorgebäude" der Oesterreichischen Nationalbank, 1956
Bürogebäude
Foto Lucca Chmel, 18 x 23 cm
Archiv Erich Boltenstern

9.43
Erich Boltenstern/Eugen Wachberger, „Osttorgebäude" der Oesterreichischen Nationalbank, 1956
Detail des Wohngebäudes
Foto Lucca Chmel, 23 x 18 cm
Archiv Erich Boltenstern

9.44
Erich Boltenstern/Eugen Wachberger, „Osttorgebäude" der Oesterreichischen Nationalbank, 1956
Buffet-Bar
Foto Lucca Chmel, 17 x 23 cm
Archiv Erich Boltenstern

9.45
Erich Boltenstern/Eugen Wachberger, „Osttorgebäude" der Oesterreichischen Nationalbank, 1956
Foto Lucca Chmel, 40 x 50,5 cm
Archiv Erich Boltenstern

9.46
Erich Boltenstern/Eugen Wachberger, „Osttorgebäude" der Oesterreichischen Nationalbank, 1956
Vestibül des Wohngebäudes
Foto Lucca Chmel, 17,2 x 23 cm
Archiv Erich Boltenstern

9.47
Erich Boltenstern/Eugen Wachberger, „Osttorgebäude" der Oesterreichischen Nationalbank, 1956
Stiege im Bürogebäude
Foto Lucca Chmel, 23,2 x 15,5 cm
Archiv Erich Boltenstern

9.48
Erich Boltenstern/Eugen Wachberger, Unterflurgarage der Oesterreichischen Nationalbank, 1954
Fotoalbum, 19,3 x 26,7 cm
Archiv Erich Boltenstern

9.49
Erich Boltenstern/Eugen Wachberger, „Osttorgebäude" der Oesterreichischen Nationalbank, 1956
Foto Lucca Chmel, 18 x 23 cm
Archiv Erich Boltenstern

9.50
Erich Boltenstern/Eugen Wachberger, „Osttorgebäude" der Oesterreichischen Nationalbank, 1956
Warteraum
Foto Lucca Chmel, 17 x 23 cm
Archiv Erich Boltenstern

9.51
Erich Boltenstern/Eugen Wachberger, Unterflurgarage der Oesterreichischen Nationalbank, 1954
Foto Lucca Chmel, 15 x 23,5 cm
Archiv Erich Boltenstern

9.52
Sepp Stein im Büro Erich Boltenstern, Einrichtung der Klubräume des Österreichischen Ingenieur- und Architektenvereins, Wien 1, Eschenbachgasse, 1957
Der Bau 1957, S. 128 f., Reproduktion,
29,5 x 21 cm
Archiv Erich Boltenstern

9.53
Oswald Haerdtl für die Werkstätten Auböck, Kleiderständer, um 1950
u. a. verwendet im Bürogebäude des Wiener Vereins in der Ungargasse
Messing, 190 x 40 x 40 cm
Wien Museum

9.54
Erich Boltenstern, Einrichtung des Verwaltungsgerichtshofes in der Böhmischen Hofkanzlei, 1969
Deckenlampe
Messing, 120 x 120 x 40 cm
Verwaltungsgerichtshof

9.55
Erich Boltenstern, Einrichtung des Verwaltungsgerichtshofes in der Böhmischen Hofkanzlei, 1969
Sessel aus dem Verhandlungssaal
Massivholz, schwarzer Lederbezug,
90 x 50 x 50 cm
Verwaltungsgerichtshof

9.56
Erich Boltenstern/Eugen Wachberger, Oesterreichische Nationalbank Linz, 1953
Sessel aus dem Sitzungssaal
Massivholz, Lederbezug, 90 x 70 x 70 cm
Oesterreichische Nationalbank

9.57
Erich Boltenstern/Eugen Wachberger,
Oesterreichische Nationalbank Linz, 1953
Beistelltisch mit Schubladen
Massivholz kirschfurniert, Glasplatte,
70 x 120 x 45 cm
Oesterreichische Nationalbank

9.58
Erich Boltenstern/Eugen Wachberger,
Oesterreichische Nationalbank Linz, 1953
Blumentisch
Messing/Marmor, 26 x 150 x 44 cm
Oesterreichische Nationalbank

9.59
Erich Boltenstern/Eugen Wachberger,
Oesterreichische Nationalbank Linz, 1953
Drei Display-Ständer
Messing/Glas, 40 x 25,5 x 15 cm
Oesterreichische Nationalbank

9.60
Erich Boltenstern/Eugen Wachberger,
Oesterreichische Nationalbank Linz, 1953
Zwei Wandappliquen
Messing, 21 x 26 x 16 cm
Oesterreichische Nationalbank

9.61
Erich Boltenstern/Eugen Wachberger,
Oesterreichische Nationalbank Linz, 1953
Couchtisch
Massivholz, kirschfurniert, Messingfuß,
58 x 80 x 130 cm
Oesterreichische Nationalbank

9.62
Erich Boltenstern/Eugen Wachberger,
Oesterreichische Nationalbank Linz, 1953
Hängeleuchte
Glas, 32 x 22 x 22 cm
Oesterreichische Nationalbank

9.63
Erich Boltenstern/Eugen Wachberger,
Oesterreichische Nationalbank Linz, 1953
Tragbare Hinweistafel
Messing/Holz, 90 x 46 x 35 cm
Oesterreichische Nationalbank

9.64
Erich Boltenstern/Eugen Wachberger,
Oesterreichische Nationalbank Linz, 1953
Drei Clubfauteuils
Massivholz, grüner Lederbezug, 100 x 80 x 70 cm
Oesterreichische Nationalbank

9.65
Erich Boltenstern/Eugen Wachberger,
Oesterreichische Nationalbank Linz, 1953
Clubbank
Massivholz, grüner Lederbezug,
100 x 220 x 70 cm
Oesterreichische Nationalbank

9.66
Erich Boltenstern/Eugen Wachberger,
Oesterreichische Nationalbank Linz, 1953
Sessel
Massivholz, gold-grüner Samtbezug,
89 x 72 x 70 cm
Oesterreichische Nationalbank

9.67
Erich Boltenstern/Eugen Wachberger,
Oesterreichische Nationalbank Linz, 1953
Schirmständer
Messing/Stein, 51 x 35 x 20 cm
Oesterreichische Nationalbank

9.68
Sepp Stein im Büro Erich Boltenstern,
Einrichtung der Klubräume des Österreichi-
schen Ingenieur- und Architektenvereins,
Wien 1, Eschenbachgasse, 1957
Zwei Armlehnsessel
Stahlrohr, roter Kunststoffbezug, 82 x 68 x 58 cm
Österreichischer Ingenieur- und Architektenverein

9.69
Sepp Stein im Büro Erich Boltenstern,
Einrichtung der Klubräume des Österreichi-
schen Ingenieur- und Architektenvereins,
Wien 1, Eschenbachgasse, 1957
Zwei Armlehnsessel
Stahlrohr, gelber Kunststoffbezug,
82 x 68 x 58 cm
Österreichischer Ingenieur- und Architektenverein

9.70
Sepp Stein im Büro Erich Boltenstern,
Einrichtung der Klubräume des Österreichi-
schen Ingenieur- und Architektenvereins,
Wien 1, Eschenbachgasse, 1957
Zwei Armlehnsessel
Stahlrohr, grauer Kunststoffbezug,
82 x 68 x 58 cm
Österreichischer Ingenieur- und Architektenverein

9.71
Sepp Stein im Büro Erich Boltenstern,
Einrichtung der Klubräume des Österreichi-
schen Ingenieur- und Architektenvereins,
Wien 1, Eschenbachgasse, 1957
Deckenleuchte
Stahlrohr, Korbgeflecht, 180 x 45 x 45 cm
Österreichischer Ingenieur- und Architektenverein

9.72
Sepp Stein im Büro Erich Boltenstern,
Einrichtung der Klubräume des Österreichi-
schen Ingenieur- und Architektenvereins,
Wien 1, Eschenbachgasse, 1957
Zwei Bartische
Aluminiumguss, Holz, Resopalplatte,
70 x 60 x 45 cm
Österreichischer Ingenieur- und Architektenverein

9.73
Sepp Stein im Büro Erich Boltenstern,
Einrichtung der Klubräume des Österreichi-
schen Ingenieur- und Architektenvereins,
Wien 1, Eschenbachgasse, 1957
Deckenleuchte
Stahlrohr, weißer Metallschirm, 220 x 70 x 70 cm
Österreichischer Ingenieur- und Architektenverein

PAVILLONS

10.1
Oswald Haerdtl, Pavillon der Firma Arabia auf dem Wiener Messegelände, 1949
Foto Reiffenstein, Reproduktion
Nachlass Haerdtl, Architekturzentrum Wien, Sammlung

10.2
Erich Boltenstern, Wettbewerb österreichischer Pavillon auf der Weltausstellung in Paris 1937
Grundriss, Plan für die Innengestaltung
Lichtpause, 45 x 39,5 cm
Archiv Erich Boltenstern

10.3
Erich Boltenstern, Wettbewerb österreichischer Pavillon auf der Weltausstellung in Paris 1937
Axonometrie der Gesamtanlage
Tusche auf Aquafix, 39 x 44,5 cm
Archiv Erich Boltenstern

10.4
Erich Boltenstern, Wettbewerb österreichischer Pavillon auf der Weltausstellung in Brüssel 1935
Perspektive
Tusche auf Aquafix, 67 x 74 cm
Archiv Erich Boltenstern

10.5
Erich Boltenstern, Wettbewerb österreichischer Pavillon auf der Weltausstellung in Brüssel 1935
Grundriss
Tusche auf Aquafix, 65,5 x 82 cm
Archiv Erich Boltenstern

10.6
Erich Boltenstern, Wettbewerb österreichischer Pavillon auf der Biennale Venedig, 1932
Vorderansicht und Schnitte, Version A
Tusche auf Aquafix, 52,5 x 67 cm
Archiv Erich Boltenstern

10.7
Erich Boltenstern, Wettbewerb österreichischer Pavillon auf der Biennale Venedig, 1932
Vorderansicht und Schnitte, Version B
Tusche auf Aquafix, 53 x 68,4 cm
Archiv Erich Boltenstern

10.8
Werbeschild „Wiener Mässan", 1946
Farbdruck auf Karton, 32 x 23 cm
Wiener Messen

10.9
Atelier Pebal, Werbeschild „Foire de Vienne", 1954
Farbdruck auf Karton, 31 x 23 cm
Wiener Messen

10.10
Atelier Kosel, Werbeschild „Feira de Viena", 1955
Farbdruck auf Karton, 31 x 23 cm
Wiener Messen

10.11
Atelier Hofmann, Werbeschild „Foire de Vienne", 1955
Farbdruck auf Karton, 31 x 23 cm
Wiener Messen

10.12
Atelier Fabigan, Kleinplakat für die Wiener Herbstmesse 1950
33,5 x 37 cm
Wiener Messen

10.13
Kleinplakat für die Wiener Herbstmesse 1958
33,5 x 37 cm
Wiener Messen

10.14
Kleinplakat für die Wiener Frühjahrsmesse 1959
33,5 x 37 cm
Wiener Messen

10.15
Atelier W. Jaruska, Kleinplakat für die Wiener Herbstmesse 1960
33,5 x 37 cm
Wiener Messen

10.16
Erich Boltenstern, Pavillon der Firma Elin auf dem Wiener Messegelände, 1949
Perspektive
Bleistift und Aquarell auf Papier, Passepartout, 49,3 x 54,4 cm
Archiv Erich Boltenstern

10.17
Erich Boltenstern, Pavillon der Firma Semperit auf dem Wiener Messegelände, 1947
Foto 1949, 12,5 x 15,5 cm
Archiv Erich Boltenstern

10.18
Schriftzug der Firma Elin für die Wiener Herbstmesse 1949
17,5 x 24 cm
Archiv Erich Boltenstern

10.19
Erich Boltenstern, Pavillon der Firma Elin auf dem Wiener Messegelände, 1949
Foto des Innenraums mit Haushaltsgeräten, 1956
18 x 24 cm
Technisches Museum, Archiv

10.20
Erich Boltenstern, Pavillon der Firma Elin auf dem Wiener Messegelände, 1949
Perspektive des Innenraums
Bleistift und Aquarell auf Papier, Passepartout 49,3 x 56 cm
Archiv Erich Boltenstern

10.21
Erich Boltenstern, Entwurf Umbau des Pavillons der Firma Horny auf dem Wiener Messegelände, um 1950
Außenansicht
Aquarell auf Aquafix, Passepartout, 62,5 x 88 cm
Archiv Erich Boltenstern

10.22
Erich Boltenstern, Pavillon der Firma Sowitsch auf dem Wiener Messegelände, 1949
Grundriss und Schnitte
Tusche auf Transparentpapier, 35,8 x 56,8 cm
Archiv Erich Boltenstern

10.23
Erich Boltenstern, Pavillon der Firma Sowitsch auf dem Wiener Messegelände, 1949
Foto Lucca Chmel, 18 x 24 cm
Archiv Erich Boltenstern

10.24
Erich Boltenstern, Pavillon der Tischlerei Schipek auf dem Wiener Messegelände, 1949
Foto Scherb, 17 x 23 cm
Archiv Erich Boltenstern

10.25
Erich Boltenstern, Entwurf Pavillon der Österr. Alpine-Montan-Ges. auf dem Wiener Messegelände, 1950er Jahre
Perspektive des Baukörpers
Tusche auf Transparentpapier, 59,3 x 83,5 cm
Archiv Erich Boltenstern

10.26
Erich Boltenstern, Entwurf Pavillon der Österr. Alpine-Montan-Ges. auf dem Wiener Messegelände, 1950er Jahre
Perspektive des Innenraums
Tusche auf Transparentpapier, 59,3 x 83 cm
Archiv Erich Boltenstern

10.27
Plakatentwurf „WIM" für die Wiener Messe nach einem Entwurf von Julius Klinger (1919), 1962
Deckfarbe auf Karton, 84 x 58,5 cm
Wiener Messen

10.28
Übersichtsplan des Wiener Messegeländes, 1950er Jahre
Reproduktion, 40 x 40 cm
Archiv Erich Boltenstern

10.29
Oswald Haerdtl, Pavillon der Firma Felten & Guilleaume auf dem Wiener Messegelände, 1953
Foto Lucca Chmel, Passepartout, 40 x 40 cm
Nachlass Haerdtl, Architekturzentrum Wien, Sammlung

10.30
**Oswald Haerdtl, Pavillon der Firma Felten &
Guilleaume auf dem Wiener Messegelände,
1953**
Foto Lucca Chmel, Passepartout, 40 x 40 cm
Nachlass Haerdtl, Architekturzentrum Wien,
Sammlung

10.31
**Oswald Haerdtl, Pavillon der Firma Felten &
Guilleaume auf dem Wiener Messegelände,
1953**
Modell, 2000, 60 x 90 x 50 cm
Adolph Stiller

10.32
**Franz Kiener, Pavillon der Firma AEG auf dem
Wiener Messegelände, 1970**
Foto, 17,7 x 23,5 cm
Franz Kiener

10.33
**Carl Auböck, Pavillon der Arbeiterkammer auf
dem Wiener Messegelände, 1956**
Foto Fritz Kern 1961, 12,9 x 18,1 cm
Archiv der Kammer für Arbeiter und Angestellte
für Wien

10.34
**Carl Auböck, Pavillon der Arbeiterkammer auf
dem Wiener Messegelände, 1956**
Foto Fritz Kern 1961, 12,9 x 18,1 cm
Archiv der Kammer für Arbeiter und Angestellte
für Wien

10.35
**Carl Auböck, Pavillon der Arbeiterkammer auf
dem Wiener Messegelände, 1956**
Foto, 12 x 23 cm
Archiv der Kammer für Arbeiter und Angestellte
für Wien

10.36
**Carl Auböck, Pavillon der Arbeiterkammer auf
dem Wiener Messegelände, 1956**
Foto Maria Wölfl, 11,1 x 23,4 cm
Archiv der Kammer für Arbeiter und Angestellte
für Wien

10.37
**Carl Auböck, Pavillon der Arbeiterkammer auf
dem Wiener Messegelände, 1956**
Foto Maria Wölfl, 11,5 x 23,4 cm
Archiv der Kammer für Arbeiter und Angestellte
für Wien

10.38
**Karl Schwanzer (Bauleitung), Pavillon der USA
auf dem Wiener Messegelände, 1957**
Foto, 13 x 18 cm
Österreichische Nationalbibliothek, Bildarchiv

10.39
**Karl Schwanzer, Pavillon der Firma Schmid-
berger auf dem Wiener Messegelände, 1953**
Foto, 13 x 18 cm
Martin Schwanzer

10.40
**Karl Schwanzer, Pavillon der Schmid-Stahl-
werke auf dem Wiener Messegelände, 1954**
Foto, 13 x 18 cm
Martin Schwanzer

10.41
**Erich Boltenstern, Pavillon der Firma Semperit
auf dem Wiener Messegelände, 1947**
Längsseite mit Messepublikum
Foto Gerlach, 10,5 x 17 cm
Archiv Erich Boltenstern

10.42
**Erich Boltenstern, Pavillon der Firma Semperit
auf dem Wiener Messegelände, 1947**
Vitrine mit Schuhen
Foto Ed. Pezdika, 12,2 x 14,4 cm
Archiv Erich Boltenstern

10.43
**Erich Boltenstern, Pavillon der Firma Semperit
auf dem Wiener Messegelände, 1947**
Foto Gerlach, 10,5 x 17 cm
Archiv Erich Boltenstern

10.44
**Erich Boltenstern, Pavillon der Firma Semperit
auf dem Wiener Messegelände, 1947**
Perspektive mit der letzten Erweiterung, um 1957
Tusche auf Transparentpapier, 43,5 x 82 cm
Archiv Erich Boltenstern

10.45
**Erich Boltenstern, Pavillon der Firma Semperit
auf dem Wiener Messegelände, 1947**
Grundriss mit Position der Waren, 1958
Tusche auf Aquafix, 29 x 50,5 cm
Archiv Erich Boltenstern

10.46
**Erich Boltenstern, Pavillon der Firma Semperit
auf dem Wiener Messegelände, 1947**
Skizze „Stiefel E", 1958
Tusche auf Aquafix, 29 x 45,5 cm
Archiv Erich Boltenstern

10.47
**Erich Boltenstern, Pavillon der Firma Semperit
auf dem Wiener Messegelände, 1947**
Skizze „Plastik Molizell K", 1958
Tusche und Farbstift auf Aquafix, 29 x 49 cm
Archiv Erich Boltenstern

10.48
**Erich Boltenstern, Pavillon der Firma Semperit
auf dem Wiener Messegelände, 1947**
Skizze „Position G geh. Konstr. f. Schuhe", 1958
Tusche und Farbstift auf Aquafix, 29 x 40 cm
Archiv Erich Boltenstern

10.49
**Erich Boltenstern, Pavillon der Firma Semperit
auf dem Wiener Messegelände, 1947**
Skizze „Mero Gerüste", 1958
Tusche und Farbstift auf Aquafix, 29 x 44,5 cm
Archiv Erich Boltenstern

10.50
**Erich Boltenstern, Pavillon der Firma Semperit
auf dem Wiener Messegelände, 1947**
Skizze „Arbeit", 1958
Bleistift und Aquarell auf Aquafix, 29 x 49 cm
Archiv Erich Boltenstern

10.51
**Erich Boltenstern, Pavillon der Firma Semperit
auf dem Wiener Messegelände, 1947**
Modell, 2005
Holz/Karton
Wien Museum

10.52
**Atelier Kosel, Werbefolder der Wiener
Frühjahrsmesse 1955**
18,5 x 9,8 cm
Wiener Messen

10.53
Leporello „Wiener internationale Messe",
Anfang 1950er Jahre
14,7 x 9,5 cm
Wiener Messen

10.54
**Erich und Elisabeth Boltenstern auf der
Wiener Messe, 1950er Jahre**
Privatfoto, 13 x 9 cm
Archiv Erich Boltenstern

10.55
**Plakatentwurf „WIM" für die Wiener Messe,
1950er Jahre**
Deckfarbe und Deckweiß auf Karton,
29,5 x 21 cm
Wiener Messen

10.56
**Werbefolder „Gut gekauft auf der Wiener
Messe", 1953**
18,2 x 11,2 cm
Wiener Messen

10.57
Werbefolder der Wiener Frühjahrsmesse 1954
18,5 x 9 cm
Wiener Messen

10.58
Werbefolder der Wiener Herbstmesse 1959
9 x 19,7 cm
Wiener Messen

10.59
**Prospekt „Wiener internationale Messe",
Anfang 1960er Jahre**
20 x 20 cm
Wiener Messen

10.60
Prospekt „Österreichische Messen", 1959
20 x 14 cm
Wiener Messen

10.61
Faltplan von Wien mit Foto des Wiener Messegeländes, nach 1955
11,5 x 16,3 cm
Wiener Messen

10.62
Sammelband „Die Wiener Messe 1952–1958", 1958
52,5 x 30 cm
Wiener Messen

10.63
Arch. Reischl, Pavillon der VOEST auf dem Wiener Messegelände, 1946
Foto, 13 x 18 cm
Geschichte-Club VOEST

10.64
Pavillon der Firma Maggi auf dem Wiener Messegelände
Der Bau 9–10/1955, 29,5 x 21 cm
Archiv Erich Boltenstern

10.65
Karl Mang, Pavillon der Firma Novopan auf dem Wiener Messegelände
Der Bau 2/1960, 29,5 x 21 cm
Archiv Erich Boltenstern

10.66
Erich Boltenstern, Wettbewerb österreichischer Pavillon auf der Weltausstellung in Brüssel 1958
Ansicht der Eingangsseite
kolorierte Lichtpause, 91 x 170 cm
Archiv Erich Boltenstern

10.67
Erich Boltenstern, Wettbewerb österreichischer Pavillon auf der Weltausstellung in Brüssel 1958
Ansicht der Rückseite
Tusche auf Transparentpapier, 91 x 170 cm
Archiv Erich Boltenstern

BOLTENSTERN

11.1
Erich Boltenstern in der Wiener Staatsoper, 1955
Foto Getlinger, Reproduktion
Archiv Erich Boltenstern

11.2
Erich Boltenstern, gezeichnet von seiner Mutter, um 1912
Bleistift auf Papier, 36,5 x 27,5 cm
Sven Boltenstern

11.3
Erich Boltenstern, Karikatur von Rudolf Eisenmenger, undatiert
Kugelschreiber auf Papier, 24,5 x 17,5 cm
Technische Universität Wien

11.4
Erich Boltenstern, Gasthof in Kammer am Attersee, 1942
Aquarell, Passepartout, 44 x 62,6 cm
Archiv Erich Boltenstern

11.5
Erich Boltenstern, Pfarrhaus Predlitz, 1936
Aquarell, Passepartout, 44 x 62,6 cm
Archiv Erich Boltenstern

11.6
Erich Boltenstern/Ludwig Bakalowits, Entwurf Circulo Ecuestre Barcelona, 1920
Wandabwicklungen und Grundriss
„Bar americano"
Aquarell auf Papier, 76 x 115 cm
Archiv Erich Boltenstern

11.7
Erich Boltenstern, Stockholm, 11. 8. 1962
Aquarell, Passepartout, 32,8 x 50,4 cm
Archiv Erich Boltenstern

11.8
Erich Boltenstern, Farsta, 12. 8. 1962
Aquarell, Passepartout, 32,8 x 50,4 cm
Archiv Erich Boltenstern

11.9
Erich Boltenstern, Delphi, 1956
Aquarell, Passepartout, 44 x 62,6 cm
Archiv Erich Boltenstern

11.10
Erich Boltenstern, Venedig, Il Redentore, 12. 6. 1979
Aquarell, Passepartout, 32,8 x 50,4 cm
Archiv Erich Boltenstern

11.11
Erich Boltenstern mit Hans Pfann und Karl Kupksy auf dem Pirelli-Hochhaus in Mailand, Oktober 1960
Foto, auf Hartfaserplatte kaschiert, 90 x 84 cm
Alfred Lechner

11.12
Einladungskarte „Jubiläumsschmaus bei Godinas", 1899
13 x 17 cm
Archiv Erich Boltenstern

11.13
Erich Boltenstern mit seiner Mutter, 1912
Fotoportrait, 21 x 13 cm
Archiv Erich Boltenstern

11.14
Erich Boltenstern bei einem Skirennen, um 1913
Privatfoto, 7 x 11 cm
Archiv Erich Boltenstern

11.15
Erich Boltenstern im Ersten Weltkrieg, 1917
Fotoportrait, 14 x 9 cm
Archiv Erich Boltenstern

11.16
Erich Boltenstern mit seinem Regiment, 1917
Feldpostkarte, 14 x 9 cm
Archiv Erich Boltenstern

11.17
Erich Boltenstern auf seinem Pferd, 1917
Privatfoto, 9 x 14 cm
Archiv Erich Boltenstern

11.18
Erich Boltenstern auf einer Baustelle, undatiert
Privatfoto, 8,7 x 13 cm
Archiv Erich Boltenstern

11.19
**Erich Boltenstern im Dachatelier in seinem
Haus in der Schließmanngasse, Wien 13,
undatiert**
Privatfoto, 9 x 14 cm
Archiv Erich Boltenstern

11.20
**Das Ehepaar Boltenstern im Urnenhain Salz-
burg, November 1954**
Privatfoto, 8,3 x 13,3 cm
Archiv Wiener Verein

11.21
Erich Boltenstern beim Heurigen, 1950er Jahre
Privatfoto, 9 x 13 cm
Archiv Erich Boltenstern

11.22
Erich Boltenstern mit Richard Neutra, um 1960
Foto Basch, 13 x 18 cm
Archiv Erich Boltenstern

11.23
Erich Boltenstern mit Richard Neutra, um 1960
Zeitungsausschnitt, 10,4 x 11,6 cm
Archiv Erich Boltenstern

11.24
**Erich Boltenstern auf einer Griechenland-
Exkursion beim Löwentor in Mykene,
September 1956**
Foto Alfred Lechner, 17 x 23,5 cm
Alfred Lechner

11.25
**Erich Boltenstern bei seinem 85. Geburtstag
Feier im Büro, 1981**
Privatfoto, 10,8 x 15,3 cm
Archiv Erich Boltenstern

11.26
**Erich Boltenstern mit Sepp und Monika Stein
bei seinem 85. Geburtstag, Feier im Büro, 1981**
Privatfoto, 10,8 x 15,8 cm
Archiv Erich Boltenstern

11.27
**Telegramm von Heinz Fischer zu Erich
Boltensterns 90. Geburtstag, 1986**
15 x 21 cm
Archiv Erich Boltenstern

11.28
**Glückwünsche von Friedrich Kurrent zu
Boltensterns 90. Geburtstag, 1986**
29,5 x 21 cm
Archiv Erich Boltenstern

11.29
Erich Boltenstern in Gesellschaft, undatiert
Privatfoto, 14,7 x 10,4 cm
Archiv Erich Boltenstern

11.30
**Großes goldenes Ehrenzeichen der Republik,
1981**
6 x 6 cm
Archiv Erich Boltenstern

11.31
Finnischer Löwenorden, 1960
6 x 6 cm
Archiv Erich Boltenstern

11.32
**Verdienstkreuz für Wissenschaft und Kunst,
1957**
6 x 6 cm
Archiv Erich Boltenstern

11.33
**Erich Boltenstern mit Clemens Holzmeister
bei einem Empfang der Firma Bakalowits,
Juni 1966**
Foto Adolf Waschel, 18 x 24 cm
Franz Kiener

11.34
Clemens Holzmeister, Wien 1956
broschiert, 21 x 15 cm
Archiv Erich Boltenstern

11.35
**Hochzeitsfoto von Judith Holzmeister und
Curd Jürgens, 1947**
10,4 x 14,9 cm
Archiv Erich Boltenstern

11.36
**Erich Boltenstern und Clemens Holzmeister
auf einer Exkursion mit Studenten, 1950er
Jahre**
Privatfoto, 8 x 6,2 cm
Archiv Erich Boltenstern

11.37
**Erich Boltenstern mit Clemens Holzmeister
beim Heurigen, um 1955**
Privatfoto, 9,2 x 12,2 cm
Franz Kiener

11.38
**Eugen Wachberger mit Clemens Holzmeister
bei einer Korrektur, um 1955**
Privatfoto, 8,6 x 13,2 cm
Franz Keiner

11.39
**Rechnung für das Reinigen eines Mantels von
Clemens Holzmeister, 1934**
15,3 x 11,4 cm
Archiv Erich Boltenstern

11.40
**Karikatur von Friedrich Kurrent und Johannes
Spalt, 1950er Jahre, koloriert 2005**
Reproduktion, 29,5 x 21 cm
Judith Eiblmayr

11.41
**Einladungskarte zu einem Vortrag
Boltensterns in der Zentralvereinigung der
Architekten am 23. 6. 1948: „Stockholm –
eine moderne Stadt"**
10,4 x 14,5 cm
Zentralvereinigung der Architekten

11.42
Visitkarte Erich Boltensterns,
Ende 1940er Jahre
5 x 10 cm
Zentralvereinigung der Architekten

11.43
Türschild Erich Boltensterns, 1950er Jahre
Aluminium eloxiert, 9,5 x 44 cm
Archiv Erich Boltenstern

11.44
Erich Boltenstern, Eigenes Büro, 1961
Foto Pez Hejduk 2005
17 x 23 cm
Pez Hejduk

11.45
Erich Boltenstern, Eigenes Büro, 1961
Foto Pez Hejduk 2005, 17 x 23 cm
Pez Hejduk

11.46
Erich Boltenstern, Schwechat, 6. 7. 1973
Aquarell in Skizzenblock, 14,8 x 21 cm
Archiv Erich Boltenstern

11.47
Erich Boltenstern, Zürich, 7. 12. 1967
Aquarell in Skizzenblock, 42 x 30 cm
Archiv Erich Boltenstern

11.48
Erich Boltenstern, Mödling, 1925
Aquarell in Skizzenblock, 27 x 21 cm
Archiv Erich Boltenstern

11.49
Erich Boltenstern, Schweden, 1960er Jahre
Aquarell in Skizzenblock, 20,5 x 30,5 cm
Archiv Erich Boltenstern

11.50
Brief von Clemens Holzmeister an Erich
Boltenstern, 5. 1. 1951
29 x 22,4 cm
Archiv Erich Boltenstern

FRIEDRICH ACHLEITNER

geboren 1930 in Schalchen/OÖ, Studium der Architektur an der Wiener Akademie der bildenden Künste bei Clemens Holzmeister. Schriftsteller und Architekturkritiker, Autor des vierbändigen Führers „Österreichische Architektur im 20. Jahrhundert". Zahlreiche Publikationen zur Architektur des 20. Jahrhunderts.

ERICH BOLTENSTERN JUN.

geboren 1926 in Wien. Nach Kriegsgefangenschaft ab 1946 Architekturstudium und Mitarbeit im väterlichen Atelier, daneben musikalische Tätigkeit. 1958 Heirat mit Madeleine geb. Gylling. 1956–1958 Praxis in Schweden, 1958/59 Unterricht und Studium in Austin/Texas, 1960–1966 Lehrtätigkeit an der HTL Mödling. Seit 1959 Anstellung im väterlichen Büro, ab 1970 eigenes Büro.

SVEN BOLTENSTERN

geboren 1932 in Wien, Schmuckdesigner und Goldschmied. Goldschmiedelehre, Meisterprüfung 1956, anschließend Studien in Paris. 1964 Gründung der eigenen Werkstätte im von seinem Vater erbauten Haus. Zahlreiche Ausstellungen weltweit, teils mit Kammerkonzerten und Sven Boltenstern als Cellisten. 1996 Verleihung des Berufstitels „Professor".

BARBARA FELLER

Kulturwissenschafterin, Geschäftsführerin der Architekturstiftung Österreich, u. a. Kuratierung der Ausstellung „Amt Macht Stadt. Erich Leischner und das Wiener Stadtbauamt", AZW 1999, und „An der Klippe. Herwig Illmaier. Architekt (1957–2001)", HdA Graz 2002/03. Zahlreiche Publikationen zu Architektur im 20. Jahrhundert.

GABRIELE KAISER

geboren 1967 in Wels/OÖ, Architekturpublizistin, Redaktion des „Architektur Archiv Austria", der online-Datenbank des Architekturzentrum Wien, seit 2004 Mitarbeit am Band III/3 des Führers „Österreichische Architektur im 20. Jahrhundert" von Friedrich Achleitner.

WOLFGANG KOS

geboren 1949 in Mödling, lebt in Wien. Kulturhistoriker, Journalist, Ausstellungsmacher. Bis 2003 Radioredakteur bei Ö1, Lehrauftrag am Institut für Zeitgeschichte der Universität Wien. Seit 2003 Direktor der Museen der Stadt Wien (Wien Museum).

ELKE KRASNY

Kulturtheoretikerin, unterrichtet an der Akademie der bildenden Künste Wien, Ausstellungen u. a. „Von Haus zu Haus. Private Architektur im öffentlichen Raum"; „Von Samoa zum Isonzo. Die Fotografin und Reisejournalistin Alice Schalek", Jüdisches Museum Wien; „Welt Ausstellen. Schauplatz Wien 1873", Technisches Museum Wien; „www.musieum.at. Displaying Gender".

MARKUS KRISTAN

geboren 1957 in Wien, Studium der Kunstgeschichte, Archäologie und Geschichte in Wien. 1987/88 Mitarbeit am österreichischen Denkmalkurzinventar (Dehio). Seit 1993 in der Architektursammlung der Albertina. Zahlreiche Publikationen zur österreichischen Architekturgeschichte des 19. und 20. Jahrhunderts. 2003 Herausgeber des Buches über die Messe Wien.

HERBERT LACHMAYER

Kulturphilosoph, Vorstand des Da Ponte Instituts für Librettologie, Don-Juan-Forschung und Sammlungsgeschichte, 1948 geboren in Wien. Lehrtätigkeit an der Universität für Künstlerische und Industrielle Gestaltung in Linz, Institut für Bildende Kunst- und Kulturwissenschaften, Prokurist des SSL Stahlbetonschwellenwerks Linz.

MAJA LORBEK

geboren 1963 in Ljubljana, damals Jugoslawien. Studium an der TU Graz, Architektin in Wien. Forschungsprojekte „Architekturhistorisch differenzierte energetische Sanierung" und „Katalog der Modernisierung" (Fassaden- und Freiflächenmodernisierung mit standardisierten Elementen bei Geschosswohnbauten der fünfziger und sechziger Jahre), Programm „Haus der Zukunft".

VERONIKA PFOLZ

geboren 1969, Studium der Kunstgeschichte, Dissertation zu „Lebensbedingungen österreichischer Künstlerinnen in der Zwischenkriegszeit und im Exil bis 1945", Forschungsschwerpunkt Künstler und Künstlerinnen der Zwischenkriegszeit.

GEORG RIGELE

geboren 1960, Historiker. Forschungsschwerpunkte Technik- und Kulturgeschichte. Forschungsprojekt „Eine Reise um die Erde ... Adelige Weltanschauung und Naturbild um 1900", Archivar der EVN AG, Kurator der Ausstellung „Österreich baut auf. Wiederaufbau und Marshallplan", Technisches Museum Wien 2005. Zahlreiche Publikationen zu kulturhistorischen Themen.

ADOLPH STILLER

Studium der Architektur in Wien und Paris. Kurator bzw. Gestalter zahlreicher Ausstellungen, seit 1998 Leiter von „Architektur im Ringturm". Publikationen zu Themen der klassischen Moderne und Baukonstruktion; Autor der Monografie „Oswald Haerdtl – Architekt und Designer". Gastprofessuren u. a. in Linz, Graz und Venedig.

JUDITH EIBLMAYR

geboren 1964, Architektin, Kuratorin und Architekturkritikerin. Publikation „Architektur des Geldes – Die Baugeschichte der Oesterreichischen Nationalbank", Eigenverlag der OeNB, Wien 1999. 2001 Ausstellung „Anna-Lülja Praun – Werk- und Lebensschau zum 95. Geburtstag", Wittgenstein-Haus Wien. Katalog „Möbel in Balance", gemeinsam mit Lisa Fischer, Verlag Anton Pustet Salzburg.

IRIS MEDER

geboren 1965, Studium der Kunstgeschichte und Literaturwissenschaft in Stuttgart und Wien. Dissertation über die „Wiener Schule" um Oskar Strnad, Josef Frank und Adolf Loos (erscheint im Verlag Anton Pustet 2006). Vorstandsmitglied der Österreichischen Gesellschaft für Architektur. Freie journalistische, kuratorische und wissenschaftliche Tätigkeit.

Architekturzentrum Wien, Sammlung
Archiv Erich Boltenstern
Archiv der Kammer für Arbeiter und Angestellte für Wien
Archiv der Republik
Archiv Lobmeyr Wien
Archiv Theiß und Jaksch
Bakalowits Licht/Design GmbH
Bestattungsmuseum der Bestattung Wien
Erich Boltenstern jun.
Sven Boltenstern
Architektin Dipl. Ing. Judith Eiblmayr
Geschichte-Club Voest
Graphische Lehr- u. Versuchsanstalt
Pez Hejduk
Elfriede Heynau
J. T. Kalmar GmbH
Architekt Franz Kiener
Kupferstichkabinett der Akademie der bildenden Künste, Wien
Dr. Alfred Lechner
Dipl. Ing. Maja Lorbek
MA 8 – Wiener Stadt- und Landesarchiv
MA 9 – Wiener Stadt- und Landesbibliothek, Plakatsammlung
Dr. Iris Meder
Nordico – Museum der Stadt Linz
Österreichische Gesellschaft für Architektur
Österreichischer Ingenieur- und Architektenverein
Oesterreichische Nationalbank
Österreichische Nationalbibliothek
Österreichisches Theatermuseum, Wien
Mag. Dr. Peter Payer, Historiker & Stadtforscher
Sammlungen der Universität für angewandte Kunst Wien
Dr. Erich Schlöss (ehemaliger Mitarbeiter, Assistent und Partner von Prof. Erich Boltenstern)
Mag. Adolph Stiller
Technische Universität Wien
Technisches Museum Wien
Verein für Geschichte der Arbeiterbewegung
Verwaltungsgerichtshof
Votava Bilderdienst
Wien Museum
Wiener Staatsoper Ges.m.b.H
Wiener Städtische Allgemeine Versicherung AG
Mag. Günter Weber
Archiv Wiener Verein
Zentralvereinigung der Architekten

Falls nicht anders angegeben, stammen die im Werkverzeichnis abgebildeten Pläne und Fotos aus dem Archiv Erich Boltenstern.

Foto Lucca Chmel: S. 204, 206, 207, 208, 209, 211, 215
Foto Pez Hejduk: S. 197(13), 202(30), 208 (40), 214, 216
Foto Pezdika: S. 202
Foto Scherb: S. 195, 197, 198, 199
Foto Maria Wölfl: S. 203

Archiv Technisches Museum, Fotograf unbekannt: S. 203
VGA/AZ – Fotoarchiv, Foto Basch: S. 218